Stadtkultur leben

Darmstädter Theologische Beiträge zu Gegenwartsfragen

Herausgegeben von Uwe Gerber
und Walter Bechinger

Band I

PETER LANG

Frankfurt am Main · Berlin · Bern · NewYork · Paris · Wien

Walter Bechinger
Uwe Gerber
Peter Höhmann
(Hrsg.)

Stadtkultur leben

PETER LANG
Europäischer Verlag der Wissenschaften

Die Deutsche Bibliothek - CIP-Einheitsaufnahme

Stadtkultur leben / Walter Bechinger ... (Hrsg.). - Frankfurt am
Main ; Berlin ; Bern ; New York ; Paris ; Wien : Lang, 1997
    (Darmstädter Theologische Beiträge zu Gegenwartsfragen ;
    Bd. 1)
    ISBN 3-631-31444-2

NE: Bechinger, Walter [Hrsg.]; GT

ISSN 0948-4736
ISBN 3-631-31444-2

© Peter Lang GmbH
Europäischer Verlag der Wissenschaften
Frankfurt am Main 1997
Printed in Germany 1 2 3 4 6 7

Vorwort

Auf die Stadt richtet sich das öffentliche Interesse immer dann, wenn Routinen sozialen Handelns nicht mehr bruchlos fortgesetzt werden können. In Zeiten merklicher Wandlungsschübe bleiben Beschreibungen des städtischen Alltags nicht nur am jeweils besonderen Gegenstand der verschiedenen Einzeldisziplinen orientiert; urbane Entwicklungen sollen zugleich umfassender Richtungsanzeiger sein und Grundlage für ein übergreifendes Verständnis solcher Veränderungen bereitstellen.

Stadtliteratur in diesem Sinne befaßt sich mit gesellschaftlichen Problemen und Entwicklungstendenzen. In internationalen Konferenzen wird von Zeit zu Zeit die Dramatik öffentlich sichtbar, mit der sich die Weltgesellschaft ändert. Notwendigerweise wandelt sich jedoch die Perspektive, wenn die Stadt in einer fortgeschrittenen Industriegesellschaft wie der Bundesrepublik in den Blick genommen wird, so wie dies in den folgenden Beiträgen geschieht.

Im Mittelpunkt der Problembeschreibung, die teils im Hintergrund der folgenden Beiträge verbleibt, teils ausdrücklich zum Analysegegenstand gewählt wird, stehen in der Regel Folgeprobleme, die durch den Umbau industriell organisierter Erwerbsarbeit erzeugt werden. Wie solche Wandlungsvorgänge mit der Neuverteilung von Lebenschancen verbunden sind und räumlich als städtischer Wandel sichtbar werden, stellt eine der Leitfragen dar, die die Autoren und Autorinnen in diesem Buch stellen und unterschiedlich beantworten.

Eine weitere Grundfrage richtet sich auf die ungewisse Integrationsbasis in der Stadt, die eng an die ökonomischen Veränderungen gebunden ist. Wie verändern sich grundlegende soziale Bindungen? Wie gehen Menschen auch unter den aktuellen Ein- und Ausweisungsprozessen mit den Fremdheitsansprüchen im Alltag anderer Menschen um? Bei einem solchen Thema kommt es weniger darauf an, über städtische Ordnung im Sinne einer „Konsensbildung" nach innen wie nach außen nachzudenken, sondern über die Möglichkeiten, daß sich städtische Pluralität überhaupt einstellen kann. Über die Zukunft der Stadt entscheidet die besondere Position, die zu dieser Frage eingenommen wird.

Es ist nicht verwunderlich, wenn ein Stadtbegriff, der sich auf solche Vorgänge bezieht, durchgängig weit gefaßt ist. Wenn es darum gehen soll, städtische Autonomie und Abhängigkeiten auf das Alltagsleben der Menschen zu beziehen, so bietet ein Begriff, der diese Spannungen ausdrücklich abbilden will, eine sinnvolle Folie für die Beschreibung aktueller Modernisierungsvorgänge und Entwicklungstendenzen.[1]

---

1 Ein Beispiel für einen solchen Begriff, der auch für die einzelnen Beiträge dieses Bandes zugrundegelegt werden kann, findet sich in der Bielefelder Habilitationsschrift von Günther Schönbauer, Stahlkrise, Stadtgemeinde und städtisches Leben in Völklingen und Scunthorpe,

Absicht dieses Buches ist es, aus dem Blick unterschiedlicher Disziplinen vorfindbare Konflikte und Widersprüche in der Stadt darzustellen und dabei zu zeigen, wie sich diese als Auseinandersetzung um verschiedene Lebensentwürfe und Utopien entwickeln. Selbstverantwortetes soziales Handeln und gesellschaftliche Abhängigkeiten sind so beide in der konkreten Beschreibung wie im Zukunftsentwurf der Stadt angelegt.

Die unterschiedliche Reichweite von Interpretationen, die mit dem Themenbereich angesprochen werden können, wird in dem vorliegenden Band unter drei Schwerpunkten umgesetzt:

In einem ersten geht es um eine Beschreibung urbanen Lebens, die die veränderte Autonomie der Stadt und die Veränderungen der Stadtgemeinde besonders sichtbar machen will. Ein zweiter Themenbereich hebt die stadtgemeindlichen Aspekte besonders hervor und fragt nach den Formen wie nach den Hemmnissen städtischer Integration. Der dritte Schwerpunkt stellt schließlich über Entwicklungs- und Lösungsmöglichkeiten, die in den zuvor beschriebenen Spannungen angelegt sind, Züge der zukünftigen Stadt dar.

Das erste Kapitel enthält drei Beiträge. Jochen Schulz zur Wiesch geht von Simmels Darstellung des Großstadtlebens und den labilen Beziehungen aus, die dieses Leben charakterisiert haben. Als Kennzeichen der vom Verfasser beschriebenen Wandlungen ändert sich nicht die Labilität der Großstadtkultur, wohl aber die soziale Grundlage für den sozialen Frieden in einer Gesellschaft, in der sich die Menschen einander gleichgültig, aber auch tolerant gegenübergestanden haben. Schulz zur Wiesch belegt die Wandlungsvorgänge anhand der Entwicklung verschiedener Sozialprobleme und weist auf die wachsenden sozialen Spannungen hin, die in der Folge einer Veränderung der „Stadtgesellschaft" hin zur „Regionalgesellschaft" auftreten.

Im Unterschied zu dem ersten Beitrag, der eher klassisch anhand von demographischen und sozialstrukturellen Daten argumentiert, geht es Christine Hannemann in ihrem Artikel über städtische Lebensstile besonders darum, auf Differenzierungsvorgänge aufmerksam zu machen, die sich in der Gegenwart vollziehen und die nur noch unzureichend über sozialstrukturelle Indikatoren sichtbar gemacht werden können. Mit Blick auf die zunehmende Bedeutung, die die Wohnung als primärer Ort der Lebensführung erhält, dokumentiert die Autorin Lebensstile, die in einzelnen Haushaltstypen sichtbar werden. Sie macht dabei deutlich, daß die Überwindung der älteren sozialstrukturellen Darstellungen sinnvollerweise nicht bedeutet, auf entsprechende Daten zu verzichten, sondern diese auf die Analyse städtischer Strukturierungs- und Entstrukturierungsvorgänge zu beziehen.

Seoul 1993, bes. S.76ff. In der Arbeit wird der Stadtbegriff aus der Verknüpfung anstaltlicher und genossenschaftlicher Handlungszusammenhänge entwickelt.

Anders als die ersten beiden Beiträge, die für ihre Beschreibung die verschiedenen Zugangsformen und Kategorien der heutigen Stadtsoziologie heranziehen, will Karl-Georg Geiger seinen Beitrag verstanden wissen. Für ihn ist die Einsicht von grundlegender Bedeutung, daß sich Bilder und Vorstellungen über die moderne Stadt ohne Kenntnis historischer Entwicklungsverläufe nicht formulieren lassen: „Wer sich mit dem Phänomen 'Stadt' beschäftigen will, muß sich mit ihrer Geschichte beschäftigen", so charakterisiert der Autor seinen Anspruch. Entsprechend breit, als planerische Illustration und als historischer Überblick über die Ausformung von Stadt-Räumen, ist Geigers Aufsatz angelegt. Der städtische Raum fasziniert durch die vielfältigen Möglichkeiten, in Reaktion auf gesellschaftliche Wandlungsvorgänge jeweils neuartige Gestaltungsformen herauszubilden.

Der folgende zweite Themenschwerpunkt, der nach der Grundlage und den Erscheinungsformen städtischer Integration fragt, wird in verschiedenen Zusammenhängen entwickelt.

Städtische Integration bezieht sich zunächst auf die unterschiedliche Teilnahme von Menschen am städtischen Leben. In diesem Sinne eröffnet sie einen jeweils besonderen gesellschaftlichen Zugang; durch differenzierte Zugangsformen werden Menschen gleichzeitig symbolisch und faktisch von den bestehenden Teilnahmemöglichkeiten ausgeschlossen. Karin Andert beschreibt Alltagsmuster der modernen Stadt aus der Sicht von Frauen; sie präsentiert die ambivalenten Zugangs- und Schließungserfahrungen in einer doppelten Weise: In Plakaten werden die Lebenserfahrungen von Frauen dargestellt und verdeutlicht; als Bericht und Dokumentation der Ausstellung werden die Plakate rückschauend interpretiert.

In einer weiteren Bedeutung bezieht sich Integration auf den Gedanken der Vereinnahmung des Landes durch die Stadt. In der Gegenwart der Bundesrepublik sind die Unterschiede zwischen Stadt und Land in diesem Sinne in besonderer Weise aufgehoben; Jochen Schulz zur Wiesch hat in seinem Beitrag formuliert: „Die in den Städten praktizierten Lebensformen und Lebensstile sind längst in alle Bereiche der verstädterten Gesellschaft eingedrungen und prägen das Leben auch außerhalb der Städte."

Auf der Grundlage dieser besonderen Entwicklung kommt Peter Höhmann, der in seinem Beitrag die besondere Kirchenbindung in der Stadt im Unterschied zum Land untersucht, aufgrund von Befragungsdaten zu dem Ergebnis, daß sich eine eigentümliche Bindung auf dem Land nicht mehr feststellen läßt. Die bestehenden Muster verändern sich in Abhängigkeit von den jeweiligen Lebensformen der Person in der Stadt in der gleichen Weise wie auf dem Land.

Die regionale Entgrenzung und Anpassung kirchlicher Bindungsmuster an jeweils besondere Lebensformen schließt die automatische Weiterführung traditionaler Pastoralmodelle aus und erfordert unterschiedliche Praxisformen, über die je nach sozialem Kontext Religion erfahrbar werden kann.

So haben sich in manchen (Groß-)Städten, wie Wolf-Eckart Failing ausführt, vielfältige Angebote ausgebildet, die besonders der fortschreitenden Pluralisierung zu entsprechen versuchen. Wie kaum eine andere gesellschaftliche Großinstitution besitzen die Kirchen hierfür eine Fülle von praktischen Anknüpfungsmöglichkeiten. Freilich ist die theologische Ausarbeitung eines adäquaten Kirchen- und Religionsverständnisses sehr schwierig; hier gibt es kaum mehr als erste Anfänge.

Jörg Beckmann und Heinz Klewe variieren das Konzept sozialer Integration unter einem weiteren Gesichtspunkt. Sie beziehen sich auf die eigentümlichen Vorstellungen darüber, wie Ordnung in der Stadt hergestellt wird und werden kann. Solche Ordnungsideen werden in Netzen, die die Stadt durchziehen, umgesetzt; sie erzeugen dabei immer uneinheitliche manifeste wie latente Konsequenzen. Netze verbinden, aber sie stellen zugleich Distanz her. Sie schaffen und sie lösen Ordnung im gleichen Zuge auf.

Wohltuenderweise erzeugen Netze, wie die Autoren zeigen, nicht nur Abhängigkeiten, sondern auch selbstverantwortetes Handeln. Ihre vielfältigen Wirkungen entziehen dem Kulturkritiker und dem Ordnungsfetischisten in gleicher Weise die Argumente.

„city cosmetic", der Beitrag von Bernd Beuscher, stellt schließlich eine Stadtvision dar, die die Widersprüche in der Stadt als Utopie und zugleich als realen Lebensentwurf entwickelt. Er beschreibt die Praxis innerer Kolonalisierung und den bewußten Umgang mit anderen Personen und anderen Lebensweisen in ihrem ambivalenten Verhältnis zueinander. Mit seiner Darstellung nährt Beuscher die Hoffnung auf eine dritte Freiheit des Menschen: Dieser erzeugt nicht nur fortlaufend die bestehenden Verhältnisse, denen er, als doppelt freier Lohnarbeiter, unterworfen ist. Er hat die Möglichkeit, diese Verhältnisse aufzuheben, die Freiheit, die Stadt als seine Welt menschlich zu gestalten.

Walter Bechinger, Uwe Gerber, Peter Höhmann

Inhaltsverzeichnis

I. Wie findet urbanes Leben statt

II. Integrationsmodelle

III. Stadtvisionen

I Wie findet urbanes Leben statt

STADTGESELLSCHAFT IM WANDEL

Jochen Schulz zur Wiesch

1. Einführung

Die Beschäftigung mit der Gesellschaft in der Siedlungs- und Lebensform, die wir Stadt nennen, gehört zu einem Arbeitsfeld der Soziologie, das erst Anfang des zwanzigsten Jahrhunderts von Georg Simmel und Max Weber thematisiert wurde und in den zwanziger Jahren in Chicago entscheidende Impulse zur Entwicklung einer spezifischen „Stadtsoziologie" erhielt.

Soll sich die Beschäftigung mit dem Thema Stadt und Gesellschaft nicht in einer bloßen Deskription demographischer Veränderungen erschöpfen, so sollte der Bezugsrahmen der Betrachtung nicht enger gezogen werden, als es die Klassiker der frühen Stadtsoziologie (Weber, Simmel, Park, Wirth u.a.) in ihren Definitionen und Typologien, ihren Analysen großstädtischer Lebensformen und den Versuchen zur Definition von „Urbanität" getan haben. Allgemeine Merkmale wie Größe, Dichte und Heterogenität, aber auch politische, kulturelle, ökonomische und technologische Dimensionen werden in die Frage nach Struktur und Lebensweise der Stadtgesellschaft einbezogen. Simmel lieferte bereits 1903 eine nüchterne Analyse des Großstadtlebens und des labilen sozialen Friedens einer Gesellschaft von Menschen, die einander fremd, gleichgültig, blasiert, aber gleichzeitig auch tolerant gegenüberstehen.[1]
Allerdings kann die Soziologie nicht auf eine geschlossene Theorie der Stadt zurückgreifen. Stattdessen gibt es eine Vielzahl von Stadtmodellen, die z.B. das Einwohnerwachstum und seine funktionalen und sozialräumlichen Verteilungswirkungen darstellen oder Einzelaspekte des gesellschaftlichen Wandels (Tertiärisierung, Globalisierung, Wertwandel etc.) auf den Lebensraum Stadt beziehen. Stadt ist dabei sowohl Schauplatz als auch Motor gesellschaftlicher Modernisierungsprozesse, Brüter und Filter für Innovation, politisches Machtzentrum und immer wieder Anziehungspunkt für Aufsteiger, Arme und Verfolgte.

Die in den Städten praktizierten Lebensformen und Lebensstile sind längst in alle Bereiche der verstädterten Gesellschaft eingedrungen und prägen das Leben auch außerhalb der Städte. So gesehen ist die deutsche Gesellschaft insgesamt eine „Stadtgesellschaft". Und bezieht man die zunehmende Einbindung großer Städte in internationale und globale Verflechtungen und Kapitalströme in die Betrach-

---

1 Simmel, Georg: Die Großstädte und das Geistesleben, in: ders.: Das Individuum und die Freiheit. Berlin 1984, S. 129-204.

tung ein, so kann man durchaus von der „globalen Gesellschaft" als einer städtischen Gesellschaft sprechen.[2]

Wirft schon der Versuch, „Stadt" zu definieren oder eine Theorie der Stadt zu entwerfen, beträchtliche Probleme auf, so scheint auch die Beschreibung und Analyse moderner Gesellschaften schwieriger geworden zu sein. Die alten Konzepte von Klassen und Schichten taugen kaum noch zu einer angemessenen Erfassung sozialer Differenzierung in einer Gesellschaft, die in eine Vielzahl sozialer Milieus zu zerfallen scheint. Milieus und Lebensstilgruppen sind nicht mit den gewohnten Indikatoren der alten vertikalen Klassen- und Schichtmodelle und ihren hergebrachten Indikatoren (z.B. Einkommen, Bildung, Beruf) zu erfassen. Gesellschaftliche Differenzierungen verlaufen nicht mehr nur entlang der gewohnten sozioökonomischen Merkmale, sondern in neuen, oft inkonsistenten Kombinationen.

Vorreiter und Katalysator des sozialen Wandels sind die Stadtgesellschaften. Die Stadt bietet nicht nur die Strukturen und Gelegenheiten, sondern als kulturelle Institution auch die notwendige Freiheit für soziale Experimente ohne die intime Tyrannei dörflicher Sozialkontrollen. Zugleich sind Städte und ihre Bewohner mit den Produktzyklen ihrer regionalen Wirtschaft verbunden: Hafen, Bergbau, Schwerindustrie, Automobilproduktion, Mikroelektronik prägen auch die jeweilige städtische Sozialstruktur und die Lebensstile.

Im folgenden soll der soziale Wandel in deutschen Städten beleuchtet werden, soweit er als Veränderung demographischer, sozialstruktureller und anderer haushaltsbezogener Merkmale empirisch nachweisbar ist bzw. in Prognosen und Szenarien thematisiert wird.

Von besonderem Interesse ist dabei die Diskussion über eine „nachholende Modernisierung" in den ostdeutschen Städten. Wie läuft der soziale Wandel in einer Gesellschaft ab, die vom Nivellierungsdruck des realen Sozialismus befreit, nun in eine Phase beschleunigter sozialer Differenzierung eintritt? Wie wirkt sich dieser Transformationsprozeß auf die räumliche und soziale Mobilität und auf das soziale Klima in ostdeutschen Städten aus?

2. Die Bevölkerungsentwicklung in Deutschland

Die natürliche Bevölkerungsentwicklung in der Bundesrepublik, also der Saldo aus Geburten und Sterbefällen und die daraus berechenbaren Veränderungen des Altersaufbaus zeigen seit den siebziger Jahren eine Tendenz zum Bevölkerungs-

2 Korff, Rüdiger: Die Weltstadt zwischen globaler Gesellschaft und Lokalitäten, in: Zeitschrift für Soziologie, Jg. 20, H.5, Okt. 1991, S.357-368

rückgang und zur Überalterung. Dieser Trend ist auch durch die Wiedervereinigung nicht verändert worden: Die Nettoreproduktionsrate, die angibt, ob die Zahl von Mädchengeburten pro Jahr in Zukunft zu einer wachsenden (NRR über 1) oder schrumpfenden (NRR unter 1) Bevölkerung führt, liegt seit rund 25 Jahren unter dem Wert 1, der eine stabile Bevölkerung anzeigt. Die NRR war kurzfristig in Ostdeutschland von 0.83 (1985) auf 0.42 (1991) abgesunken und nähert sich allmählich dem westdeutschen Niveau von 0.68 an.[3]

Eine rückläufige Einwohnerzahl und ein Anstieg des Durchschnittsalters sind somit sichere mittelfristige Konsequenzen aus der natürlichen Bevölkerungsentwicklung. Für einschneidende Veränderungen des generativen Verhaltens, die den Sterbeüberschuß ausgleichen könnten, gibt es keine Hinweise.

Wesentlich unsicherer und umstrittener als die demographischen Rahmendaten sind die Annahmen zur künftigen Wanderungsentwicklung. Eine Fortsetzung der Zuwanderung auf dem langjährigen Niveau von rund 200.000 jährlich (in den Jahren 1989 und 1990 waren sogar jeweils fast 400.000 Aussiedler aufgenommen worden) würde einen weiteren leichten Anstieg der Gesamtbevölkerung und nach dem Jahr 2000 einen leichten Rückgang bedeuten. Einzelne Autoren vertreten die These, daß die Gesamtbevölkerung mittelfristig nicht zurückgeht, sondern durch verstärkte Zuwanderungen von bis zu 500.000 Migranten jährlich stabilisiert wird.[4] Auch die Raumordnungsprognose 2010 der BfLR rechnet für den Zeitraum 1991 bis 2010 mit einem Außenwanderungsgewinn von 8 Mio. Personen , so daß sich die Gesamtbevölkerung von 80,3 Mio (1991) auf 85,7 Mio. (2010) erhöht.

In einem Staat, der trotz hoher Arbeitslosigkeit innerhalb eines Jahrzehnts (1986-1995) zwar 2.2 Millionen Rußlanddeutsche aufgenommen hat, sich aber nicht als Einwanderungsland betrachtet, lösen Wanderungsprognosen ambivalente Reaktionen aus. Kommunalpolitiker richten ihre Wachstumshoffnungen stärker auf Wanderungsgewinne aus der deutschen und westeuropäischen Binnenwanderung als auf die Migration der Rußlanddeutschen oder die globalen Armutswanderungen aus wirtschaftlichen Krisenregionen.

Aus Geburten, Sterbefällen und Wanderungen ergibt sich als mittelfristige Rahmenbedingung bis 2010 eine wachsende Gesamtbevölkerung mit längerfristig wieder abnehmender Tendenz. Langfristige Wanderungsprognosen über das Jahr

---

3 Bundesministerium für Raumordnung, Bauwesen und Städtebau (Hg.): Zukunft Stadt 2000, Bericht der Kommission Stadt 2000, Bonn 1993, S. 56f.
4 Felderer, Bernhard u. Petra Zimmermann-Schwier: Stadtentwicklung und Entwicklung der Bevölkerung, in: Zukunft Stadt 2000: Stand und Perspektiven der Stadtentwicklung (Wüstenrot Stiftung), Ludwigsburg 1993, S.55-160

2010 hinaus müssen wegen ihrer hohen Irrtumswahrscheinlichkeit als spekulativ gelten. Sicher ist allerdings, daß massive Zuwanderungen den problematischen Trend einer weiteren „Überalterung" der Gesellschaft zwar mildern, aber nicht umkehren können.

3. Schrumpfende Großstädte

Fast alle bundesdeutschen Großstädte haben schon ab 1970 eine Trendwende in der Einwohnerentwicklung verzeichnet: Sterbeüberschüsse und die Verluste aus der Randwanderung von Bevölkerung und Arbeitsplätzen (Suburbanisierung) ergaben negative Einwohnerbilanzen, die nach dem Anwerbestopp ausländischer Arbeitskräfte (1973) nicht mehr durch Zuwanderung und Geburtenüberschüsse ausländischer Haushalte ausgeglichen wurden. Die schrumpfende Stadt wurde zum vorherrschenden Entwicklungstyp wirtschaftsschwacher wie wirtschaftsstarker Großstädte. So rechneten die westdeutschen Großstädte Mitte der achtziger Jahre bis zur Jahrtausendwende mit weiteren Einwohnerverlusten von 5% (München) bis zu 18% (Duisburg).

Waren insbesondere die alten Industriezentren des Nordens von Arbeitsplatz- und Einwohnerverlusten betroffen, so konnten sich die süddeutschen Metropolen trotz gleichlaufender Trends als Kerne wirtschaftsstarker Regionen mit hohem Dienstleistungsanteil behaupten. Beschäftigungsverluste norddeutscher Stadtregionen und Beschäftigungsgewinne süddeutscher „Führungsregionen" (Frankfurt, München und Stuttgart) sind der Kern des vielzitierten Süd-Nord-Gefälles in der alten Bundesrepublik.[5]

Der langfristige Trend schrumpfender Kernstädte wurde in den westdeutschen Großstädten in der Phase zwischen 1985/86 und 1993/94 unterbrochen (vgl. Abb. 1).

---

5 Häußermann, Hartmut u. Walter Siebel: Die Polarisierung der Großstadtentwicklung im Süd-Nord-Gefälle, in: Friedrichs, Jürgen/Hartmut Häußermann/Walter Siebel (Hg.): Süd-Nord-Gefälle in der Bundesrepublik. Opladen 1986, S.70-96

16

Abbildung 1: Bevölkerungsentwicklung westdeutscher Großstädte 1980-1994

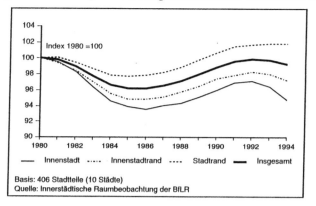

Basis: 406 Stadtteile (10 Städte)
Quelle: Innerstädtische Raumbeobachtung der BfLR

Es war vor allem der Zustrom von Aussiedlern und Übersiedlern bzw. Asylbewerbern, der die oben beschriebenen rückläufigen Trends für rund sieben Jahre überlagerte. Unmittelbar vor und nach der Wiedervereinigung verstärkte die Ost-West-Wanderung das Einwohnerwachstum westdeutscher Großstädte und hinterließ in den ostdeutschen Großstädten beträchtliche Wanderungsverluste.

So verzeichneten die 13 ostdeutschen Großstädte (ohne Berlin) in einem Zeitraum von nur vier Jahren (1990 - 1994) Einwohnerverluste zwischen 8.5% (Zwickau) und 4.8% (Magdeburg) Lediglich Potsdam profitierte vom benachbarten Wirtschaftsraum Berlin und büßte nur 2.6% seiner Einwohner ein. Im gleichen Zeitraum nahm die Gesamtbevölkerung in Ostdeutschland um 3.6% ab.[6]

Der Zug nach Westen ist inzwischen einer ausgeglichenen Wanderungsbilanz zwischen West- und Ostdeutschland gewichen [7], doch wirkt sich die strukturelle Zusammensetzung der Abwanderung - vor allem jüngere Menschen ziehen nach Westen um - negativ auf die Altersstruktur der ostdeutschen Stadtbevölkerung aus.

Seit 1993 ist der langfristige Trend schrumpfender Kernstädte wieder wirksam. Das „Zwischenhoch" war Episode, die alten Muster kehren zurück bzw. setzen in Ostdeutschland mit besonderer Dynamik ein: Tertiärisierung und Suburbanisie-

---

6 Sahner, Heinz: Ostdeutsche Großstädte: Bevölkerungsentwicklung, Migration und Suburbanisierung - mit besonderer Berücksichtigung der Stadt Halle und des Saalekreises, Vortragsmanuskript zur Herbstsitzung der Sektion Stadt-und Regionalsoziologie der DGS in Frankfurt/Oder, Nov. 1995
7 Statistisches Bundesamt (Hg.): Statistisches Jahrbuch 1995 für die Bundesrepublik Deutschland, Wiesbaden 1995, S. 19.

rung zeigen eine forcierte Anpassung an westdeutsche Raumnutzungsmuster.[8]
Die in den achtziger Jahren im Westen verzeichnete Entleerung der Kernstädte
wird nun im Osten zur bedrohlichen Perspektive für die vernachlässigten innerstädtischen Altbauquartiere, aber auch für die Plattensiedlungen. Verbraucher-
märkte und Einfamilienhausgebiete werden, durch Regional- und Landesplanung
kaum behindert, von den kommunalen Planungsträgern in rasantem Tempo bau-
rechtlich verankert und von Investoren realisiert.

So standen in Halle (1995) 13.000 meist renovierungsbedürftige Wohnungen leer,
während es im umliegenden Saalekreis bereits genehmigtes Baurecht für 10.000
neue Wohneinheiten gab.[9]

Die Transformation der ostdeutschen Gesellschaft zeigt das Janusgesicht von
Freisetzung und Nachholbedarf. In einer Gesellschaft, in der sich 1993 noch 59%
der Bewohner (in Westdeutschland 29%) der Unter- und Arbeiterschicht zurech-
neten[10], hat die einsetzende soziale Differenzierung eine Armutspopulation nach
westdeutschem Muster entstehen lassen. Auch die soziale Segregation: Arbeitslose, Alleinerziehende und andere einkommensschwache Bewohner der Kernstädte
und der Großsiedlungen einereits und kaufkräftige, jüngere Randwanderer andererseits, entwickelt sich nach ähnlichen Mustern wie sie bereits seit den siebziger
Jahren in Westdeutschland aufgetreten waren und hier eine kontroverse Diskussion über eine „Revitalisierung" der Innenstädte ausgelöst hatten.

In der großräumigen Perspektive der Raumordnung und Regionalentwicklung ist
das alte Paradigma des Süd-Nord-Gefälles in Deutschland nun durch das West-
Ost-Gefälle als neue Herausforderung an die nationale Solidarität abgelöst worden. Damit ergeben sich im deutschen Städtenetz veränderte Konkurrenzbezie-
hungen zwischen westdeutschen und ostdeutschen Werftenstandorten, Kohlere-
vieren, Automobil-, Messe- und Behördenstandorten.

4. Die Stadt und der Fremde

Die gesellschaftliche Entwicklung des neunzehnten und zwanzigsten Jahrhunderts
ist durch den Abschied von der Ständegesellschaft, durch Industrialisierung,
Verstädterung, Emanzipation und andere Momente des sozialen Wandels geprägt.

---

8 Bundesforschungsanstalt für Landeskunde und Raumordnung: Aktuelle Tendenzen der Bevölkerungsentwicklung west- und ostdeutscher Großstädte, in: Mitteilungen und Informationen der BfLR
5/95, S.4
9 Sahner, vgl. Anm. 6.
10 Statistisches Bundesamt (Hg.): Datenreport 1994, Bonn 1994, S. 579.

Zum Charakter von Urbanität gehört die Ambivalenz von Fremdheit und Freiheit. Die Städte haben immer Angehörige unterschiedlicher Kulturen aufgenommen. Berlin wurde zur Heimat für Hugenotten, russische Juden, schlesische Landarbeiter und türkische Gastarbeiter. In einem spannungsreichen Nebeneinander konstituiert sich das Stadtleben aus der Koexistenz von kultureller Differenz.[11] Migrationsketten können zur Separierung in ethnischen Inseln, aber im Zuge sozialer Mobilität auch zur Integration und langfristigen Assimilation führen.

Die Migration der Schlesier nach Berlin und der Polen ins Ruhrgebiet des 19. Jahrhunderts, die Anwerbung südeuropäischer und türkischer Arbeitskräfte in den sechziger und siebziger Jahren des 20. Jahrhunderts und die Arbeitsmigration aus Osteuropa der neunziger Jahre speisten das Einwohnerwachstum der Städte und glichen Sterbeüberschüsse weitgehend aus. Ohne Zuwanderung ist kein Stadtwachstum möglich, denn das generative Verhalten und die Lebensformen der Stadtbewohner - späteres Heiratsalter, geringere Kinderzahlen, höhere Scheidungsziffern - unterscheidet diese bis heute von der Bevölkerung ländlich geprägter Regionen.

Die kulturelle Heterogenität der Stadtbevölkerung läßt sich nicht mit der groben Elle der Staatsangehörigkeit messen. Jährlich erhalten rund 200.000 „Rußlanddeutsche" einen deutschen Paß und können sich gegenüber vielen der 6.9 Mio. Ausländer, von denen 40% schon länger als 20 Jahre in Deutschland leben, als rechtlich privilegiert empfinden. Rund 200.000 Ausländer lassen sich jährlich einbürgern und scheiden aus der Statistik und der Zuständigkeit der Ausländerbehörden aus, ohne die kulturellen Gemeinsamkeiten mit ihren ehemaligen Landsleuten aufgeben zu müssen. Und die „Illegalen", die mit einem Touristenvisum ein- und ausreisen und eine Wanderexistenz in der Schattenarbeit führen - in Berlin werden etwa 100.000 nicht gemeldete „Illegale" vermutet - steuern eine weitere Facette zur sozialen Vielfalt der Stadtbevölkerung bei. Der privilegierten Gruppe der EU-Ausländer, mit voller Freizügigkeit hinsichtlich Wohnsitz und Arbeitsaufnahme, steht die am stärksten marginalisierte Ausländergruppe der Asylbewerber gegenüber. Sie sind von Geldleistungen und bezahlter Arbeit weitgehend ausgeschlossen und leben während ihres Asylverfahrens quasi interniert. Die restriktiven Bestimmungen der europäischen Asylverfahren und sinkende Anerkennungsquoten (1993 3.2%) haben die Zahl der Antragsteller von 438.000 (1992) auf 127.000 (1994) reduziert.

Der deutsche Paß ist ein wichtiger, aber nicht hinreichender Indikator für politische Rechte, Lebenslagen, soziale Integration und soziale Perspektiven. Die Immigration in das Nichteinwanderungsland Deutschland hat längst begonnen, den

---

11 Keim, Karl-Dieter u. Herbert Grymer: Herausforderungen der lokalen Poltikarena im Jahrzehnt des Umbruchs, in: Keim, Karl-Dieter (Hg.): Aufbruch der Städte, Berlin 1995, S.13-53.

monoethnischen Nationalstaat kulturell zu „unterwandern" und ihm zunehmend multikulturelle Züge verliehen.

Die Zentren der Mobilität sind die Großstädte: In der Phase der Urbanisierung seit 1870 ebenso wie während der Gastarbeiterwanderungen in den sechziger Jahren des 20. Jahrhunderts blieb im statistischen Durchschnitt von sechs Zuwanderern nur einer dauerhaft.[12] Heute lebt jeder zweite Ausländer in einer kreisfreien Stadt (Bevölkerungsanteil der kreisfreien Städte an der Gesamtbevölkerung ca. 30%). Die höchsten Ausländerquoten weisen die Wirtschaftsmetropolen Frankfurt/Offenbach (27%), Stuttgart (23%) und München (22%) auf.

Die soziale Lage der Nichtdeutschen hat sich mit den Jahren verändert: Sie leben immer noch in einer beruflichen und sozialen Randposition, sind stärker als Deutsche von Arbeitslosigkeit betroffen und fühlen sich zuweilen als Opfer der deutschen Vereinigung. Doch hat die zweite Generation deutlich aufgeholt: Sie arbeiten sich in mittlere und höhere Angestelltenpositionen vor, der Facharbeiteranteil und die Quote der ausländischen Frauen im Dienstleistungssektor steigen.

Gleichzeitig verstärken sich aber Segregationstendenzen in der in Deutschland geborenen zweiten Immigrantengeneration: Jeder zweite junge Ausländer (zwei Drittel der jungen Türken) hat keine intensiveren Kontakte zu Deutschen.[13] Es scheint, daß auch für die Kinder der ersten Immigrantengeneration die ethnischen Gemeinschaften ein wichtiges Netzwerk in einer schwierigen Umwelt darstellen. Sollte aus defensiver Abgrenzung Rückzug oder sogar Flucht in den islamischen Fundamentalismus werden, so könnten daraus ähnliche Konflikte entstehen, wie sie sich bereits in den französischen Vorstädten abspielen.

Gewalttaten gegen Ausländer, insbesondere Asylbewerber und Türken sowie antisemitische Straftaten erreichten in den frühen neunziger Jahren einen Höhepunkt in Deutschland. Mittlere und kleinere Städte wie Rostock, Hoyerswerda, Mölln, Solingen und Lübeck gerieten als Schauplätze fremdenfeindlicher Ausschreitungen in die Schlagzeilen, während die westdeutschen Metropolen mit den traditionell höchsten Ausländerquoten sowie Berlin von Mordanschlägen weitgehend verschont blieben. Daraus kann mit der gebotenen Vorsicht die Schlußfolgerung gezogen werden, daß sich in diesen Großstädten ein weitgehend gewaltfreies Zusammenleben bzw. Nebeneinanderleben und somit eine fragile urbane Toleranz entwickelt hat.

---

12 Häußermann, Hartmut: Zuwanderung und Stadtentwicklung, in: Stadtforum, Journal No.20, Berlin, Juli 1995, S.15-17.
13 Statistisches Bundesamt, vgl. Anm 10, S. 595.

Die latente Spannung im Verhältnis zwischen Deutschen und Nichtdeutschen hat nicht nur mit kultureller Differenz, sondern auch mit sozialer Konkurrenz zu tun. Immigranten ausländischer oder deutschstämmiger Herkunft konkurrieren mit den Ansässigen um Arbeitsplätze der unteren Lohngruppen, um preisgünstige Wohnungen, um Plätze in Kindertagesstätten und andere knappe Güter. So werden Immigranten häufig zu Sündenböcken und Projektionsobjekten von statusunsicheren, abstiegsbedrohten Bevölkerungsgruppen. Die multikulturelle Stadtgesellschaft ist ein Projekt voller Spannungen und Risiken.

5. Duale Stadtgesellschaft

In der soziologischen Diskussion der späten achtziger Jahre wird von US-Wissenschaftlern die These einer gesellschaftlichen Polarisierung bzw. Dualisierung der Stadt vertreten und insbesondere am Beispiel New York diskutiert.[14] Kern der Dualisierungsthese ist die Verschärfung sozialer Ungleichheiten: mehr Reiche, mehr Arme, weniger Mittelschicht. Auch in Deutschland wird die Diskussion über neue Armut, Zweidrittel-Gesellschaft, Umbau oder Abbau des Sozialstaates von der These zunehmender sozialer Polarisierung bzw. Dualisierung beherrscht.

Das Bild der Dualisierung zeichnet zugleich eine Zweiteilung der Stadt und trägt Züge einer Zweiklassengesellschaft, die den Trends einer Pluralisierung und Individualisierung sowie der Entstehung differenzierter sozialer Milieus zu widersprechen scheint. Die US-Autoren weisen auf die Grenzen der Metapher in einer mehrdimensional geschichteten und multikulturell geprägten Stadtgesellschaft hin.

Gleichwohl lassen sich auch in deutschen Großstädten Zeichen verschärfter Armut ausmachen. Nimmt man den Sozialhilfebezug als groben Indikator für „bekämpfte Armut", so ist jeder zehnte Einwohner der norddeutschen Stadtstaaten arm: Die Zahl der Sozialhilfeempfänger stieg von 1985 bis 1992 in Berlin um ein Drittel auf 9.6%, in Hamburg auf 10.6% und in Bremen auf 9.2% der Bevölkerung.[15] Im oberen Bereich der Wohlstandsskala zeigt die Entwicklung, daß auch die Wohlhabenden und Reichen immer zahlreicher und gleichzeitig immer wohlhabender und reicher geworden sind.[16]

---

14 Vgl. Mollenkopf, John H. u. Manuel Castells (eds.): Dual City. Restructuring New York, New York 1991. - Marcuse, Peter: „Dual City": A Muddy Metaphor for a Quartered City, in: International Journal of Urban and Regional Research, Vol.13 (1989), S.697-708 - Schulz zur Wiesch, Jochen: Das Doppelgesicht der Metropolen. Tendenzen der amerikanischen Stadtentwicklung, in: Archiv für Kommunalwissenschaften Bd. I/1993, S.22-46
15 Senatsverwaltung für Soziales: Bericht zur sozialen Lage in Berlin, Berlin, Juli 1995
16 Geisler, Rainer: Die Sozialstruktur Deutschlands, Opladen 1992, S. 51.

Den Hintergrund dieser Polarisierung bilden gründlich veränderte wirtschaftliche Strukturen und ein wachsendes Arbeitsplatzdefizit: In den Städten wird kaum noch produziert, während immer mehr Beschäftigte im Tertiärbereich arbeiten (Frankfurt 84%, Hamburg 80%, Berlin 75%). Der sektorale Strukturwandel dünnt den Produktionssektor in den Städten aus und verändert ihn qualitativ. Er entzieht damit der eingesessenen städtischen Arbeiterschaft und den meisten Immigranten ihre traditionellen Industriearbeitsplätze. Die Tertiärisierung der urbanen Wirtschaft geht mit einem wachsenden Anteil hochbezahlter wie schlechtbezahlter Jobs einher und treibt so die Polarisierung der Einkommen voran: Börsenmakler, Unternehmensberater und Versicherungsagenten nutzen die Dienste von Haushaltshilfen, Kindermädchen und Kellnern. Eliten und Tertiärarbeiter brauchen einander und bleiben sich doch fremd in der nachindustriellen, dualen Stadt.

Die Anstrengungen der Kommunalpolitiker, ihre Kernstädte als Arbeits- und Wohnorte für die neuen Dienstleistungseliten herzurichten, droht die vorhandene soziale Segregation weiter zu verschärfen und kann zu einem Austausch schwacher durch einkommensstarke Bewohnergruppen in solchen, meist citynahen Altbauquartieren führen, die den Lebensstilen jüngerer, qualifizierter „Dienstleister" entgegenkommen. Alleinerziehende Frauen, die schon heute mehrheitlich auf Sozialhilfe angewiesen sind, aber auch Industriearbeiter werden zu Verlierern derartiger Aufwertungsprozesse. Bisher sind sozialstrukturelle Austauschbewegungen (Gentrification) in deutschen Städten allerdings erst in wenigen Fallstudien untersucht worden.[17]

Trotz verschärfter sozialer Bedingungen werden die großen Städte auch weiterhin das Ziel armer Zuwanderer und die Heimat verarmter Eingesessener bleiben. Hier sind die informellen Unterstützungsnetze homogener Nachbarschaften und ethnischer Gemeinschaften, die Nachfrage nach einfachen Dienstleistungen und die Angebote der Schattenwirtschaft ebenso wie die Transferleistungen der Sozialbehörden eine berechenbare Größe. Die Aufgabe der Städte, Angebote für die qualifizierten Dienstleister und gleichzeitig sozialstaatliche Garantien für die Schwächeren zu bieten, kennzeichnet das besondere Dilemma der Stadtpolitik in einer dualen Gesellschaft.

---

17 Blasius, Jörg u. Jens S.Dangschat (Hg.): Gentrification. Die Aufwertung innenstadtnaher Wohnviertel, Frankfurt/New York 1990. - Blasius, Jörg: Verdrängungen in einem gentrifizierten Gebiet, in: Dangschat, Jens u. Jörg Blasius (Hg.): Lebensstile in den Städten. Konzepte und Methoden, Opladen 1994, S. 408-425.

6. Lebenswelt Stadt

Folgt man der These von Paul-Henry Chombart de Lauwe: „Das Bild der Gesellschaft ist auf den Boden geschrieben"[18], so deutet die flächenhafte Zersiedlung ganzer Regionen - z.b. das Boswash-Städteband an der amerikanischen Ostküste und die Rhein-Ruhr-Agglomeration - auf einen Funktions- und Bedeutungsverlust der Stadt: Siedlungsbänder und metropolitan areas statt klarer Trennung von Stadt und Land, von Dichte und Weite.

Wenn sich auch die Innen- und Außenbereiche europäischer Stadträume von der Form eines gekochten Eies (mittelalterliche Stadt) über das Spiegelei (Stadt der Industrialisierung) zum gigantischen Rührei mit extensiver Besiedlung (moderne Stadtregionen) weiterentwickeln, so entfernen sie sich damit immer mehr vom Leitbild der alten europäischen Stadt und auch vom Modell einer bürgerlichen Öffentlichkeit im urbanen Raum. Restaurierte Altstädte liefern noch Inszenierungen der alten Stadt mit gewichtigem Symbolwert. Nürnberg ist ohne Altstadt und Burg, Erfurt ohne Domplatz nicht denkbar, eher schon Frankfurt ohne Römerberg. Doch brauchen wir die Dichte und Vielfalt urbaner öffentlicher Räume noch, wenn die Informations- und Kommunikationstechnik immer mehr Tätigkeiten in der eigenen Wohnung ermöglicht (home-banking, Telearbeit, Teleshopping, Telekonferenz etc.), und auch die Armen ihre Sozialhilfe künftig per Chip-Karte abrufen können?

Trotz hoher Bodenpreise drängen Firmenzentralen mit anspruchsvollsten tertiären Nutzungen weiterhin in die Zentren der Metropolen, während sie ihre inneren Dienste (back offices) an den Stadtrand verlagern. Eine Tendenz zur großräumigen Dezentralisierung ist von den neuen Technologien bisher nicht ausgelöst worden. Vielmehr scheint die Chance für vielfältige persönliche Begegnungen - mit Freunden, Kunden und Konkurrenten - auch künftig zum wichtigsten Potential urbaner Milieus zu gehören. Unmittelbare Kommunikation im öffentlichen Raum statt virtueller Realität im Internet. „Konferenzen sind zeitlich begrenzte, große Universitätsstädte dagegen zeitlich unbegrenzte innovative Milieus".[19] Die Raumstrukturen der Städte und ihre Nutzungsmuster wandeln sich, kommunale Grenzen haben ihre Bedeutung für Bewohner und Besucher weitgehend verloren. Die Stadtgesellschaft ist als Regionalgesellschaft in verschiedenen Lokalitäten, Quartieren und sozialräumlichen Milieus zu Hause. Diese Milieus werden für ihre Bewohner umso wichtiger, je brüchiger die Perspektive der Arbeitswelt als Quelle von Identität und Selbstbewußtsein erscheint. Ob die Integrati-

---

18 zit. nach Herlyn, Ulfert: Soziale Segregation, in: Pehnt, Wolfgang (Hg.): Die Stadt in der Bundesrepublik, Stuttgart 1974, S.89-106.
19 Hall, Peter: Gibt es sie noch - die Stadt ?, in: Schabert, Tilo (Hg.): Die Welt der Stadt, München 1990, S.17-41, hier S. 22.

onskräfte sozialstaatlicher Sicherung, kommunaler Selbstverwaltung und informeller sozialer Netze ausreichen, die wachsenden sozialen Spannungen zu regulieren, wird zur Zukunftsfrage der Stadt.

STÄDTISCHE LEBENSSTILE

Christine Hannemann

1. Einführung

Stadt ist Lebensstil. Dies ist eine der folgenreichsten Konsequenzen der grundsätzlichen Verschiebung bundesdeutscher Lebenswirklichkeiten seit den achtziger Jahren. Nach der Periode des Wiederaufbaus und der Wirtschaftswunderphase, die auch mit einer Abwendung des allgemeinen Stadtleitbildes von der 'alten Stadt' zur 'neuen Stadt' - Erweiterung des Stadtraums durch Kleinfamilienhausgebiete und Großsiedlungen bei gleichzeitiger 'Entwohnung' der Innenstädte - verbunden war, erlebt *die* Stadt, verdeutlicht vor allem durch die Stadt der Kaiserzeit und die mittelalterliche Stadt, eine enorme Renaissance. Urbanität ist zum Schlagwort für eine Lebensführung geworden, die vor allem von den 'neuen Haushaltstypen', den Trägern der neuen Lebensstile, angestrebt wird. Sozialräumlich zeigt sich, daß die Wiederentdecker der Stadt vor allem innerstädtische Standorte bevorzugt bewohnen.

Als soziologischer Ausgangspunkt dieses gesellschaftlichen Wandels wird ein ausgeprägter Entkopplungsprozeß individueller Lebensformen von „objektiven" Lebensbedingungen diagnostiziert. Gewachsener Wohlstand, starke Bildungsexpansion, verlängerte Freizeit, kleinere Familien, abgeschwächte Alltagsnormen, gestiegene soziale Sicherheit, zunehmende Mobilität, veränderte Kommunikationsformen, so wird konstatiert, haben auf der soziokulturellen Ebene eine Pluralisierung und „Individualisierung der Lebensstile"¹ zur Folge. Traditionelle Schichtstrukturen lösen sich auf, es gibt immer mehr Diffusität in den Lebensorientierungen, Unstrukturiertheiten biographischer Muster und Vereinzelung der Individuen. Das diagnostizierte Verschwinden erkennbarer eindeutiger Kollektiv- bzw. Schichtidentitäten betrifft dabei hauptsächlich die breite Mittellage der Gesellschaft. In der Konsequenz dieser veränderten gesellschaftlichen Rahmenbedingungen der individuellen Lagen vermittelt sich soziale Ungleichheit heute nicht mehr durch eine dichotomisierte Klassen- und/oder Schichtenzugehörigkeit, sondern gleichwertig über die sozio-ökonomische Lage *und* sozio-kulturelle Prämissen: Der Lebensstil ist innerhalb dieser Rahmenbedingungen 'frei' gewählt. Der Lebensstilbegriff meint „ein mehr oder minder frei gewähltes, gesellschaftlich

---

1 Beck, Ulrich: Risikogesellschaft. Auf dem Weg in eine andere Moderne, Frankfurt/Main: Suhrkamp 1986.

typisches Muster des Alltagsverhaltens"[2] und unterscheidet sich so von ähnlichen Begriffen wie Lebensqualität oder Lebensbedingung.

Da die moderne Gesellschaft in erster Linie eine urbanisierte Gesellschaft ist, ist damit vor allem die Entstehung neuer städtischer Lebensstile gemeint. Städte, insbesondere Großstädte, sind die Orte, in denen der jeweilige Lebensstil bewußt zur Selbstdarstellung und sozialen Positionierung eingesetzt wird. Die Stadtsoziologie untersucht die sozial-räumliche Stilisierung dieser Lebensstile. Der Beitrag wird, ausgehend von einer kurzen Replik auf die inzwischen unüberschaubare soziologische Lebensstil-Literatur, sozialräumliche Verortungen dieser urbanisierten Lebensstile untersuchen. Schwerpunkt wird die Darstellung unterschiedlicher sozialer Milieus mit ihren jeweils bestimmenden Milieugruppen in der Stadt, insbesondere der Großstadt, sein.

2. Soziologische Lebensstilforschung

Bei der Durchsicht der Fülle an wissenschaftlicher Literatur (z.B. Beck 1986, Zapf u.a. 1987, Berger/Hradil 1990, Hradil 1992, Müller 1992, Dangschat/Blasius 1994) fällt zunächst auf, daß eine Einigung über einen verbindlichen theoretischen Rahmen zum 'Kompaktbegriff'[3] Lebensstil noch immer nicht erreicht ist. Des Weiteren bezieht sich die Lebensstilforschung, wenn der räumliche Aspekt in die Betrachtungsweise einbezogen wird, auf den sozialen Raum. Daß die neuen Lebensstile vor allem urbane Lebensstile sind, wird von der Lebensstilforschung bislang wenig reflektiert. Umfassende Untersuchungen zur Vielfalt der Lebensstile in *der* Stadt existieren bisher kaum (Spiegel 1986, Häußermann/Siebel 1987, Dangschat/Blasius 1994 bilden die wenigen Ausnahmen[4]). In einer Analyse der Gründe verweist Müller auf die generelle „Raumlosigkeit" der sozialwissenschaftlichen Forschung, die letztlich wiederum aus dem kantianischen Vorverständnis der klassischen Soziologie resultiert.[5]

Im Fokus der soziologischen Lebensstilforschung befinden sich außerdem bestimmte Gruppen - wie Single, Dinks oder Gentrifier -, Milieugruppen, an denen

2 Hradil, Stefan (Hrsg.): Zwischen Bewußtsein und Sein: Die Vermittlung „objektiver" Lebensbedingungen und „subjektiver" Lebensweisen, Opladen: Leske+Budrich 1992, S. 10.
3 Müller, Hans-Peter: Sozialstruktur und Lebensstile. Der neue theoretische Diskurs über soziale Ungleichheit, Frankfurt/Main: Suhrkamp 1992.
4 Spiegel, Erika: Neue Haushaltstypen. Entstehungsbedingungen, Lebenssituation, Wohnen und Standortverhältnisse, Frankfurt/Main: Campus 1986 - Häußermann, Hartmut/ Siebel, Walter: Neue Urbanität, Frankfurt/Main: Suhrkamp 1987 - Dangschat, Jens S./Blasius, Jörg (Hrsg.): Lebensstile in Städten, Opladen: Leske+Budrich 1994.
5 Müller, Hans-Peter: Lebensstile in Sozial- und Raumstruktur: einige theoretische Anmerkungen, in: Regio, Beiträge des Instituts für Regional- und Strukturplanung Nr. 8, 1995, S. 11-20.

die neuen Haushaltstypen und Wohnformen empirisch festgemacht werden. Andere gesellschaftliche Milieugruppen wie Arbeitslose, Rentner oder Ausländer werden kaum durch die Lebensstilforschung betrachtet; lediglich Herlyn u.a. legten 1994 eine Studie zu neuen Lebensstilen in der Arbeiterklasse vor. Die vorherrschende soziologische Forschung konzentriert sich offensichtlich auf bestimmte Gruppen.

In der theoretischen Lebensstil-Debatte geht es grundsätzlich um die Überwindung der sozialstrukturellen Diskussionen, die die Soziologie bis in die achtziger Jahre geprägt hat: Klasse oder Schicht - das war die Frage. Ein Rückblick auf die Sozialstruktur-, Klassen- und Schichtungsanalyse in der Bundesrepublik zeigt, daß sich die Diskussion um Entstehung und Existenz sozialer Ungleichheit entlang der Begrifflichkeit Lebensstandard - Lebensqualität - Lebensstil entwickelt hat. Nach einer langen Phase der Dominanz staats- oder ökonomiebezogene Analysen der bundesrepublikanischen Gesellschaft, wurde mit der Einführung des Begriffs des Lebensstils die deterministische Abhängigkeit „subjektiver" Lebensformen von den sozioökonomischen Lagebedingungen, die bis in die siebziger Jahre unangefochten die Sozialstrukturanalyse bestimmte, abgelöst.

Auch wenn 'Lebensstil' als der zentrale zeitdiagnostische Begriff der heutigen Soziologie auftritt, ist er keine neue Erfindung. Der Lebensstilbegriff, als relativ stabile Form der Vergesellschaftung, hat eine lange Tradition. Seine heutige, in der Soziologie diskutierte Version wird meist auf Max Weber und Georg Simmel, bedeutende Begründer der modernen Sozialwissenschaften, zurückgeführt. Max Weber hatte den Begriff der „Lebensführung" kreiert, um die Gestaltungsprinzipien des menschlichen Handelns zu definieren, diesen aber stark an ständischen Symbolen und Distinktionen orientiert. Georg Simmel wies schon zu Beginn dieses Jahrhunderts darauf hin, daß die funktionale Differenzierung moderner Gesellschaften den Einzelnen immer häufiger in den Schnittpunkt verschiedener sozialer Kreise stelle und ihn dadurch aus der Einbindung in bestimmte Lebensverhältnisse herauslöse.[6] Diese Chance der Verwirklichung von Individualität als Gewinn für die Persönlichkeit des Menschen sah Simmel explizit in der Großstadt. Die Koexistenz von Stadt und Lebensstil war für ihn entscheidend: Lebensstile und alle Stilisierungen der Lebensführung sind nach Simmel ein Produkt der Großstadt und breiten sich von dort auf Kleinstädte und ländliche Regionen aus. So betont Simmel in seinem berühmten Aufsatz „Die Großstädte und das Geistesleben" die Notwendigkeit von Individualität, damit die Individuen

---

6 Simmel, Georg: Philosophie des Geldes, Leipzig: Duncker & Humblot 1907.
Simmel, Georg: Die Großstädte und das Geistesleben, in: Simmel, Georg: Brücke und Tür, Stuttgart: Koehler 1957, S. 227-242.

„Selbständigkeit und Eigenart des Daseins" gegen die allgemeine Sachlichkeit der Großstadt bewahren können.[7]

Heute lassen sich in der Diskussion der Soziologie über Theorie und Begriff „Lebensstil" drei verschiedene Positionen der Lebensstilanalyse ausmachen. Das Verhältnis von Sozialstruktur und Lebensstilen wird zum ersten von der Entstrukturierungsthese ausgehend untersucht: Beck[8] interpretiert die Entstrukturierung der Klassengesellschaft durch die Pluralisierung der Lebensstile, die wiederum einen Individualisierungsprozeß zur Folge haben. Im Gegensatz dazu sind für Bourdieu, einem zweiten Vertreter der Lebensstilforschung, Lebensstile der entscheidende Indikator für die Klassenzugehörigkeit. Die dritte wesentliche Position wird von Zapf[9] vertreten: Lebensstile werden hier als Ausdruck sozialer Differenzierungen und als Innovationschance zur Verbesserung einzelner gesellschaftlicher Lebensbereiche interpretiert. An diesem Punkt kann nicht das Für und Wider der verschiedenen Grundpositionen diskutiert werden - zumal die Diskussion die Thematik der sozialen Ungleichheit fokussiert und nach wie vor offen ist - vielmehr soll im weiteren das „Städtische" in dieser Diskussion in den Mittelpunkt der Ausführungen gestellt werden.

3. Stadt und Lebensstil

Was sind nun die städtischen Aspekte der Lebensstildebatte? Diese Frage kann in verschiedener Hinsicht beantwortet werden. Zum einen bekam die Lebensstilforschung, wie schon dargelegt, durch die Entdeckung der neuen Haushaltstypen und deren Wohnstandortverhalten einen entscheidenden Anstoß. Deren veränderte Verhaltensweisen bei der sozialräumlichen Positionierung bilden wesentliche Indikatoren für die empirische Lebensstilforschung. Die deutlichsten Veränderungen zeigten sich dabei in den inneren Quartieren der großen Städte der Bundesrepublik. Die Wiederbelebung der Innenstädte als einem der herausragenden Merkmale des gesellschaftlichen Wandels auf räumlicher Ebene, betraf vor allem die Quartiere, an denen die Modernisierungswelle bis Ende der siebziger Jahre vorbeigegangen war. „Die Ursache für diese Revitalisierung liegt nicht in den Orten, in den Stadtteilen oder in den Häusern, sondern in veränderten Vorlieben für bestimmte Wohnstandorte und eine spezifische sozialräumliche Umgebung".[10] Betroffen waren vor allem die Gebiete, die nicht nach den Kriterien des Wohnleitbildes der Nachkriegs-Bundesrepublik saniert worden waren.

---

7 Simmel, Georg (1957), vgl. Anm 6.
8 Vgl. Anm. 1.
9 Zapf, Wolfgang u.a.: Individualisierung und Sicherheit, München: Beck 1987.
10 Häußermann, Hartmut: Stadt und Lebensstil, in: Hauff, Volker (Hrsg.): Stadt und Lebensstil: Thema: Stadtkultur, Weinheim und Basel: Beltz 1988, S. 75-89, hier S. 79.

28

Bis in die siebziger Jahre war die Grundlage des Wiederaufbaus, der Stadterneuerung und -sanierung ein Modell von Familie und Gesellschaft, das mit dem Begriff „fordistisch" gefaßt werden kann. Damit ist jener Typ von Gesellschaft bezeichnet, durch den auf der Basis industrialisierter und rationalisierter Massenproduktion von Konsumgütern „Interessengegensätze durch Produktivitätssteigerung überwunden und der Reichtum der Gesellschaft durch eine höchst zweckrationale Organisation für alle gesteigert werden kann".[11] Die von Henry Ford, auf den Ideen von Charles Taylor basierend, entwickelte und insbesondere in Deutschland zu einem eigenständigen Gesellschaftskonzept vervollkommnete Philosophie bedeutete für die alte Bundesrepublik besonders in den fünfziger und sechziger Jahren (in einer modifizierten Variante auch für die DDR) die strikte Industrialisierung der Produktion und die Standardisierung der Konsumtion. „Alle Lebens- und Wohnformen, die nicht der klaren Trennung von (industrieller) Arbeit und (Freizeit-) Wohnen folgten, galten daher bald als rückständig oder vormodern."[12]

Das mit dem Konzept der sozialen Marktwirtschaft verbundene Lebensmodell war das der „klassischen Kleinfamilie" - Vater, Mutter, zwei Kinder - in der Kleinwohnung. Der Vater hatte die Funktion von Haushaltsvorstand und Hauptverdiener; Wohnen und Arbeiten waren räumlich getrennt; Freizeit wurde zunehmend identischer mit Urlaub/Reisen und mit Konsum: Konsum von Waren der Massenproduktion, von Massenmedien und von Dienstleistungen. Realisiert wurde dieses Lebensmodell in den Großsiedlungen des sozialen Wohnungsbaus der sechziger und siebziger Jahre und in den monotonen Einfamilienhaus-Stadtrandsiedlungen. „Bis Mitte der siebziger Jahre herrschte im Wohnstandortverhalten der städtischen Bevölkerung folgendes Muster vor: Die wachsende Bevölkerung breitet sich immer mehr ins Umland aus - zwangsläufig, weil es einerseits immer mehr Menschen gab, andererseits, weil mit wachsendem gesellschaftlichem Reichtum jeder einzelne mehr Wohnfläche haben konnte als zuvor".[13] Die Wanderungsprozesse der Suburbanisierung haben zu Bevölkerungsverlusten in den Großstädten der alten Bundesrepublik geführt.

Seit Anfang der siebziger Jahre kam es dann zu einer gravierenden Trendwende. Diese wurde durch einen rapiden Geburtenrückgang, eine sinkende Zahl der Eheschließungen und einen Anstieg der Scheidungsquoten eingeleitet. Im Gegenzug stieg die Anzahl der Alleinwohnenden und der Einpersonen-Haushalte (der Begriff umfaßt auch Haushalte, in denen mehrere Erwachsene ohne familiale Bin-

---

11 Häußermann, Hartmut/Siebel, Walter: Urbanität, Beiträge zur Stadtforschung, Stadtentwicklung, Stadtgestaltung; Bd. 37, Magistrat der Stadt Wien 1992, S. 26.
12 Häußermann/Siebel (1988), vgl. Anm. 4, S. 78f.
13 ebd., S. 79f.

dung zusammenleben).[14] Die sozialdemographischen Veränderungen wiederum wurden durch Entwicklungen ausgelöst, die eine Mannheimer Sozialforschergruppe[15] auf folgende ursächliche Faktoren zurückführt: Das Bildungswesens wurde auch für nicht privilegierte Sozialgruppen und Frauen geöffnet. Dies führte zu einer Erhöhung des Bildungsstandes in der Gesellschaft. Ein zweiter wichtiger Punkt ist die Zunahme der Frauenerwerbstätigkeit. Auskömmliche Erwerbseinkommen bildeten die Grundlage für eine zunehmend selbständige, nicht familienorientierte Lebensführung von Frauen. Daraus ergibt sich der dritte Faktor: Die Verringerung der Kinderzahl in den Haushalten. Die Phase der Familienlebenszeit schrumpfte. Nichtfamiliale Lebensweisen wurden für die individuelle Lebensplanung zeitlich und räumlich immer bedeutender. Entscheidend aber für die Zunahme neuer Modelle der Lebensführung - durch die soziologische Forschung als Pluralisierung der Lebensstile reflektiert - war der langfristige Einkommenszuwachs, der die enorme Erhöhung der Ausgaben für nicht lebensnotwendige Dinge ermöglichte.

Die Vorliebe der neuen Haushaltstypen für die bis dahin vernachlässigten Altbauquartiere liegt in der Abkehr vom „fordistischen" Lebensmodell, das durch eine suburbanisierte Lebensweise gekennzeichnet war. Überdies war es für die damals „atypischen" neuen Wohnformen (wie Wohngemeinschaften oder unverheiratete Paare) leichter, in der Innenstadt Wohnraum zu finden, da die Zuwanderungen in die Städte abnahmen und zahlungskräftige Konkurrenz dort in geringerem Umfang vorhanden war. Das veränderte Wohnstandortverhalten wurde zudem, wie Häußermann[16] ausführt, durch steuer- und stadtpolitische Maßnahmen gestützt. Steuerersparnisse durch Wohneigentumsbildung konnte seit Anfang der siebziger Jahre auch im Altbaubestand realisiert werden. „Außerdem richtete sich die kommunale Infrastrukturpolitik auf eine Veränderung des Wohnumfeldes in den Innenstädten zugunsten einer weniger verdichteten, gestylten Planung [...]. Modernisierung für kaufkräftige Schichten wurde ein lukratives Geschäft, da [...] die einkommensstarken Schichten nicht mehr so stark zur Randlage tendierten".[17]

Auf der Ebene des individuellen Wohnens hat die Ausprägung der Lebensformen mit der Tendenz zu 'Besonderheit' und 'Pluralität' eine veränderte Definition der Privatsphäre zur Folge. Durch Arbeitszeitverkürzung und Bedeutungswandel der Erwerbsarbeit hat das Individuum als Privatperson mehr Zeit für das persönliche Umfeld. Dessen zentraler Ort ist die Wohnung. Diese wird primärer Ort der Lebensführung. Die generelle Bedeutungszunahme des Wohnens an sich wurde von den Markforschern mit dem Begriff des cocooning beschrieben. Die baulich-

---

14 Spiegel, vgl. Anm. 4.
15 Zapf u.a., vgl. Anm. 9.
16 Häußermann, vgl. Anm. 10
17 ebd., S. 82.

räumliche Positionierung der neuen Lebensstile durch das bevorzugte Innenstadtwohnen der neuen Haushaltstypen wird bei der Wahl des Haus- und Wohnungstyps fortgesetzt: Die Gründerzeitwohnung mit Designerküche oder das modernisierte Dachgeschoß mit großer Sonnenterrasse sind die bevorzugten individualräumlichen Stilisierungsziele der neuen Haushaltstypen. Die territoriale Zeichensetzung der neuen Lebensstilgruppen wird von der Lebensstilsemantik als eine der am deutlichsten sichtbaren Verhaltensweisen beschrieben. Diese wiederum steht im Zusammenhang mit Sprachcodes, Umgangsformen, Kleidung, Besitzgegenständen bis hin zu körperlichen Merkmalen.[18] Dieser von Schulze als interne Homogenisierung bezeichnete Prozeß wird eben auch über die Adresse, also des Wo und Wie man wohnt, geregelt.

Die neuen Haushaltsgruppen fanden gerade in den Gründerzeitquartieren der Großstädte wichtige Möglichkeiten der sozial-räumlichen Stilisierung, die durch eine flexible Baustruktur unterstützt wurde. Dazu gehören die Grundrisse der Altbauwohnungen, die nicht wie in der sozialen Kleinwohnung funktionalisiert waren. An der Lage der Steckdosen war nicht von vornherein ablesbar, welcher Raum als Schlafzimmer und welcher als Wohnzimmer zu nutzen ist. Die Altbauten haben zumeist große, das Wohnen auch in der Küche ermöglichende Grundrisse und sind generell für die verschiedenen Formen des Zusammenlebens flexibler nutzbar. Im Gegensatz zu allen Formen der Stadterweiterung zeichnen sich die Altbauquartiere durch eine vielfältige Infrastruktur, wie Läden, Cafés, Dienstleistungsgewerke etc. aus. Auch die strikte Trennung von Arbeiten und Wohnen ist hier teilweise aufgehoben. Da der Bestand an solchen Altbauquartieren in den Städten aber insgesamt relativ klein ist - bedingt durch die Kahlschlagssanierungsprojekte und/oder durch die Umwandlung von Wohnräumen in gewerblich genutzte Räume - ergibt sich eine relativ starke Konzentration der neuen Haushaltstypen auf wenige Stadtgebiete, was wiederum zu einer deutlichen Wahrnehmbarkeit dieser Lebensformen in der Stadtöffentlichkeit führt. Es entstanden städtische Räume, die durch eine gruppentypische Art der Wahrnehmung, Interpretation und Nutzung der äußeren Umwelt - also nach Hradil[19] spezifische Milieus - gekennzeichnet sind.

Auf der städtischen Ebene wurde die empirische Lebensstilforschung wesentlich durch die 'Entdeckung' der neuen Haushaltstypen als besonderer Gruppen bzw. spezifischer Stadtteilmilieus fündig. „Die Wiederaufwertung innenstadtnaher Viertel geht einher mit dem Einzug von 'neuen' Bewohnern, die in der Regel in

---

18 Schulze, Gerhard: Die Erlebnisgesellschaft. Kultursoziologie der Gegenwart, Frankfurt/Main: Campus 1992.
19 Hradil, vgl. Anm. 2.

„neuen" Haushaltstypen leben, die 'neue Lebensstile' haben [...]".[20] Es ist schon vom Ansatz unmöglich, eine umfassende Systematik dieser in der Literatur beschriebenen Lebensstilgruppen und -milieus zu geben. In Anlehnung an Zapf[21] sollen hier die für die Entwicklung der Stadtbevölkerung relevantesten vorgestellt werden:

Die Singles: Das Alleinwohnen von Alleinlebenden ist keine neue Form der Lebensführung, aber erst in den letzten zwanzig Jahren wurde diese Lebensform insbesondere in Großstädten zum Massenphänomen. Singles ist der Modebegriff für Menschen, die eine eigene Wohnung, ein eigenes Einkommen und einen großen Gestaltungsspielraum in der Haushaltsführung, vor allem in den nicht erwerbszeitlich dominierten Phasen, haben.

Die Wohngemeinschaft: Die als alternatives Gemeinschaftsmodell der 68er Generation entstandene Wohnform, die ideologisch noch an sozialistische und utopische Wurzeln anknüpfte, ist inzwischen ein Zweckbündnis geworden, das vor allem durch die horrende Steigerung der Mieten in den Innenstädten der Ballungsräume der Bundesrepublik bedingt wird. Sie umfaßt die mehr oder weniger informell miteinander verbundenen Personen, die sich meist eine große Gründerzeitwohnung teilen.

Die Partner-Paare: Aus Wohngemeinschaften entstehen häufig Lebensgemeinschaften von Paaren, die manchmal auch durch eine eheliche Verbindung 'legitimiert' werden. Zu dieser Gruppe gehören aber auch die zunehmende Anzahl von gleichgeschlechtlichen Paaren; auch deren bevorzugter Wohnstandort sind die sozial weniger kontrollierten Innenstadtgebiete von Großstädten.

Die Yuppies und die Dinkies: Als Yuppies, eine Gruppe, die insbesondere im Kontext der US-amerikanischen Forschung eine größere Rolle spielt, werden die young urban professionals bezeichnet. Darunter werden etwas klischeehaft die smarten und coolen, Handy bewaffneten und Laptop tragenden Aufsteiger, die nach guter Ausbildung in einem Karriereberuf Fuß gefaßt haben, gezählt. Bilden zwei dieser Yuppies ein Paar, dann werden sie als Dinks oder Dinkies - double income, no kids bezeichnet. Obwohl diese Lebensform in der bundesdeutschen Realität nur bedingt eine Rolle spielt, gilt diese Gruppe zusammen mit den Singles als Inkarnation der neuen Lebensstile. Sicherlich ist das damit zu erklären, daß diese Gruppen die ökonomisch erfolgreichste Form der Distanz zu den

---

20 Blasius, Jörg: Gentrification und Lebensstile: eine empirische Untersuchung, Wiesbaden: Dt. Univ.-Verlag 1993, S. 229.
21 Zapf, Katrin: Lebensphasen, Lebensstile und Stadtstrukturen, in: Wildenmann, Rudolf (Hrsg.): Stadt, Kultur, Natur: Chancen zukünftiger Lebensgestaltung, Baden-Baden: Nomos 1989, S. 466-475, hier S. 469ff.

industriell („fordistisch") geprägten Lebensweisen verdeutlichen. Demonstrativer Konsum, familiale Ungebundenheit, hoher Wohnflächenverbrauch und Innenstadtwohnen sind die Markenzeichen dieses Lebensstils

Die Alternativen: Im Gegensatz zu den Yuppies sind die Alternativen zumeist auch „young" und „urban", aber sie sind keine „professionals". Im Gegensatz: Eine explizite Kritik der Konsum- und Arbeitswelt ist die ideelle Basis dieser Lebensstilgruppe. Sie versucht durch nichterwerbs-, aber auch nicht familienorientierte Lebensweisen neue Existenzmöglichkeiten, die von der Hausbesetzung bis zur Nischenproduktion reichen, zu finden. Auch diese Gruppe bevorzugt die Innenstädte, lebt aber häufig in Wohngemeinschaften.

Die Dimidos: Eine weitere neue Lebensstilgruppe sei am Beispiel der dienstags, mittwochs, donnerstags am Erwerbsarbeitsort präsenten Personen gezeigt. Der Ausdruck stammt ursprünglich aus dem Hochschulmilieu und bezeichnete die Hochschullehrer, die ihren Lebensmittelpunkt nicht an ihrem Erwerbsort hatten. Dieser Lebensstil gewinnt zunehmend auch in der Industrie, besonders aber im Dienstleistungssektor an Bedeutung. Eine ganz neue Dimension hat dieser Lebensstil durch die Wiedervereinigung bekommen: Tausende von Westmenschen konnten ihre berufliche Position durch die Übernahme einer Tätigkeit in Ostdeutschland verbessern, die wenigsten von ihnen wählten den Osten aber auch zum Wohnstandort. Commuter(Pendler)-Beziehungen, ein anderer Begriff aus der soziologischen Forschung für dieses Phänomen, werden angesichts der Mobilitätserfordernisse auf dem Arbeitsmarkt immer bedeutender. Auch diese Lebensstilgruppe bevorzugt das Innenstadtwohnen, allerdings in der kleinen Zweitwohnung.

Diese Aufzählung könnte fortgeführt werden, aber grundsätzliche Gemeinsamkeiten dieser Lebensstilgruppen werden schon an dieser Stelle deutlich: Diese Lebensstile entwickeln sich „jenseits von Stand und Klasse" (Beck). Soziale Stratifikationsgrenzen verblassen und werden andererseits durch neue, sozio-kulturell geprägte Verhaltensmuster ersetzt; die „feinen Unterschiede" (Bourdieu) werden zu entscheidenden Distinktionsmerkmalen. Des Weiteren handelt es sich bei den Lebensstilgruppen um Erwachsenengruppen, die eine nichtfamiliale, religiös ungebundene Lebensführung präferieren. Mit Kindern werden „neue Lebensstile" schwierig[22], wenn nicht sogar unmöglich. Stadträumlich bevorzugen diese Gruppen die Gebiete, die von der Gründerzeit bis zum Ersten Weltkrieg und, so vorhanden, in der vorindustriellen frühen Neuzeit entstanden sind.

Neuere Untersuchungen zum Wechselverhältnis von sozialem und räumlichem Wandel untersuchen die sozialen Folgen der Wiederentdeckung der Innenstädte.

---

22 ebd.

Segregation und Gentrification - Aufwertung - sind die dabei verwandten soziologischen Stichworte. Ausgehend von den beobachtbaren Veränderungen der Umwertung innenstadtnaher Wohnquartiere durch die „neuen Haushaltstypen" und die Verdrängung der ursprünglichen Gebietsbevölkerung werden diese Prozesse als ein sich auf der Individualebene ausdrückenden neuen Wohnstandortverhaltens betrachtet. Untersuchungen zeigen, daß an diesem Prozeß sehr verschiedene Bevölkerungsgruppen beteiligt sind. In der US-amerikanischen Literatur ist eine trennscharfe Unterscheidung von „Pionieren", als diejenigen Gruppen, die zuerst in die Viertel eindringen, und den „Gentrifierern", die dann vermittels guter Einkommen die Aufwertung dieser Viertel herbeiführen, bekannt. Diese Unterscheidung ist für Deutschland so nicht abzuleiten.[23] Hier verlaufen diese Prozesse eher moderater. Sehr oft gibt es ein Nebeneinander von Gentrifierern, Pionieren und Alteingesessen von Straße zu Straße, von Haus zu Haus, von Vorder- zu Hintergebäuden und Seitenflügeln. Aus diesem Nebeneinander der Lebensstile ergibt sich häufig, wie z.B. eine Hamburger Untersuchung zeigt, ein Gegeneinander: „Die Konflikte äußern sich im Unbehagen der Alteingesessenen oder bereits in deren sukzessiver Verdrängung".[24]

4. Lebensstile in Ost und West

Die bisher diskutierten Ausprägungen der neuen Haushaltsformen und damit der neuen Lebensstile waren - verzögert und abgeschwächt - auch in der DDR erkennbar und prägten sich seit der Wende weiter aus. Zwar gab es eine Lebensstilforschung in der DDR nicht, da die DDR-Wissenschaft bis 1989 in das Prokustusbett des Marxismus-Leninismus gefesselt war. Dies schloß die Anwendung eines handlungs- und individuenorientierten Forschungsansatzes wie dem des Lebensstils aus. Auswirkungen von gesellschaftlichen Veränderungen auf der individuellen Ebene wurden, wenn überhaupt, im Rahmen des vorherrschenden Paradigmas der „sozialistischen Lebensweise"[25] untersucht. Lebensweise wurde einseitig „in Richtung eines politisch opportunen voluntaristischen Pädagogismus oder aber eines mechanischen Ökonomismus interpretiert"[26] als normatives Integrationskonzept gehandhabt.

23 Zum Felde, Wolfgang/Alisch, Monika: Zur Bedeutung des Raumes für Lebensbedingungen und Lebensstile von Bewohnern innenstadtnaher Nachbarschaften in Hamburg, in: Hradil, Stefan vgl. Anm. 2, S. 173-194.
24 ebd., S. 185.
25 Simon, Dagmar/Sparschuh, Vera: Der Nachlaß der DDR-Soziologie - bloßes Archivmaterial oder soziologisches Forschungsfeld?, Berlin: Wissenschaftszentrum für Sozialforschung, Discussion-Paper 1992, P 92-001.
26 John u.a. zit. nach Rytlewski, Ralf: Lebensstandard, Lebensweise, Lebensstil. Einige problem- und methodenkritische Anmerkungen zum Vergleich moderner Gesellschaften in Ost

Einen zusammenfassenden Überblick der westdeutschen Forschung über ostdeutsche Lebensstile bietet Rossade[27]. Der ethnosoziologisch orientierte Aufsatz basiert zwar nicht auf empirischen Untersuchungen (was auch nicht möglich gewesen wäre), sondern zeichnet anhand der Analyse von überwiegend ostdeutscher Primärliteratur - dessen Materialfülle und Aussagequalität der Autor ausdrücklich betont - ein relativ überzeugendes Bild der Lebensstile in der DDR: „Differenzierungen der Lebensstile treten in der DDR-Gesellschaft nicht nur nach der sozialen Schichtung und nach Arbeits- und Freizeitaktivitäten hervor, sondern auch nach anderen Merkmalen: nach dem Geschlecht, nach Altersgruppen (hier sind von besonderer Bedeutung die Jugendlichen), nach zivilem und militärischem Bereich (relevant wegen des Gewichts von Waffendienst und Wehrerziehung im Alltag der DDR-Bevölkerung) sowie nach öffentlicher und persönlicher Lebenssphäre"[28]. Ein Stadtbezug wird entsprechend des „raumlosen" Konzepts der Lebensstilforschung nicht hergestellt.

Empirisch konkrete Anhaltspunkte zur Entwicklung neuer Haushaltstypen als Grundlage der Entstehung neuer Lebensstile bieten Untersuchungen zur ostdeutschen Haushaltsstruktur. Diese zeigen, daß sich das ostdeutsche Lebensmuster der Lebensgemeinschaft bzw. Ehe mit Kind bzw. Kindern zwar nur sehr allmählich auflöst. Aber Entwicklungen schon wie in der alten Bundesrepublik waren empirisch zu DDR-Zeiten nachweisbar und wurden nach der Wende beschleunigt.

Eine Auswertung entsprechender Quellen verweist auf
- einen steigenden Anteil an Alleinwohnenden bzw. Einpersonen-Haushalten (Ledige und Geschiedene),
- eine Verschiebung des Heiratsalters nach oben,
- eine rückläufige und nach der Wende kraß gefallene Geburtenrate,
- eine Verkleinerung der durchschnittlichen Haushaltsgröße,
- eine steigende Scheidungsrate.

Untersuchungen zur Struktur der ostdeutschen Haushalte verweisen auf die Zunahme von Einpersonen- und 'neuen' Haushalten (auch bei sinkender Bevölkerungszahl) und einer Abnahme (größerer) Mehrpersonen-Haushalte. „Die Zahl der Einpersonen-Haushalte stieg seit 1971 kontinuierlich. 1981 war jeder vierte

und West, in: Mänicke-Gyöngyösi, Kristina/Rytlewski; Ralf (Hrsg.): Lebensstile und Kulturmuster in sozialistischen Gesellschaften 1990, S. 15-24. S. 22.
27 Rossade, Werner: Kulturmuster in der DDR. Ein Werkstattbericht, in: Mänicke-Gyöngyösi, Kristina/Rytlewski, Ralf (Hrsg.): Lebensstile und Kulturmuster in sozialistischen Gesellschaften 1990, S. 50-70.
28 ebd., S. 58.

Haushalt ein Einpersonen-Haushalt, Anfang der neunziger Jahre wird es jeder dritte Haushalt sein"[29].

Das durchschnittliche Heiratsalter der männlichen Bevölkerung lag 1975 bei 26,5 Jahren. Es blieb bis Anfang der achtziger Jahre relativ konstant, stieg dann kontinuierlich bis auf 29,2 Jahre im Jahr 1989. Bei den Frauen lag das durchschnittliche Heiratsalter 1975 bei 23,8 Jahren und blieb auch hier während der zweiten Hälfte der siebziger Jahre weitgehend konstant. Aber ab Anfang der achtziger Jahren, dem Zeitpunkt der 'Entdeckung' der neuen Haushaltstypen und Lebensstile, stieg auch das durchschnittliche Heiratsalter der Frauen auf 26,5 Jahre im Jahr 1989.[30]

Die aufgrund der sozialpolitischen Maßnahmen in der DDR seit Mitte der siebziger Jahre bis Anfang der achtziger Jahre stark angestiegene Geburtenrate (1975: 10,8 Lebendgeborene je 1000 Einwohner; 1980: 14,6 Lebendgeborene je 1000 Einwohner) sank trotz des Weiterbestehens dieses bevölkerungspolitischen Instrumentariums seit Anfang der achtziger Jahre kontinuierlich auf 12,0 Lebendgeborene je 1000 Einwohner im Jahr 1989. Nach der Wende sackte die Geburtenrate kraß ab: Während 1990 noch 11,1 Lebendgeborene auf 1000 Einwohner kamen, waren es 1993 nur noch 5,1.[31]

Insgesamt bildeten sich auch in der DDR und dann in Ostdeutschland als typische Haushaltsformen Ein- und Zwei-Generationenhaushalte mit einer geringen Differenzierung zwischen Stadt und Land und einer Dominanz der Einpersonen-Haushalte in Großstädten heraus. So lag die durchschnittliche Haushaltsgröße (Personen in Privathaushalten) in Ost-Berlin 1981 bei 2,3 Personen und verringerte sich bis 1989 auf 2,04 Personen pro Haushalt.[32]

Die Zahl der Ehescheidungen (Scheidungsrate) stieg seit Anfang der sechziger Jahre kontinuierlich an. 1975 lag sie bei 2,5 Ehescheidungen, 1980 bei 2,7 und 1989 bei 3,0 Ehescheidungen je 1000 Einwohnern.[33]
Nur die Heiratsquote, ein weiterer sozialstatistischer Indikator des gesellschaftlichen Wandels, blieb in der DDR nahezu konstant. Die Zahl der Eheschließungen je 1000 Einwohner lag 1977 bei einem Höchststand von 8,8 Eheschließungen je 1000 Einwohner. Seit Anfang der sechziger Jahre war die Rate gesunken, erreich-

29 Friedrichs, Jürgen/Kahl, Alice: Strukturwandel in der ehemaligen DDR - Konsequenzen für den Städtebau, in: Archiv für Kommunalwissenschaften, Bd. II, 1991 S. 169-197, hier S. 182.
30 Statistisches Bundesamt (Hrsg.): Sonderreihe mit Beiträgen für das Gebiet der ehemaligen DDR, H. 3: Bevölkerungsstatistische Übersichten 1946-1989, Wiesbaden 1993, S. 58.
31 ebd., S. 47.
32 Statistisches Amt der Stadt Berlin (Ost) (Hrsg.): Private Haushalte 1981 und 1989 in Ost-Berlin, o.J, S. 6.
33 Vgl. Anm. 30, S. 47.

te 1967 den Tiefstand mit knapp 7 Promille und stieg anschließend wieder an.[34] Hier verdeutlicht sich die umfassende Ausrichtung des ostdeutschen Lebensstils auf Ehe und Familie und eine Wohnungspolitik, die junge Ehen und Familien bevorzugt mit Wohnraum versorgte. Seit 1989 wird aber auch in Ostdeutschland weniger geheiratet.

Auch wenn das grundlegende - und letztlich erfolgreich realisierte - Gesellschaftskonzept der DDR von der sogenannten „Annäherung der Klassen und Schichten", d.h. dem Abbau sozialer Ungleichheiten auf allen Ebenen, geprägt war, gab es in der DDR seit den achtziger Jahren zunehmend Elemente der Ausprägung individueller Lebensstile. Indizien der Bemühung um Individualität und symbolische Dokumentation des eigenen Lebensstils ließen sich aller Orten finden. Neben der Datschenkultur war eines der sichtbarsten Zeichen z.B. die individuelle Balkongestaltung in den Großsiedlungen der DDR. Von traditionell - mit Wagenrad und Riemchentapete - bis zu „poppig" mit Schrägstreifenbemalung waren schon über die visuelle Wahrnehmung deutliche Unterschiede an sich gleicher Individuen (Schichtzugehörigkeit, Wohnstandort, Wohnungsgröße und - miete etc.) in den Lebensansprüchen sichtbar. Dort, wo es in der DDR-Gesellschaft Möglichkeiten der symbolischen Selbstdarstellung gab, wurden sie auch demonstrativ genutzt. Mit dem sukzessiven Aufsaugen der DDR-Gesellschaft durch die der alten Bundesrepublik wird die Ausprägung der verschiedenen Lebensstile natürlich fortgesetzt. Die 'neuen Haushaltstypen' werden, besonders in der Form der Zunahme von Einpersonen-Haushalten, auch in Ostdeutschland zum dominanten Resultat sozialstatistischer Analysen.

Diese Trends entwickeln sich, genau wie in der alten Bundesrepublik, zuerst in den Großstädten. So zeigen erste Analysen des Anteils von Alleinwohnenden (Einpersonen-Haushalte) bei den Privathaushalten in Ost-Berlin, daß dieser stark gestiegen ist: 1981 lag der Anteil der Einpersonen-Haushalte bei 32,7 Prozent aller Privathaushalte und stieg bis 1989 auf 42,8 Prozent an. Entsprechend sank der Anteil der Mehrpersonen-Haushalte von 67,3 Prozent auf 57,2 Prozent[35]. Vergleicht man die absoluten Zahlen, „kam es zu einer wesentlich schnelleren Entwicklung der Einpersonen-Haushalte (um plus 61,7 Prozent) gegenüber den Mehrpersonen-Haushalten (um plus 4,9 Prozent)".[36]

Prognosen, die sich auf den Wertewandel und die „Pluralisierung der Lebensstile" beziehen, gehen von steigender sozialer Ungleichheit der Einkommen, die „eine Differenzierung der Lebensstile nach sich ziehen"[37], aus. Die sich zur Zeit

---

34 ebd.
35 Vgl. Anm. 32, S. 6.
36 ebd., S. 5.
37 Vgl. Anm. 29, S. 191.

deutlich ausprägende Differenzierung der Einkommen und Lebensstile hat auch räumliche Folgen: Die Aufwertung innerstädtischer Wohnquartiere und die Umstrukturierung der Bewohnerstruktur mit gründerzeitlicher Bausubstanz ist in den für östliche Verhältnisse prosperierenden Großstädten wie (Ost-)Berlin, Halle und Leipzig in vollem Gange.

5. Resümee und Ausblick

Lebensstilforschungen werden von einer unterschwelligen Konstanzannahme getragen. Einem statischen Klassen- und Schichtenmodell wird ein zwar differenzierteres Konzept der gesellschaftlichen Stratifizierung entgegengesetzt, dieses aber geht auch von dem Verbleib der Individuen in ihrer „Lebensstilgruppe" aus: nach der Devise „einmal Yuppie immer Yuppie". „Obgleich die Stilisierungsneigungen einen Bezug zu Familien- und Lebenszyklus aufweisen, ist diesen Faktoren nur wenig Aufmerksamkeit in der Forschung zu Teil geworden. [...], als ob eine uneingestandene Konstanzanalyse die Lebensstilanalyse beherrscht".[38] Gerade die Forschungen zu den Lebensstilen in der Stadt zeigen aber, daß „die neuen Haushaltsformen von ihren Anhängern durchaus als Durchgangsstationen zu Ehe und Familie angesehen" werden, analysierten z.B. Droth/Dangschat[39] in einer empirischen Untersuchung in Hamburg . Auch für die Gruppe der Dienstleister, eine der wichtigsten neuen Lebensstilgruppen, stellten Noller und Ronneberger fest, daß es sich auch bei dieser Gruppe um ein vorübergehendes Lebensführungsmodell handelt, das dann wieder in der klassischen Ehe- und Familienlebensform einmündet. „Unsere Untersuchung von Berufsmilieus zeigt allerdings [...], daß die Figur des Yuppies eher die Ausnahme bildet und nur zeitweise in bestimmten Lebensstilen junger Angestellter vorkommt. Mit der Gründung einer Familie und dem Aufstieg in höhere Managementpositionen werden in der Regel sowohl die individuelle Mobilität als auch demonstrative Lebensformen erheblich eingeschränkt".[40]
Die neue Innenstadtorientierung wird von verschiedenen Gruppen getragen, die sich hinsichtlich Einkommen und Lebensführung deutlich unterscheiden, die aber kulturelle Gemeinsamkeiten haben. Diese besteht vor allem „in der *Ablehnung kleinfamilialer Wohnformen* und ihnen entsprechenden Konsumstilen sowie in einem Bildungs- und Qualifikationspotential, das einen abweichenden Lebens-

---

38 Vgl. Anm. 5, S. 15.
39 Droth, Wolfram/Dangschat, Jens S.: Räumliche Konsequenzen der Entstehung „neuer Haushaltstypen", in: Friedrichs, Jürgen (Hrsg.): Die Städte in den 80er Jahren: Demographische, ökonomische und technologische Entwicklungen, Opladen: Westdeutscher Verlag 1985, S. 147-264, hier S. 178.
40 Noller, Peter/Ronneberger: Die neue Dienstleistungsstadt. Berufsmilieus in Frankfurt am Main, Frankfurt/Main: Campus 1995, S. 252.

und Konsumstil ermöglicht"[41]. Bei den neuen Lebensstilen, in empirischen Untersuchungen häufig mit dem Begriff neue Haushaltsform oder -typen gefaßt, handelt es sich offensichtlich um eine Art verlängerter Adoleszenz bzw. postadoleszenter Lebensformen. Dieser Aspekt ist der für die städtischen Lebensstile entscheidende: Da es sich bei dieser Vergesellschaftungsform um Verhaltensweisen handelt, die ihre Stilisierung vor allem auch durch räumliche Distinktionen symbolisieren, handelt es sich um öffentlich gut wahrnehmbare Verhaltensweisen. „Die Stilisierung des Lebens spezifischer Gruppen ist sicher Ausdruck ihrer umfassenden Freiheit in der Umsetzung ihrer Lebensziele"[42]. Das Problem aber ist, daß spezifische Lebensstile, darauf weisen auch zum Felde und Alisch hin, unabhängig von ihren sozialen Folgen gedacht werden. Die Ambivalenz steckt in den beiden Bewertungsmöglichkeiten der Konsequenzen des sozialräumlichen Wandels, ausgelöst durch die neuen Lebensstile. Auf der einen Seite ist die Umwertung der innenstadtnahen Quartiere als notwendige Modernisierung städtischer Strukturen interpretierbar, und auf der anderen Seite muß die Verdrängung und Verschlechterung der Lage der Alteingesessenen thematisiert werden. Zur Zeit ist eine Tendenz zur Verstärkung der sozialen Ungleichheit auch auf räumlicher Ebene erkennbar.

Dies gilt auch für familiale Lebensstile, denn diese sind in ihren sozialräumlichen Stilisierungsmöglichkeiten eingeschränkt. Dies aufgrund des strikten Zeitregimes, das insbesondere durch das deutsche Schulsystem begründet ist - die Nacht ist für Familien mit schulpflichtigen Kindern um 6.30 Uhr zu Ende, in den wenigsten Schulen gibt es Essensmöglichkeiten, also muß zu Hause gekocht werden. Das Kinderhaben erfordert eine steigende Zuwendungsintensität, die Ansprüche an familial zu erbringende soziale „Kapitalausstattung" wächst. Für das Leben mit Kindern bleibt die bürgerliche Familie das mehr oder weniger dominierende Muster. Dieses ist durch starke normative Regelungen bestimmt, somit hat diese Lebensform kaum Chancen, ihre Bedürfnisse und Interessen in gleichem Maße öffentlich wahrnehmbar zu machen bzw. durch ihre selbstverständliche Anwesenheit im öffentlichen Raum zu legitimieren wie die nichtfamilialen Lebensformen. Es kommt letztendlich zu einer Dominanz der nichtfamilialen Lebensstile in der Stadt, die dann wiederum die Organisation des Stadtalltags dominieren. Hierin liegt die Gefahr, daß aus einer pluralistisch geprägten Vielfalt von Lebensformen eine neue Form der „Diktatur nichtfamilialer Lebensformen" erwächst. Der Aufschwung der Innenstadt, der Aufschwung der Städte könnte am Egoismus einer Erwachsenengesellschaft scheitern.

---

41 Vgl. Anm. 10, S. 83.
42 Vgl. Anm. 23, S. 190.

DIE FASZINATION DER STADT
Ein geschichtlicher Überblick über Gestaltung von Stadträumen

Karl Georg Geiger

1. Vorbemerkung

„Mit Städten ist es wie mit Träumen: Alles Vorstellbare kann geträumt werden, doch ist auch der unerwartetste Traum ein Bilderrätsel, das einen Wunsch oder dessen Kehrseite, eine Angst birgt. Städte wie Träume sind aus Wünschen und Ängsten gebaut, auch wenn der Faden ihrer Rede geheim ist, ohne Regeln absurd, ihre Perspektiven trügerisch sind und ein jedes Ding ein anderes verbirgt."[1]

Was Italo Calvino in den „Unsichtbaren Städten", einem filigranen Gespinst von fünfundfünfzig, untereinander raffiniert vernetzten, poetischen Stadtskizzen äussert, ist das dichterische Resumee aller Gefühle und Gedanken, die die Menschen seit jeher auf den Begriff „Stadt" projiziert haben. Von „Stadtluft macht frei" bis zur „Unwirtlichkeit und Unregierbarkeit der Städte" reichen die Urteile, Bewertungen und Reflexionen der Verteidiger und Kritiker der Stadt.

Nicht selten war der Name einer Stadt der Inbegriff allen Übels, aber auch von Größe und Glanz, bis hin zu mythischer Überhöhung: Von den antiken Städten (Athen, Rom, Karthago), den Stadtstaaten des Mittelalters und der Renaissance, den Idealen des Bildungsbürgertums (Florenz, Mailand, Venedig), den klassischen Metropolen des 19. Jahrhunderts (London und Paris), den Synonymen für die moderne, unwirtliche Stadt (New York, Honkong, Tokyo, Mexico-Stadt, Kairo, Sao Paulo)...bis hin zum „Himmlischen" Jerusalem.

In der Neuzeit und der Gegenwart überwiegen die Vorbehalte, ja der Hass auf die Stadt. Viele Stadtforscher sehen den Zwang zur Veränderung, den die Stadt auf ihre Bewohner ausübt, als Ursache dieser Gefühle. Aber „das Böse, der Moloch, das Krebsgeschwür" ist auch nach wie vor der Ort, wo infolge der Dichte Toleranz geübt werden, wo Veränderung auch Fortschritt bedeuten, wo kulturelle Erneuerung entstehen kann!

Wer sich mit dem Phänomen „Stadt" beschäftigen will, muß sich mit ihrer Geschichte beschäftigen. Denn so unterschiedlich die äußeren Bedingungen und die Orte, die kulturellen und ideellen Voraussetzungen und die Zeiten der Entstehung der Städte waren, so haben sie doch alle eines gemeinsam: Die Geschichte der

---

1 Italo Calvino

41

Stadt ist von Anfang an - den ältesten bekannten Stadtkulturen des vorderen Orients - und auf allen Kontinenten - den Städten Asiens, den präkolumbianischen Städten Mittel- und Südamerikas, vor allem jedoch in Europa und den von ihm beherrschten und kolonialisierten Gebieten - die Geschichte der baulichen Gestaltung der Umwelt.

2. Die Entstehung der Stadt

Die Anfänge der Stadtkultur stammen aus Vorderasien. Neben Jericho, das als die älteste Stadt der Welt gilt, sind seit dem dritten Jahrtausend v.Chr. Stadtanlagen in den dicht besiedelten Regionen Mesopotamiens (Uruk, Ur, Kisch), Turkistans (Anau, Susa), Ägyptens und in den Gebieten der Induskulturen entstanden. Voraussetzung für die „Erfindung" der Stadt, einer außerordentlichen Leistung der Menschheit zu einem bestimmten Zeitpunkt ihrer sozialen Entwicklung, waren die großen historischen Veränderungen in den Produktionsverhältnissen. Diese bewirkten nämlich ein rasches Anwachsen der Bevölkerung und infolgedessen die Änderung ihrer Lebensbedingungen.

Der Urinstinkt des zivilisierten Menschen, sich eine Behausung zu schaffen, reicht von den ersten primitiven Laubhütten oder individuellen Bedürfnissen angepaßten natürlichen „Haus"formen - Höhlen, umgestürzten Bäumen etc. - bis zum auch heute oft noch übermächtigen Wunsch zum Errichten eines Eigenheimes (sehr zum Wohle unzähliger Bausparkassen und Banken)! Welches Kind verbringt nicht wenigstens einen Teil seiner aktiven Spielphase damit, sich ein Baumhaus, eine Höhle oder im Winter ein Iglu zu bauen? Nicht von ungefähr sind auch die ersten kindlichen Zeichnungen eines Hauses Prototypen des primitiven Hauses.

Vom Auftreten des ersten Menschen vor etwa 500.000 Jahren bis zum Beginn des Neolithikums, nach dem Abschmelzen der großen Gletscher vor etwa 10.000 Jahren, lebten die Menschen des Paläolithikums als Jäger und Sammler. Sie bauten noch keine Hütten, sondern lebten in natürlichen, vorgefundenen Schutzmöglichkeiten, die sie bei äußeren Anlässen, etwa dem Versiegen der natürlichen, örtlichen Nahrungsquellen, bei Klima- oder Naturkatastrophen aufgaben, um weiterzuziehen und an einem anderen Ort zu leben. Erst nach der allmählichen Erwärmung der Erde begannen die Menschen in den gemäßigten Klimazonen die Fähigkeit zur Produktion von Nahrung zu erlernen. Zwangsläufig ergab sich dadurch die Notwendigkeit, den Ort, der nun nicht mehr vom Zug der Jagdbeute abhängig war, so herzurichten, daß er für einen längeren Aufenthalt geeignet war. Die Jäger und Sammler wurden zu Nahrungsproduzenten, zu seßhaften Bauern. Da sich das Paläolithikum über 95% der uns bekannten Menschheitsgeschichte

erstreckte, existieren von den Menschen geschaffene Behausungen, die die Keimzellen der Stadt wurden, erst seit einer Zeitspanne, die nur 5% der Gesam-
tentwicklung der Menschheit ausmacht!

Vor etwa 5.000 Jahren entwickelten sich aus den dorfähnlichen Besiedlungsstruk-
turen in den gemäßigten Klimazonen, den durch regelmäßige Überschwem-
mungsperioden fruchtbaren Stromländern Vorderasiens, die ersten Städte. Die
seßhaft gewordenen Jägerkulturen erarbeiteten als Nahrungsproduzenten, begünstigt durch den natürlichen Reichtum und die Fruchtbarkeit, einen Nahrungs-
mittelüberschuß, der es der Gemeinschaft erlaubte, eine anfangs nur kleine Schar
von Spezialisten, die nicht in diese Produktion eingebunden waren, zu ernähren.
Diese Spezialisten - Handwerker, Händler, Krieger und Priester - kontrollierten
von ihren, in Siedlungen zusammengeschlossenen Häusern und Palästen aus das
Umfeld. Zur Organisation des Gemeinwesens bedurfte es einer Fixierung des ge-
sprochenen Wortes, um beispielsweise Nachrichten, Befehle und Anordnungen
zu übermitteln: Es entstand die Schrift. Diese Erfindung bedeutete das Ende der
Vorzeit und den Beginn der Zivilisation.

Einer der Gründe für die Vorherrschaft der Spezialisten war die Herstellung von
Werkzeugen und Waffen. Das Material - Bronze - konnte nur in geringen Men-
gen erzeugt werden, war also kostbar und infolge der Knappheit ausschließlich
Eigentum der Privilegierten. Das Bevölkerungswachstum war nur gering - auch
aufgrund der Unfähigkeit, die Produktion von Bronze nennenswert zu steigern.
Das Monopol der Verteilungskontrolle war ein weiterer Grund für die Vormachtstellung dieser Schicht. Dieser Zustand änderte sich erst mit der Entdek-
kung der Eisenherstellung, einem Werkstoff, der ab ca. 1.200 v. Chr. eine wirt-
schaftlichere Produktion weniger kostbarer Gegenstände gestattete. Er erlaubte
nun breiteren Schichten durch die Verteilung der begehrten Waffen, Werkzeuge
und Geräte aus Metall den Besitz von bis dahin nur der Führungsschicht vorbe-
haltenen Machtmitteln . Der Wechsel von der Bronze- zur Eisenherstellung, die
Verbreitung der Schrift und die Einführung von Münz-Geld als Zahlungsmittel
anstelle des reinen Warentausches verbreiterte nicht nur die Führungsschichten,
sondern führte auch zum Anwachsen der Gesamtbevölkerung.

Die in den Urstädten entwickelte soziale Organisationsform übernahmen die
nachfolgenden Zivilisationen in zwar weit von einander entfernten, aber jeweils
einheitlich geographischen Orten - die griechisch-römische Kulturwelt der Antike
im Mittelmeerraum und die chinesische in Ostasien.

Die Entwicklung in Europa nach der Zeitenwende ist geprägt von Krisen und
Rückschlägen: Der Völkerwanderung nach Auflösung des weströmischen Reiches im fünften Jahrhundert folgten im Mittelalter die Machtkämpfe zwischen

Adel und Rittertum und den mit diesen konkurrierenden Städten bis zum Beginn der Neuzeit. Eine grundlegende gesellschaftliche Änderung bewirkte der durch die Vormachtstellung der Städte begünstigte Übergang vom Feudalismus zum Stadtbürgertum: Im Mittelalter und in der Renaissance entwickelten sich vor allem in Italien eine Reihe von Städten zu mächtigen Stadtstaaten, die, was Reichtum, Kultur, Macht und politischen Einfluß betraf, zeitweise den Flächenstaaten und Feudalherrschaften zumindest ebenbürtig waren. Das durch die Aufklärung und die französische Revolution selbstbewußt gewordene Bürgertum wurde abgelöst durch die industrielle Gesellschaft, die infolge der auf wissenschaftlicher Grundlage beruhenden Produktionsformen entstand. Heute erleben wir in der „ersten" Welt unmittelbar den Übergang von der postindustriellen Dienstleistungsgesellschaft zu einer Gesellschaftsform mit, die von den modernen Medien und den durch diese Entwicklung verursachten Umbrüchen geprägt ist. Dramatischer ist jedoch der Verteilungskampf zwischen den reichen Nationen dieser „ersten" Welt und dem Armenhaus der „dritten" Welt, der den Organismus Stadt in seine bisher größte Krise gestürzt hat.

Sämtliche hier skizzierten historischen Gesellschaftszustände hatten Einfluß auf die Entwicklung der Stadt. Jede Veränderung der Lebensform hatte Auswirkungen auf die Gestalt der Stadt. Ebensowenig wie die **Gesellschaft** statisch ist, ist die **Stadt** als Organisationsform statisch. (Was - nebenbei bemerkt - eine der Ursachen des Konfliktpotentials zwischen „fortschrittlichen" Stadtplanern und Architekten und „konservativen" Bauhistorikern und Denkmalpflegern ist.)

In der Folge werden für die jeweiligen geschichtlichen und gesellschaftlichen Zustände exemplarische Städte und Siedlungsformen, ihre Planungsgrundlagen und Theorien, auch historische Utopien vorgestellt und der Versuch unternommen, die von ihnen ausgehenden Veränderungen der Stadtgestalt zu beschreiben, die Wechselwirkung von Stadt und Art des menschlichen Zusammenlebens zu untersuchen und dabei sowohl die sich wiederholenden als auch die neuen Ursachen für diese Änderungen aufzuzeigen.

3. Die jungsteinzeitliche Siedlung

Eine der bekanntesten Siedlungen des Neolithikums, die zugleich einer gesamten Kulturepoche, der Hallstattkultur, den Namen gab, wurde bei Hallstatt/Österreich ausgegraben. Exemplarisch zeigen die Ausgrabungen das Leben in diesen frühesten Ansiedlungen. Sie sind Zeugnis dafür, daß die Menschen damals ihre Ansiedlungen nicht mehr einfach in der vorgefundenen ursprünglichen Umwelt errichteten, sondern diese entsprechend ihren Bedürfnissen und Vorstellungen planvoll veränderten. Sie begannen neben der Sammeltätigkeit Felder zur Nahrungsmittelproduktion anzulegen, errichteten Behausungen für Menschen und die ersten domestizierten Tiere und bauten für die längere Lagerung von Produkten geeignete Vorratskammern. Sie stellten Werkzeuge her, die für Akkerbau und Viehzucht benötigt wurden, und Waffen, aber auch Schmuck und Kultgegenstände. Die Grabungen brachten zahlreiche größere Dörfer mit bereits regelmäßigen Formen ans Tageslicht.

Der Vergleich mit den letzten steinzeitlich lebenden Stämmen der Gegenwart zeigt eine verblüffende Ähnlichkeit mit diesen frühesten Siedlungsformen. Durch die nicht aufzuhaltende Expansion unserer Zivilisation kommt es zum Zusammenstoß zweier Lebensformen der Menschheit, wie sie unterschiedlicher nicht sein können. Daß das Verschwinden dieser frühmenschlichen Kulturen, die sich Jahrtausende ohne Berührung mit zivilisierten Menschen halten konnten, nur noch eine Frage der Zeit ist, scheint bei der Aggresivität der Ausbreitung unseres „way of life" und den damit verbundenen tödlichen Gefahren und Risiken für die bedrängten Steinzeitmenschen gewiß zu sein.

4. Von Ur nach Tell-el-Amarna

In Mesopotamien, dem Gebiet zwischen Euphrat und Tigris, entstanden Siedlungen, die ihr Entstehen den regelmäßigen Überschwemmungen der beiden Flüsse verdankten.

Eine von ihnen ist die sumerische Stadt Ur, die zu Beginn des 3. Jahrtausends v. Chr. bereits eine Ausdehnung von 100 ha und eine Bevölkerung von einigen zehntausend Menschen hatte. Zum Schutz vor räuberischen Nomaden war die Stadt mit einer Verteidigungsmauer umgeben. Sie trennte damit zum ersten Mal besiedeltes Gebiet von unbesiedeltem: Stadt stand gegen offene Landschaft. Auch diese trug Spuren menschlicher Zivilisation: Künstlich angelegte Kanäle durchzogen das Sumpf- und Wüstenland, regulierten die Flüsse und bewässerten die Felder. Im Stadtbild hoben sich die Tempelanlagen, die Sitz der Herrscher als Vertreter der lokalen Gottheiten waren, bestehend aus Heiligtum, Beobachtungsturm, Werkstätten, Lagerräumen, und Läden von der übrigen Bebauung ab. Das Gelände innerhalb der Stadtmauern war in Grundstücke aufgeteilt, die sich im Besitz einzelner Bürger befanden, während die umliegenden Ländereien Eigentum der Lokalgötter waren und gemeinschaftlich bewirtschaftet wurden. Die Arbeit und Produktion geschah arbeitsteilig entsprechend der Zugehörigkeit zu einer bestimmten Klasse oder auch nach besonderer Begabung und Fähigkeit.

Die Lehmbauweise, die sich bis heute im vorderen Orient erhalten hat, führte neben den Auswirkungen kriegerischer Auseinandersetzungen zur Zerstörung der

Städte und ergab durch die Tatsache, daß die neuen Städte aufgrund des Lagevorteils über den alten gegründet wurden, das charakteristische Bild der „Tells", in denen die Archäologen die Spuren dieser ersten menschlichen Städte ausgruben. Eine Sonderstellung unter den altägyptischen Städten nimmt Tell-al-Armana ein: Der junge Gottkönig Amenhotep IV. (ca. 1370-1350 v. Chr.) verließ die alte Hauptstadt Theben und gründete an einem Ort in Mittelägypten, rund fünfhundert Kilometer weiter nördlich, die neue Hauptstadt Achetaton, „Ort des übergreifenden Ruhmes des Aton", das heutige Tell-al-Armana. Er änderte seinen Namen von Amenhotep „Amun ist zufrieden" in Echnaton „Es steht gut mit Aton".

Der Umzug von der Stadt Amuns in die Stadt Atons bedeutete, daß ein kulturell und religiös beispielloser Schritt unternommen wurde. Mit der Entmachtung Thebens, der traditionellen Königsstadt, ging die Entmachtung Amuns und dessen Priesterschar einher, was einer Revolution gleichkam. Mit dem Aufstieg des Sonnengottes Aton, einer Metamorphose des altägyptischen Sonnengottes Re, wurde eine völlig neue Stadt ihm zu Ehren an einer zwar bereits besiedelten Stelle geschaffen, für die sich auch schon Thutmosis IV., der Großvater des Rebellen interessiert hatte, die ansonsten aber in dem auf Tradition gegründeten System Ägyptens ohne jede Bedeutung war.

Wer mit Echnaton-Amonhotep nach Achetaton zog, war entweder Karrierist oder wollte die Revolution fördern. Der Hofstaat des Pharao bestand aus dem üblichen Gemisch von enthusiastischen Anhängern, revolutionären Künstlern und kriecherischen Lakaien. Der Enge der alten Stadt Theben und der Starrheit der alten Kunst mit der idealisierten Menschendarstellung stand die Weite Achetatons, der aus einer religiösen und künstlerischen Revolution entstandenen Stadt, und die neue, realistisch-individualistische, ja fast karikaturhafte und ins Groteske gesteigerte Kunstauffassung gegenüber.

Die Stadt hatte eine Ausdehnung von ca. dreizehn Kilometern, die Stadtplanung war großräumig, umfassend und auf die Ewigkeit ausgerichtet. Die Tempel waren im Gegensatz zu den mystischen Tempeln Thebens offen für jedermann, damit die Sonnenscheibe Atons jederzeit angebetet werden konnte. Nicht nur der König und sein Hofstaat wohnten in einer weitläufigen Gartenstadt, sondern auch die Arbeiter- und Händlerviertel waren durch planmäßig angelegte Straßen gegliedert, an denen die zwar kleinen, aber praktischen und einheitlich geplanten Häuser lagen.

Nach dem zwölften Jahr seiner Herrschaft begann die Priesterschaft Amuns und Theben den Elan des Echnaton und seiner Anhänger zu untergraben, was letzlich über die Mitregentschaft des jüngeren Bruders Echnatons, Semenchkare, der sich mit den alten Mächten arrangierte, zur Aufgabe Achetatons und zum Wiederaufstieg Thebens führte.

In einer Restaurationsinschrift des Tutenchaton, der seinen Namen später wieder in Tutenchamun änderte und der nach Echnaton und Semenchkare Pharao wurde und der wieder in Theben herrschte, werden die Folgen der revolutionären Ketzerei beschrieben: „Die Tempel der Götter und Göttinnen ... waren in Stücke zerfallen. Ihre Schreine waren verlassen und von Unkraut überwuchert...“

5. Zheng - Jie - Du (die chinesische Stadt)

Die Städte des fernen Ostens entstanden aufgrund der gleichen Bedingungen wie die des vorderen Orients, wenn auch etwas später - um das 2. Jahrtausend v. Chr. Infolge klimatischer und geographischer Besonderheiten, wie die großen Monsunregen und die Abgeschlossenheit der großen Flußtäler, entwickelten die Menschen früh ein ausgeklügeltes Kanal- und Bewässerungssystem zur Nutzung der sintflutartigen Monsunregen. Die Monokultur des Reisanbaus auf den planmäßig überschwemmten Feldern war eine Folge dieser Entwicklung. Ähnlich wie in Ägypten wurde die Bildung eines großen, einheitlichen Staates und der sie tragenden herrschenden Klasse durch dieses ökonomische System begünstigt. Die Legitimation der Macht bestand in der Sicherung des materiellen Wohlstandes, des Friedens und der sozialen Harmonie, verkörpert in den gegensätzlichen Prinzipien des chinesischen **yin** und **yang**.

Die stadtplanerischen und architektonischen Regeln, die sich in der von 1122 - 221 v. Chr. währenden Zhou-Dynastie herausbildeten, wurden am Ende dieser Periode schriftlich niedergelegt. In einer archaisch strengen und konstruierten Zeichnung auf einem Rechteck-Ziegel der Han-Zeit von ca. 200 v.Chr. ist die universelle Ordnung der chinesischen Philosophie dargestellt, die das geometrische Planungsprinzip des klassischen chinesischen Stadtgrundrisses ergab.

Die Welt des Menschen ist klar vom Unbekannten durch Symbole in Tiergestalt getrennt: Ein blauer Drache im Osten verkörpert die Vegetation und den Frühling, der rote Phönix im Süden den Sommer und das Feuer, im Westen der weiße Tiger den Herbst, Ernte und Krieg, im Norden die Schlange Hsüan-Wu, die sich um eine Schildkröte windet, den Winter und gleichzeitig Zeichen eines neuen Anfangs aus einem allumfassenden Dunkel. Der Mensch steht in der Mitte des Rechtecks, nach Süden gewendet, mit den Beinen fest auf der Erde, dem fünften Element. Den vier Himmelsrichtungen entsprachen die Symmetrieachsen der Stadt. Die geometrische Form eines Rechtecks wurde durch die Stadtmauern festgelegt, die

Vielfalt der Stadtteile und Gebäude entsprach ihrer funktionalen Komplexität nach genau festgelegten Ritualen und Zeremonien.

Die Regeln beschrieb der Gelehrte Meng-Zi (372 - 289 v. Chr.). Man unterteilte die Städte in drei Kategorien: Zheng, Jie und Du. Das Grundmaß war der Li, der etwa 530 Meter entspricht. Eine kleinere Stadt Zheng hatte einen inneren Mauerring von einem und einen äußeren von drei Li Umfang. Die kleine Stadt Zheng konnte zum Kern einer größeren Stadt Zheng mit drei und sieben Li Mauerumfang werden. Es folgte die Stadt Jie mit sieben und elf Li. Die Stadt Jie konnte zur Stadt Du mit elf und vierzehn Li werden. Die Stadt Zheng mit 3.200 Einwohnern und einem äußeren Umfang von sieben Li war der Mittelpunkt eines 12x12 Kilometer großen landwirtschaftlich genutzten Gebietes mit 32 Dörfern. Diese Größe von 144 Quadratkilometern war strategisch außerordentlich gut gewählt, da jeder Punkt dieses Territoriums von jedem Punkt in maximal anderthalb Stunden zu Fuß zum Zwecke der Kontrolle und Organisation, aber auch der Verteidigung erreicht werden konnte.

6. Indianische Stadtplanungen: Monte Albán und Palenque

Die Konquistatoren, die nach der Entdeckung Amerikas die präkolumbianische Welt eroberten und ihre Kultur zerstörten, erlebten die gut geplanten indianischen Großstädte wie Zauberstädte aus einem der zur damaligen Zeit beliebten Ritterromane. Keine spanische Stadt des 15. und 16. Jahrhunderts konnte sich mit dem geordneten Plan der Gesamtanlage, ihrer Sauberkeit, ihrem Reichtum und ihrer Bevölkerungszahl messen. Aus den wenigen schriftlichen Quellen wird geschlossen, daß die präkolumbianische Stadt keine formlose Ansammlung von Gebäuden, sondern bis zu den Randzonen von einem Netzwerk von Kanälen und Straßen durchzogen war, das schwimmenden Gärten glich, vergleichbar den heutigen chinampas am Ufer des Sees von Xochimilko. Die Gründlichkeit, mit der diese Städte bei der Eroberung Mexicos zerstört wurden, lassen heute nur wenig von der einstigen Pracht ahnen. In Mexico-City erinnern nur einige Bauplastiken, die unteren Stufen der Hauptpyramiden und die Berichte von Cortes und Co. an Tenochtitlán, auf dessen Ruinen die Hauptstadt Mexicos heute steht.

Die Stadtplanung der mesoamerikanischen Städte zeigt zwei Grundprinzipien: Achse und Einschließung. Gebäude sind entlang einer Hauptachse angeordnet und schaffen so Längsbeziehungen, deren Grad dynamischer Spannungen wechselt. Ein Raum wird entweder durch mehrere Architektureinheiten, ein zentrales Motiv, oder auch Anlagen eingeschlossen, um die sich Gebäude gruppieren. Die dichten Grundrisse mesoamerikanischer Städte der Gegenwart zeigen, daß die Ästhetik der Gesamtanlage präkolumbianischer Städte größer war als die ihrer

Elemente: Häuser, Straßen und Plätze. Das deutet darauf hin, daß es keine einheitliche planerische Konzeption von Anfang an gab, der sich die Gebäude unterordneten, sondern daß die Gesamtstadt das Ergebnis architektonischer Antworten auf bauliche Probleme war, die mit jedem Neubau entstanden. Mit der Zeit wurden die Erweiterungen einheitlicher, da sich jeder Neubau harmonisch in den Bestand einfügte.

Die bedeutendste Anlage des zentralen Randgebietes in Mexico auf der Landenge zwischen dem Golf von Mexico und dem Pazifischen Ozean ist Monte Albán aus der klassischen Zeit (100 - 900 n. Chr.) Die entlang der Mittelachse angeordneten Bauten erstrecken sich in Nord-Süd-Richtung. Mit dem Bau des Propyläons wurde bei einer späteren Erweiterung versucht, die gewachsene Unregelmäßigkeit der Anlage in achsiale Einheit zu bringen. Eine Reihe von Bauwerken - Pyramiden mit Vorhöfen und ergänzenden Plattformen - wurde offensichtlich zu dem Zweck errichtet, den Stadtgrundriß zu regulieren.

In der Stadtplanung der Mayas wurden Tempel, Paläste und abgeschlossene Plätze wechselnd betont. Palenque ist ein herausragendes Beispiel einer ausgedehnten Maya-Stadt und zeigt die Wechselbeziehung zwischen Palast und Tempelgebäuden. Man nimmt an, daß die Paläste auch zur militärischen Verteidigung gedient haben, da sie nur beschränkten Durchgang von einer zur anderen Seite boten und abgesenkte Plätze umschlossen, die im Krieg letzte Zufluchtstätten waren. Eine „Erfindung" der Mayas war die Anordnung wichtiger Bauteile auf unterschiedlichen Niveaus, um eine harmonische Beziehung zwischen den Gebäuden zu erzielen: Auf den Hauptplatz folgt ein weiterer, höher liegender, darauf ein umschlossener, der wiederum höher liegt, der schließlich von über ihm liegenden Palastbauten eingefaßt wird.

7. Die europäische Stadt der Antike

Wenn in Griechenland mit seinen Stadtstaaten und Kolonialstädten die politische Idee des demokratischen europäischen Staates und damit auch der europäischen Stadt ihren Ursprung hat, so ist Rom die Stadt, die gleichbedeutend mit einem Weltreich war; und die von ihm ausgehende Stadtgründungen sind die Keimzellen vieler europäischer Städte.

Griechische Philosphen formulierten die noch heute gültigen Gedanken über die Organisationsform der polis, des Stadt-Staates, der die außergewöhnlichen Leistungen in Kunst, Literatur und Wissenschaft möglich machte. Nur die freien Bürger Griechenlands lebten in der polis und bildeten die Versammlung der freien Bürger, die agora. Die Sklaven und Barbaren gehörten nicht dazu, auch wenn sie in den Städten lebten. Deshalb waren die griechischen Städte auch immer relativ klein. Ihre Bevölkerung aus freien Bürgern betrug in Athen zur Zeit des Perikles ca. 40.000, Sparta hatte zur Zeit der persischen Kriege 8.000 Einwohner und die Kolonie Syrakus im 4. Jahrhundert v. Chr. 50.000. Das Bewußtsein um die Überlegenheit der Idee der polis war ein Grund, warum bei allem Wissen um die gemeinsame Kultur die griechischen Stadtstaaten nicht unbedingt eine politische Einigung anstrebten. Der Begriff „Vaterland" wurde wörtlich genommen als das Land des eigenen Vaters.

„Ein kleines Gebiet, am Fuße eines Berges, von einem Bach durchflossen, eingeschnitten von einer Bucht. Überall, in einer Entfernung von nur wenigen Kilometern, bilden kleine Erhebungen in der Landschaft die Grenzen. Es genügt, auf die Akropolis zu steigen, um das ganze Gebiet mit einem Blick zu erfassen. Dies ist die heilige Erde des Vaterlandes: der Bereich der Familie, die Gräber der Vorfahren, die Felder, deren jeweilige Besitzer man kennt....Eine Stadt, auch die kleinste, ist jenes Gebilde, für das Hektor sein Leben gab, für das 'in vorderster Front zu sterben' den Spartanern als ehrenvoll galt...und für das Sokrates den Schierlingsbecher leerte, um nicht gegen das Gesetz zu verstoßen."[2]

Den Römern ist es gelungen, den Mittelmeerraum politisch zu einigen. Rom, die Hauptstadt des römischen Weltreiches, stieg auf von einer kleinen unbedeutenden Siedlung zwischen dem Machtgebiet der Etrusker und den griechischen Kolonien zur Stadt der Antike schlechthin. Die Geschichte Roms ist immer auch die Geschichte der Eroberungen des römischen Staates. Erst nach dem Sieg in den punischen Kriegen über Karthago, den lebensgefährlichen Gegner um die Vorherrschaft im Mittelmeeraum, konnte Rom ohne ernsthafte äußere Bedrohung die Ausdehnung seines Machtgebietes betreiben. Es wurde durch die Entwicklung des eigenen Stadtgebietes zur Weltstadt und exportierte mit den planmäßigen Stadtgründungen nach eigenem Vorbild seine Idee der Stadt in die Gebiete seiner Einflußsphäre. In den Ländern des östlichen Mittelmeerraumes traf es auf ältere Stadtkulturen, die ihm teilweise selbst Vorbild waren. Dies war jedoch völlig anders im westlichen Europa in den Gebieten, in denen keine Stadtgründungen der Griechen und Karthager existierten: in Gallien und in den germanischen Gebieten nördlich der Alpen.

Man schätzt, daß in Rom gegen Ende des 3. Jahrhunderts n. Chr. ca. 1.000.000 Menschen wohnten. Die Bebauung und die Infrastruktur der Stadt hatte auch in modernen Zeiten noch existierende Erscheinungsformen und Probleme: Um die öffentlichen Gebäude für staatliche und religiöse Zwecke gruppierten sich die Wohnquartiere der domus und insulae. Domus war die Wohnform des uns heute als Atriumhaus bekannten, introvertierten Haustyps und blieb den wohlhabenden Bevölkerungsschichten vorbehalten. In den insulae lebte die plebs. Sie bestanden

---

2 G. Glotz: Die griechische Stadt, 1928

aus Mietblocks mit einer Grundfläche von 300 bis 400 qm, im Erdgeschoss Läden oder repräsentative Wohnungen. Darüber, in den bis zu sieben Geschossen, gleichförmige Wohnungen; Kaiser Augustus hatte die Höhe der Häuser auf maximal 21 m festgesetzt: In gewisser Weise kann man von einem antiken Vorläufer des sozialen Wohnungsbaus sprechen. Im Gegensatz zu den domus waren die insulae in den öffentlichen Raum orientiert. Die technische Ausstattung war minimal, fließendes Wasser gab es nur im Erdgeschoss. In den Obergeschossen gab es dies ebenso wenig wie Toiletten. Die Fäkalien wurden in Behältern gesammelt oder auch - wie römische Schriftsteller berichteten - einfach auf die Straßen entleert. Zur Unterhaltung der zu Wahlzeiten so wichtigen stimmberechtigten Bevölkerung wurden Veranstaltungsbauten errichtet, die zur Kaiserzeit immer gigantischer wurden. Der Circus Maximus faßte als bedeutendster Bau ca. 250.000 Menschen.

Die Straßen in der Stadt waren im Gegensatz zu den militärisch notwendigen und dadurch optimal ausgebauten und unterhaltenen Fernstraßen ausgesprochen schlecht. Selbst die großen Hauptstraßen - Via Appia, Via Latina, Via Flaminia - hatten nur eine maximale Breite von 6,50 m. Die normale Gasse war ca. 3 m breit und völlig unzureichend für den von ihr zu bewältigenden Verkehr der Großstadt. Es gab weder eine öffentliche Straßenreinigung noch Straßenbeleuchtung. (Gaius Julius Caesar erließ eine Vorschrift, die die Anlieger zwang, die Flächen vor den Häusern selbst zu reinigen - die schwäbische Kehrwoche auf römisch!) Die Kanalisation hingegen war auch nach heutigen Maßstäben modern und wurde in den Großstädten Europas erst wieder nach den großen technischen Infrastrukturmaßnahmen des 19. Jahrhunderts erreicht. Die Wasserversorgung erfolgte über dreizehn Aquädukte, über die täglich eine Milliarde Kubikmeter Wasser in die Stadt flossen. Die Versorgung mit Lebensmitteln, die eine öffentliche Angelegenheit war - ca. 150.000 Bewohner wurden mit öffentlichen Geldern ernährt -, wurde größtenteils über den Wasserweg sichergestellt.

Über das dem Militär, der Verwaltung, Post- und Warenverkehr dienende Straßennetz war Rom mit seinem gesamten Machtbereich verbunden. Überall entstanden in der Folge militärischer Anlagen und Einrichtungen zur Verteidigung Siedlungen, die sich am Vorbild der Hauptstadt orientierten. Ausgehend von dem geradlinigen Verlauf der Hauptstraßen, die als Bezugspunkte für die gleichmäßige Aufteilung des Geländes dienten, entwickelten die Römer sowohl die rechtwinklige Form der Militärlager als auch der Kolonialstädte.

Der Schnittpunkt des decumanus maximus mit dem cardo maximus, beide breiter als die übrigen decumani und cardines, war der ideelle Mittelpunkt der Kolonie. Im Gegensatz zu den mit größtem Aufwand geradlinig angelegten Fernstraßen war das innerstädtische Straßennetz flexibler und den örtlichen Gegebenheiten besser angepasst. Die theoretische Regelmäßigkeit wurde durch die Straßenverläufe, die auf bestimmte topographische Punkte (z. B. Brücken und Furten) angelegt waren, gebrochen. Die Häuserblocks hatten annähernd quadratische Abmessungen von ca. 70x70 bzw. 150x150 m. Die Mitte der Stadt bildete das Forum, das aus einem oder mehreren unbebauten Blocks bestand. Das Amphitheater befand sich am Rande der Stadt, entweder innerhalb der rechteckigen Stadtmauern oder unmittelbar davor. Auch heute noch sind in den Kernstädten römischer Stadtgründungen wie Regensburg oder Wien die Anlagen der ursprünglichen Militärlager oder Siedlungen zu entdecken.

8. Von der mittelalterlichen zur Renaissance- und Barockstadt

In den Wirren des Untergangs des römischen Weltreiches und der Völkerwanderung zerfielen die hochentwickelten Stadtorganismen. Die Bevölkerung floh auf das kirchlichen und weltlichen Herren gehörendes Land und suchte weitab von den Städten Schutz. Hier boten Natur und Landwirtschaft die besten Chancen zu überleben. Die Feudalherren errichteten im Zentrum ihrer durchschnittlich 5.000 ha großen Besitztümer Bischofssitze, Abteien oder Burgen, die von Bauernhöfen umgeben waren. Zur Verwaltung der über das ganze Land verstreuten Besitzungen wurden Verwalter (Meier) eingesetzt, die in einem Hof (Deutschland), corte (Italien), cour (Frankreich) oder manor(England) wohnten. Zu jedem Hof gehörten das ausschließlich dem Besitzer vorbehaltene, das an von ihm abhängige Bauern aufgeteilte und das nicht kultivierte Land (communia). In letzterem konnte jeder seine Herden weiden lassen und Holz oder wild wachsende Beeren und Früchte sammeln. Nur bei Überfällen wurden die noch vorhanden Städte der Römer zu Zufluchtstätten der Landbewohner. Ansonsten spielten sie als Sitz der Verwaltung, Ort der handwerklichen und künstlerischen Produktion und des Handels in der bäuerlichen Gesellschaft des Feudalsystems keine beherrschende Rolle mehr. Nach Aufhebung des unterschiedlichen Rechtsstatus von Stadt und Land glichen sich auch die Erscheinungsformen immer mehr an: In den viel zu großen römischen Stadtanlagen organisierten sich die kleiner und ärmer gewordenen Gemeinschaften mit großer Spontaneität und Improvisierungskunst. Es fehlten qualifizierte Handwerker und Architekten, die Mittel und Materialien waren äußerst bescheiden, eine organisierte künstlerische Kultur gab es nicht. Es bestand lediglich die Notwendigkeit zu überleben und sich zu verteidigen. Die großen öffentlichen Bauten wurden umgebaut, die Stadtmauern wurden im Verlauf so geändert, daß sie nur noch einen Teil des ehemaligen Stadtgebietes umfaßten. Die Kirchen wurden außerhalb der Stadtmauern errichtet, häufig in der Nähe von Märtyrer- und Heiligengräbern, die nach römischem Recht nicht innerhalb der Stadtmauern begraben werden durften.

Beispiele für diese Improvisierungskunst sind die toscanische Stadt Lucca und die dalmatinische Stadt Split. In Lucca ist die Gestalt des römischen Amphitheaters deutlich durch eine ringförmige Hausanlage, die auf den Mauern des römischen Bauwerks errichtet wurde, markiert. In Split war die riesige, um 300 n. Chr. erbaute Palastanlage des Diokletian zuerst Zufluchtstätte der Daker bei feindlichen Angriffen und ist bis heute das Zentrum der historischen Altstadt.

Die Ansiedlungen fügten sich nicht nur in die hinterlassene Stadtlandschaft, sondern auch in die natürliche Umgebung ein, so allmählich die geometrischen Strukturen der Städte, die regelmäßige Linienführung und das präzise System der Verkehrswege überwindend und sie mit der Natur verschmelzend.

Um die Jahrtausendwende begann sich die bis dahin vorherrschende Siedlungsform zu ändern. Man führt die Seßhaftigkeit der nach Europa eingedrungenen Araber, Wikinger und Ungarn, den wirtschaftlichen Aufschwung, die Steigerung der landwirtschaftlichen Produktion, des Handels und des Handwerks als Ursache an.

Seestädte wie Venedig, Genua, Pisa gaben durch ihre Seehandelstätigkeit Impulse für den Binnenhandel. Orte für diesen Binnenhandel waren die befestigten Anlagen des frühen Mittelalters, in die die Landbevölkerung auf der Suche nach besseren Arbeits- und Lebensbedingungen strömte. Durch den Zuwanderungsdruck entstanden Ansiedlungen außerhalb der alten Befestigungsanlagen, die die Erweiterung der Stadtmauern notwendig machten. Jede Zuzugswelle löste eine erneute Vergrößerung aus. Die Handwerker und Händler, das Bürgertum, die immer die Mehrheit der Siedlungsbevölkerung bildeten, forderten aufgrund dieser Mehrheitsverhältnisse von den Feudalherren als politische Grundlage für ihre wirtschaftlichen Aktivitäten persönliche Freiheit, unabhängige Gerichtsbarkeit, eigene Verwaltung und ein Steuersystem, dessen Bemessungsgrundlage das Einkommen war und mit dem öffentliche Aufgaben finanziert werden sollten.

Aus den zur Durchsetzung ihrer Interessen gegründeten, zunächst privaten Vereinigungen entstanden politisch wirksame Organisationen, die um die Macht mit den Feudalherren kämpften. Sie erklärten sich zu „freien", allenfalls noch dem Kaiser unterstellten Städten und Stadtrepubliken mit staatlicher Einheit, eigenen Gesetzen und Regeln, die das Gemeinwohl über die Interessen von Gruppen und Individuen stellten. Unterschiedliche ökonomische Verhältnisse und traditionelle Privilegien wurden dabei jedoch respektiert.

In der Regel bestanden die städtischen Verfassungsorgane aus dem von den bedeutendsten Familien gebildeten Oberrat, dem beigeordneten Rat als ausführendem Organ und den gewählten oder durch Los bestimmten Schöffen

(Deutschland), consoli (Italien), jurés (Frankreich) und échevins (Flandern). Dem standen die Vereinigungen bestimmter, durch ihre berufliche Eigenschaft definierter Bevölkerungsgruppen gegenüber: die Zünfte und Gilden der Handwerker, Händler und Kaufleute. Daneben gab es den Adel und die Kirche, oft mit eigener Gerichtsbarkeit ausgestattet und vertreten durch Ritter, Bischöfe und Äbte mit Sitz in den Städten.

Ähnlich den ersten Städten der Menschheitsgeschichte und den Städten der Antike war auch die mittelalterliche Stadt abhängig von der Nahrungsmittelproduktion des sie umgebenden Landes, das sie kontrollierte. Anders als die griechischen Städte gewährten sie den sie ernährenden Landbewohnern allerdings nicht die gleichen Rechte. Stadtpolitik, die nationalen und internationalen Charakter hatte, verfolgte immer nur die politischen und wirtschaftlichen Interessen der Stadtbewohner.

Auch die Stadtbevölkerung war nicht gleich. Die regierenden Stadträte, in denen sich die herrschende Klasse repräsentierte, fällten nicht Entscheidungen, die von der Gesamtbevölkerung getragen wurden, wie es in den von demokratischer Verfassung bestimmten griechischen Stadtstaaten üblich gewesen war. Die Ratsversammlungen wurden zwar ständig erweitert, aber Lohnarbeiter und Juden konnten beispielsweise nicht in den Stadtrat gewählt werden. Damit blieb ein Großteil der Stadtbevölkerung von politischer Einflußnahme ausgeschlossen.

Nach einer Wirtschaftskrise im 14. Jahrhundert, in deren Folge es zu Aufständen in den Städten kam, gelang es einzelnen Familien aus dem Adel, in Einzelfällen auch einer einzigen Familie, die Macht zu übernehmen und die Ratsversammlung durch das Patriziat abzulösen. In Oberitalien wurde das Schicksal der Städte von Familien wie den Medici, den Sforza, den D'Este, den Alberti, teilweise bürgerlicher Herkunft und in den Adelstand erhoben, bestimmt. Sie ermöglichten aber auch durch ihr von Bildung und Kunstsinnigkeit getragenes Mäzenatentum die kulturellen und künstlerischen Leistungen der Renaissance.
Epidemien und zahlreiche, aus wirtschaftlichen Gründen und Erbfolgestreitigkeiten geführte Kriege unterbrachen immer wieder die Entwicklung der Städte im Mittelalter. Pest und Cholera dezimierten die Stadtbevökerung. Auf der iberischen Halbinsel zerstörte die Reconquista, die Rückeroberung der maurischen Städte und Besitztümer durch die christlichen Heere der katholischen Könige, die blühende arabische Kultur. Zahlreiche Dokumente aus der Antike, deren Erhaltung den Arabern zu verdanken war, gingen damals verloren, weil die christlichen Eroberer deren Wert nicht ermessen konnten. Auch die von den verhaßten Heiden geschaffenen städtischen Infrastrukturen zerfielen ebenso wie das Klima der Toleranz gegenüber Andersgläubigen.

Die unterschiedlichen Machtstrukturen des Adels, Klerus, der Zünfte und Räte hatten in jeder größeren Stadt verschiedene Machtzentren, die sich in Palais, Kirchen, Klöstern, Zunft- oder Gildehäusern und Rathäusern manifestierten. Im Gegensatz zur Antike, der die Unterscheidung zwischen weltlicher und religiöser Macht fremd war, war die Trennung der Bereiche, die zwar ineinander übergingen, immer deutlich.

Im Zentrum der Stadt war die Macht, und im Schatten der Macht siedelte sich die herrschende Klasse an, während die abhängige Bevölkerung und die aus dem Umland nachströmenden Menschen an die Peripherie gedrängt wurden. (Dies sollte sich erst in der Folge der industriellen Revolution ändern, als die Verhältnisse in den Kernstädten der Machtelite unerträglich schienen, sie dem Proletarit die Innenstädte überließen und sich am Rand der Städte oder im Umland neue, prächtige Sitze errichteten.)

Die großen Kosten für den Bau der Stadtmauern - eine Stadterweiterung wurde solange herausgezögert, bis buchstäblich jede freie Stelle bebaut war - führte zu den für uns heute als typisch mittelalterlich erachteten, manchmal idealistisch verklärten, im Grunde jedoch häufig unvorstellbar engen, hygienisch entsetzlichen, den Ausbruch und die Verbreitung von Seuchen und Epidemien fördernden Wohnverhältnissen. Die Grünflächen von Florenz, Siena, Bolognia und in anderen italienischen Stadtstaaten, die erst im 19. Jahrhundert bebaut wurden, stammen aus dem 14. Jahrhundert, als diese Städte sich zu einer radikalen Erweiterung der Stadtgrenzen entschlossen und die Bevölkerung aber nicht mehr in dem erwartet starken Maße wuchs (ein frühes Beispiel der Unvollkommenheit von Stadtplanung).

Anders als die antike Stadt oder die chinesische Stadt folgte die mittelalterliche Stadt keinem strengen formalen Ordnungsprinzip, sondern passte sich den äußeren Bedingungen an. Auch waren öffentlicher und privater Bereich nicht streng abgegrenzt. Dennoch gab es Ordnungsprinzipien, die die Orientierung gestatteten und das Zusammenleben regelten. Straßen und Plätze waren sehr viel mehr aufeinander bezogen als dies in der Antike der Fall war. Die hierarchisch angelegten und ausgebauten Haupt- und Nebenstraßen dienten dem Verkehr und mündeten in die Plätze als Fortführung und Erweiterung der Straßen. Hier gab es neben dem Verkehr die Möglichkeit des Aufenthalts, der Versammlung und des Handels. Dieses Gleichgewicht zwischen öffentlichen und privaten Interessen war durch kommunale Gesetze, Verordnungen und Regeln genau bestimmt. Die Dimensionen der mehrstöckigen Häuser, die Anzahl der Fensterachsen, die Trauf- oder Giebelständigkeit zum öffentlichen Raum, die Anordnung von Loggien, Erkern und Balkonen, das Maß der im Fachwerkbau erforderlichen Geschoßüberhänge war nicht Sache des Bauherrn, sondern wurden gesetzlich geregelt.

Das uns vertraute geschlossene Erscheinungsbild der erhaltenen mittelalterlichen Städte, das sich in seiner überlieferten Form zwischen dem 15. und 18. Jahrhundert ausprägte, stimmt jedoch nicht mit der Zeit des Wachstums der Städte überein, als unfertige, mit Gerüsten umstandene Kirchen, Paläste und Bauten das Normale waren. Lediglich die Gotik als allgemein verbindlicher Stil ergab eine gewisse städtebauliche und architektonische Einheitlichkeit. Diese „internationale" Stilrichtung war die Bauform der Kathedralen, Kirchen, öffentlicher und privater Bauten mit nur regional unterschiedlich ausgeprägten Gestaltungs- und Ausstattungsvarianten in ganz Europa.

Das 1040 von Kaiser Heinrich III. im Schnittpunkt mehrerer wichtiger Verkehrswege gegründete Nürnberg galt bis zu seiner Zerstörung im 2. Weltkrieg als Idealtyp der mittelalterlichen deutschen Stadt - wohl auch ein Grund für die besondere „Liebe", die die Nationalsozialisten der Stadt schenkten, was wiederum der Grund für die Bombardierung durch die Alliierten und die Durchführung der Kriegsverbrecherprozesse im zerstörten Nürnberg war.

Florenz, für viele der Inbegriff der Renaissance, ist im Kern eine mittelalterlich geprägte Stadt. Die bedeutendsten öffentlichen Bauwerke, die bis heute das Stadtbild prägen, wurden innerhalb der 1284 beschlossenen fünften Stadtmauererweiterung errichtet: Orsanmichele (1290), Santa Croce (1295), Duomo „Santa Maria del Fiore" (1296) mit Baptisterium und Piazza del Duomo, Palazzo dei Priori (1299) mit Piazza della Signoria.

Hier wie auch in anderen oberitalienischen Städten und Stadtstaaten stand die Wiege einer Epoche, die bis heute für den Inbegriff europäischer Kultur steht: die Renaissance.
„Endlich sei noch gesagt, daß die Beständigkeit, das Ansehen und die Zier eines Gemeinwesens am meisten des Architekten bedürfen, der es bewirkt, daß wir zur Zeit der Muße in Wohlbehagen und Gesundheit, zur Zeit der Arbeit zu aller Nutz und Frommen, zu jeder Zeit aber gefahrlos und würdevoll leben können!" Dieser Satz des Renaissancearchitekten Leon Battista Alberti (1404 - 1477) macht die neue Selbsteinschätzung des Künstlerarchitekten deutlich.

Der „Künstler" ist eine Schöpfung der Renaissance und meint das von der mittelalterlichen Einheit von Werk und oft namenlosem Handwerker sich lösende Individuum des auf seine Tätigkeit stolzen Malers, Bildhauers und Architekten, der nicht nur in seinem eignen Metier tätig war, sondern in Naturwissenschaften, Medizin, Literatur und Musik mehr als nur dilettierte. Gestützt auf die epochalen wissenschaftlichen Erkenntnisse und die Rückbesinnung auf die Ideale der Antike trat er neben seine Schöpfung. Anders als im Mittelalter, wo das Werk in der Regel allenfalls verschlüsselte Hinweise auf den Verfasser zuläßt oder die vergleichende kunstgeschichtliche Analyse Rückschlüsse auf die Person erlaubt, stellte er sich selbst in den Mittelpunkt der Welt. Er war nicht mehr länger Angehöriger der Organisation der Bauarbeiter, sondern eigenständiger „Künstler"-Architekt. Die Gliederung in Planung, die der Ausführung vorausging, und die planungsgebundene, handwerkliche Bautätigkeit zog eine klare Trennlinie.

Filippo Brunelleschi (1377 - 1446), der Baumeister der Kuppel des Florentiner Domes - den Auftrag hatte er aufgrund des von ihm gewonnenen Architektenwettbewerbs erhalten -, war der erste Architekt, der diese Unterscheidung traf. Er bestimmte durch Planungsregeln das Aussehen des Bauwerks, das in logischer Ordnung entstand:

Proportionalität -	die ästhetische, von ihren absoluten Maßen unabhängige Beziehung zwischen den einzelnen Elementen und dem ganzen Werk
Metrische Faktoren -	die genauen, absoluten Maße
Physische Faktoren -	die Materialien und ihre spezifischen Eigenschaften: Oberflächenbeschaffenheit, Farbe, Härte, Haltbarkeit...

Die Individualität der Künstler brachte es jedoch auch mit sich, daß sie den Kontakt zu den kollektiven Organen, die die Kontinuität der mittelalterlichen Stadtprojekte gewährleistet hatten, verloren und ihre Theorien von Gleichmäßigkeit und Proportionalität nur in Einzelbauwerken und in Plänen von Idealstädten verwirklichen konnten.

Im Umbau der mittelalterlichen Städte, der die Traditionen der Antike aufgriff und weiterentwickelte, liegt die Bedeutung der auf diesen Fundamenten aufbauenden Renaissance-Architekten und auch der darauffolgenden Epochen des Manierismus und Barocks. Das von Michelangelo Buonarotti umgestaltete Capitol und die Fassung des Petersplatzes in Rom mit Kollonaden von Lorenzo Bernini, der die antiken Ruinen in seine Stadtgestaltungsüberlegungen mit einbezog, sind herausragende Beispiele des neuen Denkens.

Waren die Eliten der Renaissance über ihr Mäzenatentum hinaus häufig selbst auch Künstler mit einigem Anspruch, aus denen sich ihre große Kompetenz ableitete, so traf dies für die herrschende Schicht des Barocks, die nach der Wirtschaftskrise des beginnenden 17. Jahrhunderts die Renaissanceherrscher ablöste, nicht mehr uneingeschränkt zu. Die Könige mit ihrem Hofstaat, die durch die Reformation gespaltene Kirche, die adligen und bürgerlichen „nouveaux riches" hatten weder das geistige Vermögen noch das Engagement im künstlerischen Bereich. Die Entstehung moderner wissenschaftlicher Forschung und die philosophische Erkenntnis, daß die Kunst nicht die alleinige Methode zur Gestaltung der Umwelt war, führten zu einer Veränderung der Stadtplanung, des Bauens und der Verwaltung.

Die von ihrem „Gottes-Gnadentum" überzeugten, absolutistisch regierenden Fürsten betrieben den Umbau der mittelalterlichen Städte weit rigoroser als in der Renaissance. War in der Renaissance noch ein Gefühl für die Bedeutung überkommener Bauformen und das Bemühen um Integration vorhanden, so mußte sich im Barock der Stadtorganismus dem Diktat des absoluten Gestaltungswillens fügen. Der Wille zur Symmetrie, Achsialität und repräsentativen Form waren für den Herrscher und des für ihn arbeitenden Planers das Sinnbild und die Ausdrucksform herrscherlicher Macht.

Paris als Hauptstadt Ludwigs XIV., der Inkarnation des absolutistischen Herrschers, wurde von ihm und seinen Nachfolgern in seinem mittelalterlichen Kern und an dessen Peripherie mit einer Reihe von barocken Platzanlagen und Gebäudekomplexen überzogen, die sein Aussehen völlig veränderten und seine Bedeutung als Hauptstadt heraushoben. Sie sind nur mit den stadtplanerischen Eingriffen des Baron Hausmann im 19. Jahrhundert zu vergleichen. Daß sich die Komplexität der Stadt dem absolutistischen Gestaltungswillen letztlich doch widersetzte, war einer der Gründe für den Bau des Königsschlosses in Versailles. Dort konnte er das Ideal der barocken Anlage verwirklichen. Versailles wurde auch folgerichtig das Muster für sämtliche ihm folgenden Schloßanlagen des Absolutismus.

In Deutschland sind das 1606 von Kurfürst Friedrich IV. von der Pfalz gegründete Mannheim und das von Markgraf Karl Wilhelm von Baden-Durlach 1715 gegründete Karlruhe herausragende Verkörperungen barocker Stadtgründungen. Die innerhalb eines Ringes und entlang der vom Schloß ausgehenden Achse schachbrettartig angeordneten Straßen in Mannheim und die fächerförmigen Straßen Karlsruhes, die ihren Ursprung im markgräflichen Schloß haben, sind Sinnbilder der absolutistischen Staatstheorie schlechthin. In Würzburg wurde von Balthasar Neumann mit der Umgestaltung des mittelalterlichen Unteren Marktes zu einer regelmäßigen Platzanlage, an dem das von ihm errichtete Barockkaufhaus liegt, und mit der „Implantation" der Residenz mit Residenzplatz und -garten im Auftrag der Würzburger Fürstbischöfe eine ähnliche Umwandlung des mittelalterlichen Stadtgebildes im Herrschaftsbereich der Kirche vollzogen wie in Paris.

9. Die Stadt in der industriellen Revolution

Die einschneidendste Veränderung seit der landwirtschaftlichen Revolution der Jungsteinzeit und der städtebaulichen Entwicklung der Bronzezeit erfuhr die menschliche Zivilisationsgeschichte durch die ab 1750 in England einsetzende und von dort sich über ganz Europa ausbreitende Industrialisierungswelle des 18. und 19. Jahrhunderts. Im politischen, gesellschaftlich-soziologischen, wirtschaftlichen, wissenschaftlichen und künstlerischen Beben des Zeitalters der industriellen Revolution entstanden die Grundlagen der „modernen" Stadt. Auch die kritischen Begriffe und Reizthemen wie „Verslumung, Unwirtlichkeit und Unregierbarkeit der Stadt, Moloch Stadt, Stadtluft macht krank, Verkehrschaos, Unplanbarkeit von Stadtentwicklung" haben ihre Wurzeln in der in dieser Epoche einsetzenden Entwicklung.

Die Faktoren für die revolutionäre Umgestaltung der gebauten Umwelt sind zahlreich:

- Die Zunahme der Produktion auf dem Gebiet der Landwirtschaft, der Industrie und in einem neuen Bereich, dem tertiären Dienstleistungssektor, aufgrund des wissenschaftlich-technischen Fortschritts:
  Die Entdeckungen auf dem Gebiet der Naturwissenschaften, Erkenntnisse in Biologie, Chemie und Ökonomie, die Erfindung der Dampfmaschine, des Elektro- und Otto-Motors erlaubten einen allgemeinen wirtschaftlichen Aufschwung.

- Die Zunahme des Bevölkerungswachstums infolge des Sinkens der Sterblichkeitsrate:
  Der Rückgang der Kindersterblichkeit, Erkenntnisse auf dem Gebiet der Hygiene und der Medizin veränderten die demoskopische Altersstruktur.

- Die Bevölkerungsumverteilung innerhalb eines Landes, aber auch innerhalb Europas, ja der gesamten Welt:
  In den Ländern zogen die Kleinbauern und lohnabhängigen Landarbeiter mit der Hoffnung auf bessere Verdienstmöglichkeiten in die Städte, wo sie als lohnabhängige Industriearbeiter das Proletariat bildeten. Aus überwiegend agrarisch geprägten Ländern und Regionen verließen die Menschen ihre Heimatländer und zogen in die um Kohle- und Erzvorkommen sich bildenden Industriezentren fremder Staaten. Hungersnöte und politische Entmündigung verursachten Auswanderungswellen nach Amerika, Australien und in die Kolonialbesitzungen der europäischen Staaten.

-   Die neue Mobilität durch Entwicklung der Verkehrswege und -mittel:
    Die Eisenbahnlinien ersetzten das mühevolle Reisen mit der Postkutsche,
    Dampfschiffe lösten die von Naturbedingungen abhängigen Segelschiffe ab,
    der Ausbau der Wasser- und Landwege ließ die Entfernungen schrumpfen.

-   Die Dynamik der Entwicklung und ihr provisorischer Charakter:
    Wo früher in Jahrzehnten oder Jahrhunderten sich allmählich, vom Individu-
    um fast unbemerkt, Veränderungen vollzogen, geschah dies nun innerhalb ei-
    ner Generation oder sogar innerhalb weniger Jahre. Dabei schien nichts Be-
    stand zu haben und die alten Gewißheiten wichen neuen Unwägbarkeiten.

-   Die neuen Gesellschafts- und Politiktheorien:
    Die Auswirkungen der Idee der Gewährung absoluter Freiheit für die Gesetze
    des kapitalistischen Marktes und das Vertrauen in seine sich selbst regelnde
    Kraft führten infolge der materiellen Auswirkungen auf das Leben der unteren
    Klassen zur Entstehung von Gegenbewegungen - eher reformerischen von be-
    sonnenen Vertretern der herrschenden Klasse und überwiegend radikalen der
    Sozialisten.

In England, dem Ursprungsland dieser umwälzenden Entwicklung, griff die Literatur dieses Thema auf. Charles Dickens, der Autor des „Oliver Twist" ist wohl
der bekannteste Vertreter einer Literaturgattung des 19. Jahrhunderts, die, durchaus der Romantik verhaftet, dennoch scharf die sozialen Mißstände in den
Elendsvierteln von London kritisierte. Er konnte dabei auf eigene Erfahrungen zurückgreifen: Die Geschichte seiner Familie hatte mit ersten Jahren relativ gesi-
cherter Existenz in der Provinz, dem Umzug in ein ärmliches Viertel von London
und nach der Arbeitslosigkeit des Vaters schließlich dem Zwangsaufenthalt im
Schuldgefängnis exemplarischen Charakter.

Als Dickens den „Oliver Twist" schrieb, war gerade unter dem Druck der Pariser
Julirevolution von 1830 und angesichts des drohenden Bürgerkriegs im eigenen
Land nach Arbeiteraufständen die Reformbill von 1832 verabschiedet worden.
Sie änderte die seit der „Glorreichen Revolution" von 1688 festgeschriebene Zusammensetzung des Parlaments, indem sie einer der Säulen der industriellen Revolution, den Fabrikanten, mehr Einfluß einräumte. Die Wahlmandate wurden
neu verteilt und der höhere Mittelstand, zu dem gerechnet wurde, dessen Haus-
besitz jährlich mindestens 10 Pfund einbrachte, zog ins Unterhaus. Die andere
Säule der industriellen Revolution, die Arbeiterschaft und auch das Kleinbürgertum, blieben vom Wahlrecht ausgeschlossen, obwohl ihre Aktionen wesentlich
zum Erfolg des Mittelstandes beigetragen hatten.

Die Beschreibung eines Londoner Stadtteils in „Oliver Twist" läßt erahnen, wie unerträglich die Lebensumstände in den Armenvierteln der Metropole der industriellen Revolution des 19. Jahrhunderts gewesen sein müssen:

„Diese war durchaus keine zweifelhafte Gegend, denn es war längst bekannt, daß dort nur verkommenes Gesindel hauste, das unter mancherlei Vorwänden ehrlicher Arbeit hauptsächlich von Diebstahl und Verbrechen lebte. Es war nicht mehr als ein Haufen elender Hütten, einige schnell aus losen Ziegelsteinen erbaut, andere aus alten, wurmstichigen Planken; und sie waren ohne den geringsten Versuch einer planvollen Ordnung wild durcheinander und meist nur wenige Meter vom Flußufer errichtet worden.... Inmitten dieses Barackenhaufens und so dicht am Fluß, daß die oberen Stockwerke über ihn hinweg hingen, stand ein großes Gebäude, das früher als irgendeine Art von Fabrik gedient hatte. Hier hatten damals vermutlich die Bewohner der umliegenden Behausungen ihre Arbeit gehabt, aber es war schon lange zur Ruine geworden...."

Das war die brutale Realität der Stadt in der Zeit der industriellen Revolution, und der Gegensatz zwischen ihr und dem Idealzustand, wie er gleichzeitig in Theorien beschrieben und in Stadtbau-Versuchen abseits der existierenden Städte versucht wurde, konnte nicht größer sein.

Das schnelle Wachstum der Städte im Industriezeitalter führte zu einer völligen Veränderung der meist noch mittelalterlich geprägten Stadtkerne mit ihren Kirchen, Palästen und anderen monumentalen Bauwerken. Diese bildeten zwar nach wie vor die „Stadtkrone" und prägten die Silhouette, aber ansonsten war die Kernstadt den Bedingungen des Alltags nicht mehr gewachsen: Die Straßen waren zu schmal, um das Verkehrsaufkommen zu bewältigen, und die Häuser zu klein und zu eng, um die rasch anwachsende Bevölkerung aufzunehmen. Dies bewirkte, daß die, die es sich leisten konnten, an die Peripherie zogen und die Innenstädte von den nachdrängenden, ärmeren Bevölkerungsschichten bewohnt wurden. Die Überfüllung und die fehlende Finanzkraft des nun in der Kernstadt hausenden Proletariats ließ die bauliche Substanz verkommen und die berüchtigten Londoner slums entstanden. Es entwickelte sich ein ungeordnetes Nebeneinander von Stadtteilen mit den von großen Gärten umgebenen Villen der Wohlhabenden, den Reihenhäusern der Mittelschicht, den mehrstöckigen Mietblocks in den Armenvierteln, Fabriken, Lagerhäusern und technischen Anlagen. Die Einheit der Arbeits- und Wohnwelt der mittelalterlichen Stadt hörte auf zu existieren.

Die „liberale" Wirtschaftsstruktur, die vor allem die unternehmerische Freiheit bedeutete, war unfähig, das entstandene städtebauliche Chaos zu strukturieren, geschweige zu reformieren, da Reformen auch immer Restriktionen, d.h. Eingriffe in die unternehmerische Freiheit bedeutet hätten. Durch Choleraepidemien, die um 1830 von Asien nach Europa übergriffen, sahen sich die Regierungen gezwungen, wenigstens die ärgsten hygienischen Mißstände zu beseitigen.

Eine Reihe von Gesellschafts-Utopisten entwickelte nach den Napoleonischen Kriegen Siedlungsformen, die sich stark an der Struktur eines bäuerlichen Anwesens orintierten: so klein, um den Zusammenhang der Einzelbereiche, so groß, um ein unabhängiges Wirtschafts- und Kulturleben zu garantieren.

Der englische Fabrikant Robert Owens (1771 - 1858) versuchte die englische Regierung für eine Siedlung für 1.200 Personen auf einem 500 ha Gelände mit ausgeprägter Betonung des Gemeinschaftsgedankens zu gewinnen: Er schlug vor, die Häuser der Siedlung auf einem quadratischen Raster zu errichten. Drei Seiten des Quadrats waren Wohnhäusern von Ehepaaren und Kindern unter drei Jahren vorbehalten, die vierte Seite war für Schlafsäle für ältere Kinder und Jugendliche, eine Krankenstation und ein Gästehaus vorgesehen. Der in der Mitte angelegte Hof war mit öffentlichen Gebäuden und Anlagen - Küche mit Gemeinschaftsrestaurant, Schule, Bibliothek, Freizeiteinrichtungen, wie Treffpunkt für Erwachsene, Grünanlagen und Sportplatz - besetzt. Außerhalb des Quadrats befanden sich Hausgärten und eine die Anlage umschließende Straße, in weiterer Entfernung Industrie- und Gewerbeanlagen.

10. Die moderne Stadt

In Deutschland bewirkte erst die Gründerzeit, die der politischen Einigung nach dem deutsch-französischen Krieg von 1871 folgende wirtschaftliche Wachstumsperiode, eine entscheidende Veränderung der Städte, die jedoch nicht mehr zu solchen Zuständen wie in England führte. Inzwischen waren nämlich sowohl die wissenschaftlichen Sozialisten als auch die liberalen bürgerlichen Bewegungen nach der Revolution von 1848 gescheitert. In Frankreich regierte die Rechte unter Kaiser Napoleon III., in England die Neokanservativen unter Disraeli und in Deutschland Kaiser Wilhelm I. Die absolute Liberalisierung des freien Unternehmertums wurde durch staatliche Eingriffe zurückgenommen. Die siegreiche Bourgeoisie entwarf ein neues Stadtplanungsmodell, das den verschiedenen Interessen ihrer Repräsentanten - Unternehmern und Grundbesitzern - gerecht zu werden versuchte und ihre Ansprüche koordinierte.

Die städtebauliche Entwicklung der neuen Hauptstadt Berlin war durch den rasanten Wirtschaftsaufschwung am meisten betroffen. Selbst ein bildungsbürgerliches und jedem revolutionären Gedankengut fernstehendes Blatt wie die „Gartenlaube" schilderte in einer Artikelserie von 1885 die von vielen als bedrohlich empfundene Wandlung von der königlich-preußischen Hauptstadt zur Hauptstadt eines industrialisierten deutschen Reiches.

Unter der Überschrift „Moderne Wandlungen und Neubildungen" beschreibt der Autor Fr. Helbig „Die Stadt von ehedem - Die Wandlung zur Großstadt - Centralisation und Decentralisation - Barackenstadt, Keller- und Dachwohnung - Die Miethskaserne - Die Mittel des Verkehrs - Die bauliche Modernisirung - Straßenreinigung und -Pflasterung - Die Beleuchtung - Kanalisation und Entwässerung - Wasserleitung - Der menschliche Erfindergeist". In einem Absatz macht er kritische Anmerkungen zu den im „modernen" Berlin herrschenden Wohnverhältnissen:

„Das Anwachsen der Bevölkerung bedingt nun auch eine große räumliche Ausdehnung. Der Zuzug von außen, von kleineren Städten, aus dem Flachland ist bei günstigen Bedingungen und zu manchen Zeiten oft ein so rascher, daß ein Mißverhältnis zwischen Angebot und Nachfrage eintritt. So war namentlich der Zuzug nach Berlin, nachdem es zur Hauptstadt des Deutschen Reiches geworden, im Jahre 1871 ein so mächtiger, daß 163 Familien völlig obdachlos waren und vor dem Kottbuser Thore die Neubildung jener bekannten Barackenstadt ('Barackia') entstand, welche der Berliner Galgenhumor lange Zeit in Entreprise nahm, bis die fürsorgende Stadtverwaltung dem Treiben ein Ende bereitete.

Dieser Massenandrang läßt den baulichen Boden immer gesuchter und werthvoller werden. Der Hofraum wird immer enger und beschränkter, die 'Luftsäule' immer ausgenutzter. So entstehen Kellerwohnungen und die Wohnungsräume im fünften Stocke und unter dem Dache. In Berlin existirten im Jahre 1881 23.289 Kellerwohnungen mit zusammen 100.301 Insassen; sowie 10.416 Dachwohnungen und 248 Wohnungen im fünften Stocke mit 2.941 Einwohnern. So entsteht die moderne Miethskaserne besonders in dichtgedrängten Arbeitervierteln. Während man in Berlin im Jahre 1861 nur noch 167 Häuser zählte, in denen mehr als dreißig Wohnungen sich befanden, war zwanzig Jahre später die Zahl der Grundstücke, in denen mehr als hundert Personen wohnten, schon auf 2.786 gestiegen und bei der letzten Volkszählung traf man sogar auf ein Gebäude, das 227 Wohnungen mit 1.080 Bewohnern aufwies."

Dieser Situation versuchte die Kommunalverwaltung mit Bauvorschriften und der Durchführung öffentlicher Baumaßnahmen Herr zu werden:

Der Einzelne hatte innerhalb der von der Baugesetzgebung gezogenen Grenzen weiterhin völlige Freiheit. Die öffentliche Hand auf der einen, der private Grundstücksbesitzer auf der anderen Seite erkannten die jeweilige Verfügungsgewalt an, respektierten die Grenzen und unterwarfen sich gleichermaßen den Gesetzen. Die Verwaltung schuf mit Steuergeldern die Infrastruktur der Stadt und überließ die so erschlossenen Grundstücke zur freien Verfügung der Eigentümer. Beim Bau von öffentlichen Gebäuden mußte sich auch der staatliche Bauherr den Gesetzen des Marktes beim Erwerb von Grundstücken unterwerfen. Ein Regelwerk bestimmte die Art der Bebauung, den Verlauf der Grenze zwischen öffentlichem und privatem Bereich, die Flächen- und Höhenausdehnung eines „Baublocks", Parzellengrößen u.a.m.

Die scheinbar individuelle Fassadenausbildung zum öffentlichen Raum mit aus den historischen Baustilen entlehnten Schmuckelementen war nicht das Ergebnis kunsthandwerklichen Könnens. Die Karyatiden, Ornamente, Friese etc. waren vorgefertigt, konnten nach Katalog bestellt werden und wurden beim Bau versetzt. Die so vorgetäuschte Originalität mutet angesichts der auf Ökonomie und Effizienz bedachten Bauweise anachronistisch an und befriedigte nur die Wünsche der Bauherrschaft nach (Schein)-Solidität. (Die vor einigen Jahren aufkommende „Rückbesinnung auf klassische Werte und Formen der Architektur", die man als Postmoderne bezeichnet und die bis auf Nachwehen bei provinziellen Investorenbauten schon wieder vergangen ist, hatte ähnliche Wurzeln.)

Im Stadtzentrum bestimmten die Erfordernisse des Handels und des Verkehrs die Bauform: Die Erdgeschoßzonen waren Läden und Geschäften vorbehalten, die der günstigen Anbindung an das Straßennetz bedurften. Ihre unmittelbare Lage an der Grenze zwischen öffentlichem und privatem Bereich führte zu den Nachteilen für die in den Geschossen darüber eingerichteten Büros und Wohnungen, soweit es Lärm, Licht und Luft betraf. Die Tiefe der Blöcke war mit um enge Höfe organisierten Wohnungen besetzt, deren Standard mit zunehmender Entfernung von der Straße abnahm. Die Grundstückswerte waren infolge der großen Rendite hoch, was zu weiteren Verdichtungen führte.

Die wirtschaftliche Prosperität führte in Paris und Wien, den bedeutendsten kontinentalen Metropolen des 19. Jahrhunderts, zu radikalen Änderungen der Stadtstrukturen, die weitgehend das uns vertraute Bild dieser Städte bestimmen.

In Paris war es Baron Hausmann, der Präfekt von Paris unter Napoleon III., der ein über 100 km langes Netz von geradlinigen Avenuen, Boulevards und weiträumigen Plätzen über die historische Stadtstruktur legte; nicht zuletzt, um Barrikaden, wie sie in der Revolution von 1848 durch die winkligen und engen Straßen begünstigt worden waren, für die Zukunft unmöglich zu machen. An diesen Prachtstraßen entstanden die prächtigen Gebäude des fin de siècle, in denen sich die Bourgeoisie repräsentiert sah, während die „kleinen" Leute und das Proletariat in den Wohnvierteln abseits der Prachtstraßen in nach wie vor miserablen Verhältnissen hausten.

In Wien ließ Kaiser Franz Josef ab 1857 die Basteien und die Bebauung des Glacis schleifen, die nach der 1683 erfolgreich überstandenen Belagerung der Stadt durch die Türken nutzlos geworden waren, und schuf mit dem „Ring" und der „Ringbebauung" eine der imponierendsten Stadterweiterungen des 19. Jahrhunderts. Diese und weitere Maßnahmen wie die Hochquelleitung, die Regulierung des Donaukanals und andere kommunale Verbesserungen bedeuteten für die Hauptstadt des Vielvölkerstaates den Beginn einer neuen Ära, von der der Satiriker Karl Kraus spöttisch sagte, daß „Wien zur Großstadt demoliert" worden sei.

In Nordamerika entstanden die schachbrettartigen Stadtanlagen der Großstädte, wie Chicago und Manhattan-New York, die nach europäischem Vorbild das einförmige Straßenraster durch Avenuen und Parks gliederten, um die Stadtkerne zu einem einheitlichen architektonischen Leitbild verpflichteten Organismen zu formen. Gleichzeitig begann hier auch die Wucherung der dicht bebauten Stadt in das Umland mit extensiv bebauten eingeschossigen Wohngebieten, die der Grund der im 20. Jahrhundert entstehenden ungeheuren Verkehrsprobleme der Städte sind.

Der Verdichtung der Städte und ihrer trotz staatlicher Gesetzgebung planlos wuchernden Ausbreitung versuchte man anfangs des 20. Jahrhunderts mit Maßnahmen zu begegnen, die weitreichende Folgen für die Gegenwart haben sollten.

1898 veröffentlichte der englische Parlaments-Stenograph Sir Ebenzer Howard (1850 - 1928) sein Buch „To-morrow", das er 1902 zu „Garden-cities of To-morrow" erweiterte. Darin beschreibt er die Siedlungsform der Gartenstadt - neue, selbständige Orte im Grünen mit Eigenheimen und großen Gärten, abgesetzt von den Großstädten. Der Grundbesitz sollte allen gehören oder in Erbpacht vergeben werden, sämtliche öffentlichen und Infrastruktureinrichtungen, die für eine Stadt notwendig sind, sollten vorhanden sein. Nach diesem Muster entstanden in England Letchworth (ab 1903) und Welwyn-Garden-City (ab 1919), in Deutschland Hellerau bei Dresden, die Margarethenhöhe bei Essen und andere, auf demselben Konzept aufbauende Stadtteile in Berlin, Frankfurt, Leipzig, Nürnberg...

Das Ende des 1. Weltkriegs mit den ihm folgenden Hungerperioden und sozialen Spannungen, die sich besonders in den Städten auswirkten, verstärkte die Idee von einer „Gesundung durch Grün", die aus dem Grundsatz „Die Stadt formt den Menschen (negativ)" die Lehre zog, nur das Wohnen abseits der krankmachenden Städte in Verbindung mit sozialen Reformen könne ein neues, die Menschheitsentwicklung sicherndes Gemeinschafts- und Lebensgefühl erzeugen.

Parallel zu diesen Bestrebungen, die die Zukunft der Stadt im Umland sahen, versuchten engagierte Stadtplaner in den Stadtregierungen, dem Wohnungselend der Großstädte mit einem sozialen Wohnungbauprogramm in den Kernstädten zu begegnen, auch weil sie erkannten, daß die Ansiedlung größerer Wohnkomplexe an der Peripherie immense Verkehrsprobleme mit sich brachte.

In Wien entstanden die berühmten Hofbauten des „roten (sozialistischen) Wiens", die eine Folge des bereits unter dem christlich-sozialen Bürgermeister Karl Lueger, einem militanten Antisemiten, vor dem Ersten Weltkrieg begonnenen kommunalpolitischen Programms zur Verbesserung des Arbeiterelends waren. Der Wiener Architekturhistoriker Helmut Weihsmann sieht in den Hofformen der barocken Klosteranlagen und Feudalbauten und den Wohnanlagen des Biedermeiers die historischen Wurzeln für diese Bauform. Von den 337 Gemeindebauten dieser Ära ist der Karl-Marx-Hof an der Heiligenstädter Straße, erbaut 1927 bis 1930, der bedeutendste. Der 1.000 m lange, mit Türmen nach außen burgartig und wehrhaft erscheinende, nach innen durch gemeinschaftlich zu nutzende Grünflächen, Kindergärten, Ambulanzen, Bäder, Wäschereien, Bibliotheken, Vortragsäle und Läden bestimmte Wohnhof gilt bis heute den einen als Hort des Sozialismus, den anderen als Ort sozialer Utopie. (Der Karl-Marx-Hof war einer der Hauptbrennpunkte der bürgerkriegsähnlichen Arbeiterunruhen unter dem christlichsozialen Bundeskanzler Dollfuß von 1934.)

In Frankfurt a.M. entstand während der Zeit, als der Stadtplaner Ernst May Stadtbaurat war, von 1925 bis 1930 das „neue Frankfurt". Unter Mitwirkung von Architekten, die sich alle der Moderne verpflichtet sahen, wie Hans Bernoully, Max Cetto, Martin Elsaesser, Walter Gropius, Werner Hebebrand, Bernhard Hermkes, Ferdinand Kramer, Adolf Meyer, Mart Stam, Margarete Schütte-Lihotzky, Franz Schuster, Martin Weber (um nur die bekanntesten zu nennen), entstanden am Stadtrand neue Bauweisen konsequent nutzende, kostengünstige Siedlungen - Römerstadt, Siedlungen Praunheim, Westhausen, Höhenblick, Riederwald, Hellerhof... Sie wurden für sozial Schwache errichtet und waren bis ins Detail durchgeformt. Die heute selbstverständlich in jede Wohnung gehörende Einbauküche ist eine Entwicklung der Wiener Architektin Margarete Schütte-Lihotzky und wurde als „Frankfurter Küche" legendär.

In Stuttgart entstand als Dokument des „Neuen Bauens" die weltberühmte Weissenhof-Siedlung. Die Württembergische Sektion des Deutschen Werkbundes ergriff „von Plänen zu etwas neuem erfüllt" die Initiative und gewann 1925 die Stadtregierung Stuttgarts für ihr Projekt, dessen Grundzüge sie in einer Denkschrift darstellte:

„Die Rationalisierung auf allen Gebieten hat auch vor der Wohnungsfrage nicht halt gemacht. Wenn die wirtschaftlichen Verhältnisse unserer Zeit jede Verschwendung verbieten und die Erzielung größter Wirkung mit den kleinsten Mitteln erfordern, so heißt das für den Bau von Wohnungen wie für den Wohnbetrieb selbst die Verwendung solcher Materialien und technischer Einrichtungen, die auf eine Verbilligung von Wohnanlagen und des Wohnbetriebs sowie auf eine Vereinfachung der Hauswirtschaft und eine Verbesserung des Wohnens selbst abzielen...und damit der Allgemeinheit in vorbildlicher Weise vor Augen (zu) führen, daß die technischen, hygienischen und ästhetischen Forderungen unserer Zeit im weitesten Maße an einer Gruppe von Wohnbauten verwirklicht werden."

Zu den Initiatoren gehörten Architekten und Maler wie Willi Baumeister, Richard Döcker, Ludwig Mies van der Rohe, Lilli Reich und als Geschäftsführer Theodor Heuß. Am Bau war unter der Federführung Ludwig Mies van der Rohes mit Peter Behrens, Victor Bourgois, Le Corbusier mit Pierre Jeanneret, Richard Döcker, Josef Frank, Walter Gropius, Ludwig Hilbersheimer, J.J.P. Oud, Hans Poelzig, Adolf Rading, Hans Scharoun, Adolf G. Schneck, Mart Stam und Max Taut die Avantgarde der Architekturmoderne beteiligt.

Allen diesen, einer bis dahin nicht gekannten sozialen Verantwortung verpflichteten Stadterweiterungen und Projekten war eines gemeinsam: So sehr sie von den Bewohnern wegen des - bei aller räumlichen Knappheit - beispiellosen und von ihnen bis dahin nicht gekannten Wohnkomforts, der gemeinschaftlichen Folgeeinrichtungen, des Einbettens in ein grünes Wohnumfeld etc. geschätzt wurden, so sehr waren sie den Vertretern konservativen Denkens und den ab 1933 in Deutschland regierenden Nationalsozialisten wegen ihrer links-sozialistischen Wurzeln suspekt. Die Weissenhof-Siedlung wurde von den Nationalsozialisten als „entartete Kunst" bezeichnet. Man veröffentlichte Postkarten, in denen hineinretuschierte, auf Kamelen reitende Beduinen den Orient-Bezug zu den als „unvölkisch" empfundenen Flachdächern darstellen sollten. Nach 1933 betrieb man den Abriß des „Schandflecks von Stuttgart", der aber glücklicherweise nicht durchgeführt wurde.

Aus heutiger Sicht ist die Unfähigkeit, mit solchen Siedlungsstrukturen Stadträume von der Qualität der damals wegen ihrer Dichte verrufenen Innenstädte zu bilden und die aus der Trennung von Wohn- und Arbeitswelt entstandenen Verkehrsprobleme ihr größter Nachteil. Gleiches gilt auch für alle in den zwanziger und dreissiger Jahren entwickelten Stadtbautheorien, die alle das Ziel hatten, die als unerträglich empfundene Dichte der historisch gewachsenen Städte aufzugeben und sie durch Städte mit viel Luft, Grün und ausreichenden Gebäudeabständen zu ersetzen.

Eines der Dokumente dieser Theorie ist das städtebauliche Manifest der Charta von Athen, die nach dem „CIAM", dem Internationalen Kongress moderner Architektur, 1933 in Athen veröffentlicht wurde. Die Autoren forderten:

- Gliederung der Städte, vor allem der Wohngebiete, durch Grünzüge.
- Sinnvolle Ordnung und Trennung der Bereiche für Wohnen, Arbeiten, Erholung und Verkehr.
- Herabsetzung der Wohndichten und Gewinnung von größeren Freiflächen durch den Bau von Wohnhochhäusern.
- Schaffung geschlossener, überschaubarer Wohnbereiche mit städtischem Mittelpunkt.
- Wirksame Lösung der Probleme des Fahrverkehrs und des ruhenden Verkehrs.
- Konsequente Trennung der Fußgänger vom fließenden Verkehr.

Der Schweizer Architekt Le Corbusier (1887 - 1965), eigentlich Charles-Edouard Jeanneret, war einer der maßgebenden Autoren und schuf auf der Grundlage der Forderungen der Charta von Athen die Unité d'Habitation in Marseille, später in Nantes und zuletzt noch für die Internationale Bauaustellung in Berlin 1957 die Unité im Hansaviertel als „vertikale" Städte, die neben meistens 2-geschossigen Maisonette-Wohnungen alle für den täglichen Bedarf notwendigen Einrichtungen besaßen und als autarke städtebauliche Einheiten inmitten großzügiger Grünanlagen standen. Als Vorbereitung auf diese Projekte waren seine Entwicklungen des „Domino"-Hauses (1914), eines von den Funktionen des Grundrisses unabhängigen Konstruktionssystems - des Skeletts, den „Citrohan"-Häusern und den „Immeubles Villas" (1920 - 1922), in denen dieses Prinzip weiter entwickelt wurde, vorausgegangen. Er publizierte in der Tradition Leonardo da Vincis sein universales Maßsystem, den „Modulor", dessen Grundmaß von 2.26 m für einen erwachsenen Menschen mit erhobenem Arm er seinen Gebäudeabmessungen zugrunde legte. Als Stadtplaner beschäftigte er sich mit einem Projekt für eine Stadt für 3 Millionen Bewohner, dem Neubau von Paris im „Plan Voisin", bei dem der Total-Abriß des historischen Paris zugrunde gelegt wurde, und nach dem 2. Weltkrieg mit der auch nach seinen Plänen gebauten Hauptstadt des indischen Bundesstaates Punjab, nämlich Chandigarh.

So visionär, revolutionär und architektonisch und künstlerisch anspruchsvoll (LC war sowohl Architekt und Stadtplaner als auch Maler und Bildhauer) seine Projekte und Bauten und die seiner Mitstreiter auch waren, von denen der wohl bekannteste der Brasilianer Oscar Niemeyer, der Planer der neuen Hauptstadt Brasiliens - Brasilia - ist, so führten sie letztlich doch in eine, jedoch nicht nur ihnen anzulastende Sackgasse und zu Fehlentwicklungen im modernen Städtebau, von denen man sich nur mühsam befreite.

In der Zeit des national-sozialistischen Regimes brach in Deutschland die maßgeblich von deutschen Architekten und Stadtplanern mitgestaltete Erneuerung der
Stadt und die Entwicklung neuer Theorien der Stadtplanung abrupt ab. Da fast
alle dem links-sozialistischen Spektrum zugerechnet wurden, gingen sie in die
äußere bzw. innere Emigration. An ihre Stelle traten Planer, die die Vorstellungen
der Machthaber von einer „deutschen Stadt" besser zu verwirklichen wußten, wie
Albert Speer sen., der Berlin zur Haupstadt des Deutschen Weltreiches gigantisch
ausbauen wollte, Planungen, wie die für die Retortenstadt Wolfsburg, die Stadt
des Volks-Wagens, wo die Motorisierung der Nation mit „Kraft durch Freude"
betrieben wurde, oder gar Hitler selbst, der nicht nur der „größte Feldherr aller
Zeiten", sondern auch nach eigener Einschätzung und der seiner Vasallen ein
„begnadeter Architekt" war.

Erst nach der totalen Niederlage, in deren Folge viele Städte durch alliierte Bom-
bardements dem Erdboden gleichgemacht worden waren, konnten die 1933 ver-
triebenen oder arbeitslos gewordenen Architekten zusammen mit anderen wieder
in Deutschland tätig werden und den Neu-Aufbau der Städte planen. Dies taten
sie - und zwar getreu den Regeln der Charta von Athen. Nicht zuletzt aus ideolo-
gischen Gründen (Tradition war, weil der Begriff durch die Nazis mißbraucht
war, suspekt), und mit ungebrochenem sozialem Engagement ging man daran, die
Ruinen zu beseitigen, die Unübersichtlichkeit der gewachsenen Stadtstrukturen
durch eine neue Ordnung und Trennung der Bereiche Arbeit, Wohnen, Freizeit,
Verkehr zu ersetzen, die Quartiere durch Grün zu gliedern, die Dichte der Innenstädte zu reduzieren, Zentren und Subzentren zu schaffen und Fußgänger- und
Fahrverkehr zu trennen.

Die Forderungen des CIAM von 1933 wurden ergänzt durch die in der
„Baunutzungsverordnung" geregelte Planung von Wohn-, Industrie-, Gewerbe,
Erholungs- und Kerngebieten. Die Städte wurden gegliedert in Nachbarschaften
von 4.000 bis 6.000 Einwohnern, Stadtzellen aus vier Nachbarschaften und
Stadtbezirken aus ca. drei Stadtteilen. Es entstanden Prototypen der
„gegliederten, aufgelockerten" Stadt - die „Neue Stadt Wulfen" nach Plänen von
Ernst May -, der „autogerechten" Stadt - Hannover unter Stadtbaurat Rudolf
Hillebrecht - und der „organischen" Stadt -"Limesstadt" bei Schwalbach/Taunus
von Hans Bernhard Reichow.

In seinem Buch „Ein Mensch wandert durch die Stadt" von 1957 zur Planung der
Frankfurter „Nord-West-Stadt" formulierte Walter Schwagenscheidt, der mit
Tassilo Sittmann diese Trabantenstadt im Nord-Westen Frankfurts plante, mit
dem Pathos der fünfziger Jahre und unterstützt von geradezu rührenden Zeichnungen eines durch die heile Stadt-Welt wandernden Menschen sein Credo der
modernen Stadtplanung:

„Die Städte aller Zeiten sind aus den Erfordernissen ihrer Zeit geformt. Wir können unsere Städte nur aus den Erfordernissen und Notwendigkeiten unserer Zeit formen. Am auffälligsten ist in unseren Städten der motorisierte Verkehr, den es früher nicht gab. Die eine Erfindung: eine brennbare Flüssigkeit - mit Luft gemischt - mittels eines elektrischen Funkens zur Explosion zu bringen, dadurch den Kolben eines Motors in Bewegung zu versetzen, diese Bewegung auf Räder zu übertragen, und so immerzu - diese eine Erfindung gestaltet unsere Städte um und um.Die Autos rasen hin und her. Sie verschlechtern mit ihren Auspüffen die Luft. Sie wirbeln den Staub auf. Mit ihrer Schnelligkeit gefährden sie den Menschen....Bis ans Ende der Welt werden die Häuser mit allem Drum und Dran in erster Linie aus der Funktion, aus dem Funktionieren ihre Form erhalten müssen; Funktion allerdings im weitesten Sinne verstanden. Der Mensch lebt nicht vom Brot allein, auch anderer Nahrung bedarf er von Kindesbeinen an....Ein Haus ist nicht wie das andere, eine Stadt nicht wie die andere. Ein Haus muß nicht sooo sein. Nichts muß sooo sein. Da sprechen alle Faktoren mit. Es kommt darauf an, die Faktoren sprechen zu lassen und nicht selber gleich so viel zu babbeln, als wisse man das besser als die Faktoren. Vielleicht merken die Menschen gar nicht, daß man sie sachte, sachte zu Gemeinschaften führt!? Die Kinder finden immer zu einander, die Kinder wollen die Gemeinsamkeit. Den Erwachsenen möchte man geben: Die Gemeinsamkeit mit jederzeit möglicher Absonderung in das eigene Gehäuse. Aber wir können keine Gemeinsamkeiten schaffen, ohne daß die Gesetzemacher sich vorher an die Köppe kriegen und gute Baugesetze machen für die Allgemeinheit."

Hier waren alle Dogmen, Wünsche, Projektionen und Forderungen der modernen Stadtplanung und Architektur - von der Verdammung des Verkehrs, der Verbindlichkeit des Satzes „form follows function", dem Glauben an den Gemeinschaftssinn des Menschen, der besseren Zukunft für die nachfolgenden Generationen bis hin zur Erzwingung guten Städtebaus und guter Architektur durch gute Baugesetze - enthalten. Und doch war dies auch die Grundlage für das andere Gesicht der modernen Stadt, das Alexander Mitscherlich in seinem Buch über die Unwirtlichkeit der Städte zu seinem vernichtenden Urteil führte, daß die moderne Stadt unmenschlich sei.

(Es soll hier nicht der Frage nachgegangen werden, ob die historische Stadt in all ihren Facetten menschlicher war - was sie sicher nicht war, denn allzu vieles verklärt sich in der Rückschau und unter dem Eindruck der aktuellen Misere. Man vergißt die unbeschreiblichen Wohnverhältnisse, die mangelnde Hygiene, den Dreck, die unüberwindlichen Klassenschranken und die Willkür der Herrschenden, was alles den historischen Städten eigen war, und man sieht nur das herausgeputzte museale Rothenburg, die oberitalienischen und mediterranen

Kernstädte ohne ihren Gürtel aus trostlosen Gewerbe-, Industrie- und Wohnan-
siedlungen.)

Nachdem in den sechziger und siebziger Jahren angesichts der sozialen Auswirkungen des modernen Städtebaus und angesichts der abschreckenden Beispiele
vom „Märkischen Viertel" in Berlin, über „Steilshoop" in Hamburg bis zu „Neu-
Perlach" in München Zweifel an den Thesen des Städtebaus der Nachkriegszeit
aufkamen und die Kritik an Siedlungen und Wohnblocks immer lauter wurde, deren Maß nicht der Mensch war, wie von Schwagenscheidt noch so beredt gefordert hatte, sondern die Effizienz und Kapazität der Bauindustrie und der Investoren, deren Forderungen sich die Stadtplaner und Kommunen allzu eilfertig beug-
ten, setzte eine Rückbesinnung auf alte Stadtqualitäten ein:

- Wo früher unter dem Motto „eine Schneise für den Fortschritt" flächensaniert
  wurde, analysierte man nun den Ort, seine Geschichte und die ihn prägenden
  Elemente.

- Man sprach nicht mehr von der **Enge** der Städte, die man aus Belüftungs- und
  Belichtungsgründen zu Abstandsflächen aufgeweitet hatte, die unfähig waren
  Räume zu erzeugen, sondern von städtischer **Dichte**. Dieser Begriff war fort-
  an positiv besetzt und stand für städtisches Leben, Miteinander, Kommunikation.

- Historische Gebäude, deren Kulturwert Denkmalpfleger bisher vergeblich beschworen hatten, fielen nicht mehr der Spitzhacke zum Opfer, sondern wurden saniert und bildeten die bisweilen pittoresken Zentren neuer Strukturen.
  Man baute im historischen Kontext.

Wie alle fundamentalen Änderungen führte auch die Abkehr von der Flächensa-
nierung zu anderen Extremen: So ging man daran, möglichst ganze Stadtkerne
oder doch zumindest stadtbildprägende Gebäude, die längst verschwunden waren, „historisch genau" zu rekonstruieren, wobei man sich auf häufig fragwürdige
Quellen stützte. Diese Flucht in eine scheinbar baulich bessere Welt unternahm
man, da man der zeitgenössischen Architektur zutiefst mißtraute.
Die Tendenz ist auch heute noch ungebrochen, wie die aktuelle Diskussion um
den Wiederaufbau des Berliner Stadtschlosses und der Schinkelschen Bauakademie zeigen. Niemand weiß jedoch so recht zu sagen, welche Zeit man rekonstruieren soll und welche Nutzung man den Neu-Altbauten geben soll. Man vergißt, daß die Stadt ein lebendiger Organismus ist, daß sie und ihre Elemente
ständigen Veränderungen unterworfen sind und ausschließlich restauratives Vor-
gehen nicht Entwicklung, sondern Stillstand und Tod der Stadt bedeuten würde.

1979 wurde die Bauausstellung Berlin GmbH gegründet, die den Auftrag hatte, die Internationale Bauausstellung 1987, die IBA, zum Thema „Die Innenstadt als Wohnort" vorzubereiten. Aus den erkannten Fehlern des Nachkriegsstädtebaus - Zersiedlung der Landschaft, mangelnde Dichte trotz Wohnhochhäusern, unbewältigte Verkehrsprobleme, starre, nicht auf die Veränderungen der Gesellschaft reagierende Wohnformen, Verödung und Kriminalitätsrate der Innenstädte - versuchte man, unter den Begriffen „Behutsame Erneuerung" und „Kritische Rekonstruktion" sich die Qualitäten der alten Stadtstrukturen nutzbar zu machen und deren vorhandene Defizite zu beseitigen. In einer Reihe von exemplarischen Planungen, an denen sich die nationale und internationale Prominenz der Stadtplaner und Architekten beteiligte, wurden in Berlin in zwei Arbeitsbereichen

- **Stadtneubau** mit den Demonstrationsgebieten Tegel, Prager Platz, Südliches Tiergartenviertel und Südliche Friedrichstadt
- **Stadterneuerung** mit Luisenstadt und SO 36 im östlichen Kreuzberg

weltweit beachtete und richtungsweisende Projekte errichtet.

Nach den Worten des IBA-Direktors Josef Paul Kleihus, der für die Gebiete des Stadtneubaus die Federführung hatte, „suchte die 'kritische Rekonstruktion der Stadt' einen Weg des Dialogs zwischen Tradition und Moderne. Sie suchte ihn nicht als Kontradiktion der Moderne im Sinne eines Bruchs, sondern als sichtbar bleibende Entwicklung über die Stationen von Ort und Zeit." Er meinte, daß „die Moderne, die angetreten sei, die Festen autoritativer Konventionen in einer 'eigentümlichen Dialektik der Aufklärung'zu schleifen, ihrerseits noch einem Zauber unterlegen sein könne. Die kausalmechanische Folge der negativen Stellung, die die Moderne gegen die Tradition bezogen habe, sei, daß sie ihre Kategorien zum überwiegenden Teil in objektivierbaren Erfahrungsgegebenheiten gesucht habe." Daraus folgerte er, daß „die latente, unreflektierte Abhängigkeit von der Tradition, in der die Moderne gerade da verblieben sei, wo sie ihre vehementesten Kämpfe gegen die Überlieferung ausgefochten habe, der Zauber sei, der über der 'klassischen Moderne' liege und auch der Angriffspunkt sei, an dem sich die Idee der Aufklärung als 'Entzauberung der Welt' fortschreiben ließe."

Diese abgehobene, dem interessierten Laien unverständliche Sprache, die so ganz anders war als die bildhafte Sprache eines Walter Schwagenscheidt, die Vorwürfe, die eingeladenen Architekten hätten nur Interesse daran, mit möglichst spektakulären Bauten aufzutrumpfen, die nicht genug auf die Vorstellungen der zukünftigen Bewohner eingingen, und manche zu purem Formalismus neigende Neubauten schmälerten den Ruf der trotz allem sehr erfolgreichen und neue, vielversprechende Wege beschreitenden Arbeit der IBA.

Eine andere Arbeitsweise verfolgte die von Hardt-Walther Hämer geleitete Gruppe zur behutsamen Stadterneuerung. Hier wurden in Instandsetzungs- und Modernisierungsprojekten Strategien der interdisziplinären Zusammenarbeit mit Gemeinwesen- und Sozialarbeitern, Kultur- und Selbsthilfegruppen, Historikern und anderen Wissenschaftsdisziplinen erprobt, wie sie nach den gesellschaftlichen Umbrüchen der Jahre nach '68 aufkamen. Die Ergebnisse waren ebenfalls sehr erfolgreich und hatten Vorbildcharakter für weitere Projekte in Berlin und anderen Städten mit ähnlichen Problemen.

Die aktuellen Probleme der Stadt werden weiterhin von der Unfähigkeit der Gesellschaft dikiert, stadtzerstörende und bedrohliche Faktoren wie z. B. den noch immer zunehmenden Individualverkehr, Emissionen, Integrierung der durch Hunger- und politische Katastrophen ausgelösten Wanderungsbewegungen von Menschen fremder Kulturkreise zu bewältigen. Hinzu kommt die nach dem Zusammenbruch des Ostblocks und den daraus sich ergebenden Aufbauverpflichtungen immer deutlicher werdende Finanzkrise des Staates - und damit auch der Städte, die die auf kurzfristige Effizienz bedachten, auf Wahlperioden fixierten und in die Interessen der unterschiedlichsten Parteien und Lobbyisten verstrickten Politiker für weitsichtige Planungen und Strategien nicht genügend Mittel bereitstellen läßt.

Die ostdeutschen und osteuropäischen Städte haben sämtliche Probleme, die man in den Städten Westeuropas vorfindet, jedoch wesentlich größer: Es werden die Folgen eines fünfzig oder, wie in den Nachfolgestaaten der Sowjetunion fast achtzig Jahre währenden „real existierenden Sozialismus" und eines gnadenlosen wirtschaftlichen Konkurrenzkampfes zweier Weltanschauungen deutlich. Der Staat, der sich als legitimer Nachfolger der Theorien der Sozial-Utopisten des 19. Jahrhunderts sah und dem „Werktätigen" vorgaukelte, er stehe im Mittelpunkt staatlichen Handelns, war jedoch nur ein Wechselbalg der großen gesellschaftlichen Reformideen von Karl Marx und Gleichgesinnten. Er baute genau so menschenverachtend für die Nicht-Privilegierten, dabei der Funktionärsklasse die Möglichkeit zum Bau von bürgerlichen Eigenheimen gewährend, wie der Klassenfeind im Westen, und er ließ die alte Bausubstanz der Städte noch mehr verrotten.

Die Städte, besser eigentlich Stadtregionen, denn seit Jahren betrachtet man nicht mehr die Stadt als „Individuum" - man spricht von der „Ruhrstadt" oder der „Rhein-Main-" bzw. der „Rhein-Neckar-Stadt" -, haben zwar noch immer Mittelpunktfunktion und sind, was Kultur, Bildung, Versorgung, Freizeitangebot etc. betrifft, für das Umland der große Magnet; nur können sich die Städte zunehmend diese Funktion nicht mehr leisten, zumal das Umland zwar die Einrichtungen nutzt, zu ihrer Errichtung und Unterhaltung aber nichts beiträgt.

So mutet der sogenannte „Berliner Architekturstreit", bei dem es vordergründig um die richtige Theorie beim Ausbau der Stadt zur Hauptstadt und dadurch aufgeworfene ästhetische Probleme geht, angesichts der tatsächlichen Schwierigkeiten des Organismus „Stadt" geradezu lächerlich an. Dabei wird beim Aufbau und der Sanierung Berlins und der anderen ostdeutschen Städte über den Streit über die „Berliner Traufhöhe" und die Frage, ob Stein oder Glas preußischer und Schinkelscher Architekturhaltung mehr entsprechen, die Chance verpaßt, in einer Epoche, die durchaus mit der Aufbauphase nach dem 2. Weltkrieg verglichen werden kann, neue Stadtplanungsstrategien zu entwickeln und die Fehler der fünfziger und sechziger Jahre zu vermeiden. Knappe Finanzen und die dadurch übergroße Abhängigkeit von profitorientierten Investoren, die von ihren Anlegern zu kurzfristigen Renditen verpflichtet sind, scheinen dies nicht zuzulassen.

So wird gebaut, ohne zu planen, und kritiklos den europäischen Städten fremde Strukturen übergestülpt: Die Bebauung des Potsdamer Platzes in Berlin negiert die Straße, traditionelle Schlagader und öffentlicher Raum der europäischen Stadt, und degradiert sie zur reinen Transportschiene, während Flanieren, Einkaufen, Erholen und Kommunikation in überwachten, kontrollierten und klimatisierten „malls" nach dem Vorbild amerikanischer und asiatischer Städte stattfinden soll. Die von allen beklagte Verödung des städtischen Raums wird so nicht beseitigt. Man wird weiter im Urlaub in die mediterranen Städte fahren und sich fragen, warum dort trotz evidenter Mängel das Leben pulsiert und man den Komfort und die Klimatisierung nicht vermißt.

Im Vergleich zu den Problemen der Metropolen Asiens, Südamerikas und Afrikas erscheinen die Probleme der europäischen Städte marginal. Die UN-Konferenz Habitat II, die im Juni 1996 als letzte große Konferenz der UNO dieses Jahrtausends zu Ende ging, hat gezeigt, daß bei den in den armen Ländern rasant sich entwickelnden Megastädten die traditionellen Planungsinstrumentarien versagen. Bei Städten wie Sao Paulo, dessen Bevölkerung jährlich um 700.000 Menschen, der Einwohnerzahl von Dortmund, anwächst, ist konventionelle Stadtplanung nicht mehr möglich. Die Probleme dieser Städte machen auch vor Ländergrenzen und Erdteilen nicht halt. Die weltweite Vernetzung und die Flüchtlingsströme importieren die Armut der dritten in die erste Welt, wie die Bronx von New York und die afrikanischen Vororte der banlieue von Paris zeigen. Nur wenn die UN-Botschaft von Habitat II „global denken, lokal handeln" mehr wird als eine griffige Formulierung, kann es eine Zukunft für die faszinierendste menschliche Siedlungsform geben.

Der französische Soziologe Alain Touraine schreibt in einem Beitrag zu Habitat II: „Die Staaten und Regionen werden mehr und mehr in die weltweiten Handels- und Produktionsnetze eingebunden, und insofern wird die Kluft zwischen der Organisation der Wirtschaft und der Gestaltung der Städte immer größer. Folglich stützt sich der demokratische Geist, wo er seine Rolle im Widerspruch zu den herrschenden Eliten findet, immer weniger auf Wirtschaftskräfte. Wie in vielen anderen Bereichen haben sich die modernistischen Fortschrittsideologien auch hier erschöpft.Das Vertrauen in die Parallele von Wirtschaftswachstum und gesellschaftlichem Wohlergehen ist erschöpft. Die Stadt ist nicht länger das Symbol der triumphiernden Moderne, sondern der Zerrissenheit einer Gesellschaft, in der die Wirtschaft immer weniger gesellschaftlich ist. Die Stadt ist nicht länger die Ausprägung der Moderne. Sie zu erhalten ist jedoch das Ziel jener, die sich gegen den wachsenden Abstand zwischen einer globalisierten Wirtschaft und einer in Auflösung begriffenen städtischen Gesellschaft wenden."

II. Integrationsmodelle

ALLTAG IN DER STADT - AUS DER SICHT VON FRAUEN
Ein Projekt von Initiativen und Institutionen

Karin Andert

1. Vorbemerkung

Diesen Text schreiben, heißt sich zu erinnern und in einen Zeitraum von vor fünf Jahren zurückzukehren. Im April 1991 wurde in Darmstadt eine Ausstellung gezeigt, die in vielerlei Hinsicht ungewöhnlich war. Nicht nur der Ort, ein fünf Meter hoher ovaler Holzpavillon, zog die Blicke auf sich, auch die darin aufgeklebten Plakate lösten kontroverse Diskussionen aus. Die Präsentation an einem öffentlichen Platz war in gewisser Weise ein Kompromiß und ursprünglich nicht so vorgesehen. Aus einer gewissen Not heraus entstanden, mußten wir von Innen nach Außen gehen, denn es fand sich trotz intensiver Suche kein Raum, der unseren Vorstellungen entsprochen hätte. Ursprünglich wollten wir, ausgehend von den sinnlich erfahrbaren Elementen einer Stadt, wie hören, sehen, riechen und fühlen, mehrdimensionale Objekte erstellen, die, aus dem Alltag herausgenommen, eine andere Dimension des Erlebens ermöglicht hätten. In Kisten versenkbar, so die Idee, wäre es möglich gewesen, die Ausstellung weiterzuverwenden und auf Anfrage hin zu versenden. Diese Vorgabe hatten wir uns selbst gesetzt, denn für eine einmalige Aktion schien uns der Aufwand nicht gerechtfertigt. Darüberhinaus wollten wir, so unsere Ausgangsposition, in möglichst vielen Städten die Diskussion anregen, um übergreifende städtebauliche Veränderungen zu bewirken.

Die vergebliche Raumsuche bestätigte zwar unsere bisherigen Erfahrungen, die jedes Vorhaben zu einem Desaster werden ließ, wenn die Raumfrage nicht rechtzeitig geklärt war. Dennoch hatten wir gehofft, mit unserem Projekt in eines der Gebäude zu kommen, die uns sonst verschlossen waren, beispielsweise das Landesmuseum oder die Mathildenhöhe, beide äußerst attraktive Ausstellungsorte. Nach einigen Versuchen, die wenig ermutigend waren, mußten wir die Hoffnung aufgeben, einen zentral gelegenen und zugleich atmosphärisch angenehmen Raum zu finden. Die daraus erfolgte Konsequenz, auf den schlechten Kompromiß zu verzichten, was bedeutet hätte, irgendeinen Raum zu akzeptieren, befreite uns in gewisser Weise aus einer starren Haltung. Indem wir den Ort von Innen nach Außen verlegten, vorerst nur in unseren Köpfen, hatten wir uns selbst befreit und waren wieder in der Lage, unserer Phantasie freien Lauf zu lassen. Damit waren die versenkbaren Kisten sozusagen gestorben mit allen weiteren Objekten, die nur einen geschützten Raum vertragen hätten. Anfangs dachten wir an mehrere

Litfaßsäulen, die mit Plakaten beklebt, Elemente der Werbung aufgegriffen und das städtische Ambiente zitiert hätten.

Im nachhinein waren wir im Grunde froh über die Notwendigkeit, uns von den üblichen Ausstellungsformen zu lösen, denn mit einem jederzeit offen zugänglichen Ausstellungsort konnten wir ein größeres Publikum erreichen als in einem möglicherweise schwer zugänglichen Raum. Allmählich und nach einer relativ schnellen Standortbestimmung entwickelte sich dann das Objekt, wie oben beschrieben. Die Litfaßsäulen verschwanden zugunsten einer der Umgebung angemessenen architektonischen Lösung, die zugleich der Projektidee entsprach, nicht nur zu kritisieren, sondern auch neue Zeichen zu setzen. Der Versand von Plakatsätzen, denn bei diesem Medium blieben wir, erwies sich als gute Lösung, denn in mehrfacher Ausfertigung gedruckt konnten sie beliebig verwendet und problemlos versendet werden. Methodisch gelungen, so könnte man sagen, und äußerst praktikabel, denn die Plakate konnten entweder einzeln oder als Gesamtpaket angefordert, in Bilderrahmen aufgehängt oder ganz einfach mit Reißzwecken an eine Pinnwand befestigt werden.

Unabhängig von dem fertigen Produkt war dieser Prozeß des Entstehens und Werdens eine äußerst kreative und kommunikative Zeit. Die von allen Beteiligten verlangte Flexibilität führte zu einem Zusammenwachsen der unterschiedlichsten Frauen, denn die Motive zur Mitarbeit waren zum Teil diametral und nicht durchgängig von feministischen Ideen getragen, sondern viel eher von einem Interesse, die fachliche Kompetenz zu erproben oder auch zu beweisen. Sagt man den Frauen doch nach, sie seien nicht imstande, in der Öffentlichkeit sich zu bewähren. Als nicht zu unterschätzende Ausgangslage spielte somit der Wunsch eine große Rolle, etwas zu kreieren und zu produzieren. Etwas von sich zu geben, und nicht nur in Diskussionen, war sicherlich der kleinste gemeinsame Nenner, sind wir doch überwiegend damit beschäftigt, aufzunehmen, zu konsumieren und bestenfalls noch zu kritisieren. Selten bietet sich jedoch die Gelegenheit, das fertige Produkt als ein Teil des eigenen Schaffens zu erkennen und in der Öffentlichkeit darzustellen. Es war eine Zeit der Auseinandersetzung mit den Gegebenheiten, gewissermaßen eine Vorlaufstudie zu dem von uns gewählten Thema. Ein starres Festhalten an unserer ersten Idee hätte die Arbeit behindert und dem Projekt geschadet. Wenn auch nur für eine kurze Strecke, so bildete sich ein Kreis von Leuten, die vermittels des gemeinsamen Tuns in eine Form der Kommunikation traten, die selten spontan, sondern aus einem gegebenen Anlaß heraus entsteht.

2. Entstehung und Vorbereitung

Die Initiative zu dem Gesamtprojekt ging aus von der damals noch existierenden, seit Oktober 1991 als Folge der Mittelkürzung durch die Stadt Darmstadt geschlossenen Kontakt- und Beratungsstelle für Selbsthilfegruppen. Als Projektleiterin dieser Stelle übernahm ich eine Anregung des Hausfrauenbundes und des Mutter-Kind-Cafés, die einen erfolglosen Briefwechsel mit dem Stadtplanungsamt führten. Sie erhofften sich über eine gemeinsame Aktion mehr Beachtung und als Folge davon die von ihnen gewünschte städtebauliche Korrektur. Ihr Büro lag in unmittelbarer Nähe einer Unterführung, die vermittels einer zu steilen Treppe mit Fahrrad oder Kinderwagen nur sehr schlecht zu passieren war. Vermutlich aus Platz- und damit auch Kostengründen hatte man nicht auf die Nutzerfreundlichkeit geachtet, weshalb viele der Passanten die stark befahrene Straße in größter Hast überquerten. Die Gefahrenquelle stets vor Augen, dachten die Frauen zuerst an eine gutgemeinte Beschwerde, die städtischen Behörden reagierten jedoch eher unwillig und abwehrend darauf. Wir nahmen diesen Vorgang zum Anlaß, um weitere städtebauliche Maßnahmen auf ihre Tauglichkeit hin zu prüfen. In einen Kontext mit den vorausgegangenen Veranstaltungsreihen zu den Themen „Vereinbarkeit von Beruf und Familie" und „Angst vor Gewalt" gestellt, ergaben sich bei näherem Hinsehen mehrere Querverweise, die uns als Grundlage für die weitere Arbeit dienten. So zum Beispiel die Beobachtung und Erfahrung, daß Frauen aufgrund der weit auseinanderliegenden Orte von Wohnung, Schule oder dem nachmittäglichen Zusatzprogramm zum Transportunternehmen ihrer Kinder werden. Oder daß Frauen sich am Abend nicht mehr aus dem Haus wagen, weil sie Angst vor Belästigungen oder gar Überfällen haben.

Die Idee, dies alles zusammenzufassen und damit an die Öffentlichkeit zu gehen, um Einfluß auf zukünftige Planungen zu nehmen, schien reizvoll und tragbar. Eine erste Umfrage bei verschiedenen Frauengruppen und Institutionen erbrachte eine positive Reaktion mit der ausdrücklich geäußerten Bereitschaft, ein solches Projekt zu unterstützen, sei es ideeller oder auch materieller Art. Die ersten Zusammenkünfte fanden noch in großer Runde statt, die Begeisterung war ebenfalls groß. Fast magisch führten jedoch die vorgetragenen Themen zu dem Ausgangspunkt der Treppe oder der Angst vor Gewalt zurück. Offenbar war der Alltag von Frauen bestimmt durch Wege, Übergänge und Unterführungen, Parkhäuser und Tiefgaragen, Haltestellen und Radwege, Spielplätze und der Suche nach einem ruhigen Platz, wo sich das Kind wickeln oder stillen ließ. Dieser pragmatische Aspekt entsprach zwar der täglichen Konfrontation mit den Gegebenheiten einer Stadtplanung, die sich am Autoverkehr orientiert. Für die Beachtung des Gesamteindrucks städtischen Erlebens, der trotz aller Hindernisse sehr vielfältig ist oder sein kann, schien die Darstellung dieser Probleme nur einen kleinen Ausschnitt wiederzugeben. Auch wenn wir vieles vernachlässigen mußten, gab es doch noch ein Mehr als das. Mein Interesse richtete sich gleich zu Beginn auf die Zeichenhaftigkeit und Symbolträchtigkeit des öffentlichen Lebens, die wir mehr oder weniger unbewußt wahrnehmen und die dennoch auf uns einwirken, ob wir wollen oder nicht. Auf meine Anregung hin ergänzten wir den Themenkatalog durch übergreifende und bislang wenig beachtete Aspekte, wie „Zeichen und Symbole" und „Natur in der Stadt".

Zur Umsetzung dieses Ideenpaketes in einer Ausführung, die unseren Vorstellungen entsprochen hätte, fehlte jedoch das Geld. Um dem Vorwurf zu entgehen, daß Frauen nur etwas Handgestricktes zuwege bringen, hatten wir uns vorgenommen, eine möglichst professionelle Arbeit zu liefern. Die Ausarbeitung eines Konzepts bewegte uns zwar heftig und wirkte auch stimulierend auf uns, zugleich fühlten wir uns angesichts des dazugehörigen Kostenplans entmutigt. Als nächste Station hieß es nun, die Finanzierung zu sichern und nach den entsprechenden Geldquellen zu suchen. Als Kontaktstellenleiterin war dies eine Bewährungsprobe meiner Fähigkeiten, denn es gehörte mit zu meinen Aufgaben, Projekte in Finanzierungsfragen zu beraten und auf potentielle Geldgeber hinzuweisen. Weder von der Stadt noch vom Land war jedoch zu erwarten, daß sie die benötigte Summe zur Verfügung stellten. Da es sich um projektgebundene Mittel handeln würde, kamen Stiftungen in Frage, die je nach Zweck und Ziel solche Vorhaben finanzieren. Bislang kannte ich all dies nur aus der Lektüre des Stiftungshandbuches und setzte es nun selbst in die Praxis um. Es war die Probe aufs Exempel und stellte eine Herausforderung dar. Einige Anträge kamen sehr schnell zurück, von anderen bekamen wir keine Antwort und allmählich stellte sich die Frage, ob eine relativ spontane und kurzfristig geplante Förderung überhaupt möglich sei.

Wir hatten großes Glück, denn die IKEA-Stiftung nahm unseren Antrag in ihre Warteliste auf und bewilligte uns zur Konkretion des Konzeptes einen kleinen Zuschuß. Diese Testphase bot uns die Gelegenheit, anhand eines ersten Fotodurchlaufs die Tragfähigkeit unseres Konzeptes zu überprüfen und zu erproben, wie ernst es uns mit dem Ganzen wirklich war. Die Mappe wurde fristgerecht eingereicht und zum nächsten Auswahltermin erhielt ich eine Einladung, um das Projekt nochmals mündlich vorzustellen und wenn nötig, zu verteidigen. Es gelang, das Gremium zu überzeugen und eine Zwei-Drittel-Finanzierung zu erreichen (DM 80.000). Am Restbetrag beteiligten sich das Hessische Frauenbüro, die Stadt Darmstadt mit einer eher ideellen Unterstützung und die Stiftung Mitarbeit selbst.

Mit der allmählichen Konkretion der Ideen nahmen die Auseinandersetzungen innerhalb der Gruppe zu, der Kreis wurde kleiner und übrig blieb mit teilweise wechselnder Besetzung ein Stamm von zehn Frauen. Ein gewissermaßen natürlicher Prozeß, schließlich wurden jetzt die Gelder verteilt und mußten Entscheidungen getroffen werden, als es darum ging, welche Einzelobjekte in das Projekt aufgenommen und finanziert werden sollten und welche nicht. Als zu kostenintensiv wurde beispielsweise ein Vorschlag abgelehnt, Porträtstudien von drei bekannten Architektinnen zu erstellen. Die relativ hohen Materialkosten zwangen uns dazu, mit den Mitteln sorgfältig umzugehen. Wir benötigten eine große Auswahl an Fotos, ebenso verschlangen die Planung und Herstellung des Pavillons sowie die Gestaltung mit den Druckkosten der Plakate nebst einem kleinen Katalog den größten Teil des Etats. Erst danach konnten wir daran denken, Honorare für einige Arbeiten zu zahlen, die jedoch in keinem Verhältnis zur geleisteten Arbeit standen, und ohne das ehrenamtliche Engagement von allen Beteiligten wäre die aufwendige Ausführung nicht möglich gewesen.

Parallel zu den projektorientierten Arbeiten verliefen intensive Diskussionen über die ausgewählten Themen und Inhalte. Wir beschäftigten uns mit Fragen der Stadtplanung und der Architektur, der Lebensformen von Frauen, mit der Häufigkeit von kriminellen Handlungen an Frauen. Wir nahmen Kontakt zu verschiedenen Behörden auf, unter anderem dem Polizeipräsidium, um eine Kartierung der Vorfälle von Gewaltanwendungen zu erhalten. Dabei mußten wir feststellen, daß die Sicht von Frauen bislang wenig berücksichtigt worden war und wir mit unserem Anliegen Neuland betraten. Die Zusammenarbeit mit dem damaligen Frauenbüro der Stadt Darmstadt berechtigte zu der Hoffnung, daß unsere Bemühungen nicht im Sande verlaufen und die von uns vorgestellten Lösungen Eingang in politische Diskussionen finden würden.

Bis der Pavillon stand und die Ausstellung eröffnet werden konnte, vergingen insgesamt zwei Jahre. Dabei blieben Splitter hängen wie die abendliche Runde im Pavillon bei Kerzenschein und Pizzaessen oder die nächtelangen Fotoarbeiten, mit dem Geruch des Entwicklers in der Nase. Die wochenlangen Beobachtungen in der Stadt, das Fotografieren auf den Plätzen und die Suche nach dem Schönen in all dem Häßlichen. Nicht mehr vorhanden ist der Pavillon ebenso wie die Kontaktstelle, es waren Zeichen der Zeit, die verschwanden, und dies ist vielleicht noch nicht einmal das Schlechteste. Geblieben sind einige wenige, dafür um so dauerhaftere Kontakte um nicht zu sagen Freundschaften.

3. Projektbeschreibung

Die Ausstellung umfaßte 27 DIN A1 Plakate mit insgesamt 75 Fotos sowie Texten zu den jeweiligen Themenstellungen mit Statistiken, Auswertungen und Lösungsansätzen. Die Plakate waren farbig gestaltet und nach Bereichen geordnet, entworfen von einer Studienabgängerin aus dem Fachbereich Design der Hochschule für Gestaltung in Offenbach. Für den Versand in weitere Städte ließen wir 200 Plakatsätze drucken, sie wurden entweder gegen eine Gebühr oder kostenlos abgegeben, Restbestände sind noch vorhanden.

Für die Ausstellung in Darmstadt wurde, wie bereits erwähnt, ein Pavillon entworfen und aus fünf Meter hohen Holzsegmenten hergestellt, Entwurf von OPUS, Anke Mensing in Darmstadt und aufgebaut von einer kleinen Arbeitsgemeinschaft, die sich gerade in der Phase der Existenzgründung befand und sich sehr viel Mühe gab. Die ovale Form des Pavillons bildete einen Gegensatz zu dem eher strengen Gebäude des Bürgerzentrums und entsprach eher zufällig den Vorstellungen von spezifisch weiblichen Ausdrucksformen. Die integrierte und bereits vorhandene Skulptur („Der große Tanzschritt" von Manzù) verstärkte diesen Aspekt und fügte ein willkommenes Gestaltungselement hinzu. Eine Rampe ermöglichte den Zugang auch mit dem Kinderwagen oder dem Rollstuhl. Sie bildete den Übergang vom offenen in einen geschützten Raum, dabei überraschte die Ebenerdigkeit der Skulptur, die sonst auf einem erhabenen Sockel steht und bis dahin kaum beachtet wurde. In der übrigen Zeit geht sie sozusagen unter in einem sie umgebenden Fahrradgetümmel. Bei genauem Hinsehen konnten noch Details entdeckt werden, die von der Liebe zum Objekt sprachen. Kleine Gucklöcher mit Dias im Hintergrund oder ein unter Plexiglas versenkter Katalog. Extra angefertigte Holzbuchstaben, die es vermutlich noch heute irgendwo gibt. Die komplette Komposition bildete ein räumliches Gefüge, welches aufgrund der geglückten Lösung große Beachtung fand.

Die zentrale Lage und die Offenheit des Objekts erleichterten den Zugang, keine Türen, keine Überdachung, keine Besuchszeiten, und nahm dadurch die bei einem Übergang in geschlossene Räume zu überwindende Schwellenangst weg. Der Standort des Pavillons war bewußt so gewählt, daß nicht nur ein Laufpublikum angesprochen wurde, die Einkaufstüten in der Hand zur nächsten Straßenbahn hastend, sondern auch die Besucher der Stadtbibliothek und der Volkshochschule, von denen man ausgehen konnte, daß sie eher bereit sind, sich die Zeit nicht nur für einen Augenblick zu nehmen. Ein Infostand im Justus-Liebig-Haus (dem Bürgerzentrum) ergänzte den Ausstellungspavillon, er diente als zentrale Anlaufstelle und bot die Gelegenheit zum Gespräch oder weiterführenden Fragen. Weiteres Anschauungsmaterial konnte eingesehen werden, etwa eine Handbibliothek der für das Projekt benutzten Bücher und Mappen mit Originalfotos. Ergänzt wurden diese visuellen Elemente durch eine Tonkasette mit „Stadtgeräuschen"; anzuhören über Kopfhörer sowie drei Pflanzschalen mit Gras- und Sonnenblumensamen, zum Mitnehmen und Aussäen gedacht. Sicherlich eine kleine Geste, jedoch symbolisierte sie eine Art der Kommunikation, die nicht nur über die verbale Sprache verläuft. Für die Präsentation wurde ein Tisch entworfen und angefertigt, fünf Meter lang, konisch auslaufend und in der Höhe ansteigend. Damit wurde eine bewußte Strukturierung des anonym wirkenden Raums vorgenommen, der sonst entweder als Durchgangshalle oder für kleinere Wechselausstellungen genutzt wurde.

Während des Ausstellungszeitraums (zwei Wochen) wurden ein Symposium und ein Workshop angeboten. An den jeweils eintägigen Veranstaltungen nahmen überwiegend Fachfrauen aus Darmstadt und dem übrigen Bundesgebiet teil. Ein Begleitbuch zur Ausstellung konnte gegen eine geringe Gebühr erworben oder auch nachträglich bestellt werden. Es enthält eine Auswahl der Fotos in Kleinformat, die Texte der Plakate und die Vorträge des Symposiums; Restbestände davon sind noch vorhanden.

4. Ausstellungserfahrung in Darmstadt

Ein stark gemischtes Publikum besuchte den Pavillon und den Infostand. Entgegen unseren Erwartungen interessierten sich fast mehr Männer als Frauen für die auf den Plakaten dargestellten Motive. Vordergründig wirkte das Ereignis, das Ungewohnte im Stadtbild, ebenso die architektonische Veränderung des Ortes

mit dem ansprechenden und neugierig machenden Objekt. Realistisch einge-
schätzt wurde dem eigentlichen Anliegen, der Frauensicht und der sich daraus ergebenden Kritik am Städtebau, wenig Beachtung geschenkt. Ein Lächeln auf den
Lippen, so sehe ich die Betrachter noch vor mir, von den Frauen mitunter Zustimmung und ein Wiedererkennen der eigenen Erfahrungen. Selten eine aggres-
sive Reaktion, dafür Verständnis und Entgegenkommen.

Unsere Befürchtungen, daß schon sehr bald an dem zu jeder Zeit zugänglichen
Objekt Beschädigungen, insbesondere die üblichen Sprayaktionen ihren Niederschlag finden würden, bestätigten sich nicht. Immerhin erst nach einer Woche begann dieser Prozeß der Inbesitznahme und der eigenen Spurensetzung, zwar noch
sehr zaghaft, dafür mit zunehmender Tendenz. In den ersten Tagen schützte das
Neue und Ungewohnte vor den Eingriffen, die Achtung vor dem Gemachten war
noch zu stark. Man könnte auch von einer Aura des Unberührbaren sprechen, die
noch ein Staunen evozierte. Die Assimilation in den Alltag nahm diesen Schutz-
schild weg und setzte es frei zur allgemeinen Verwendung. Positiv interpretiert,
könnte man die hinterlassenen Spuren, wie Zigarettenkippen oder ein leicht ange-
kohltes Plakat, als Zeichen der Akzeptanz sehen. Negativ als Mißachtung des
Objekts oder als Zerstörungstrieb, der nichts bewahren kann. Ich neige eher zu
der ersten Version, denn wir arbeiteten sozusagen parallel, oder es entstand eine
besondere Form der Kommunikation: Ich beseitigte die Spuren, überklebte einige
Plakate, fegte den Pavillon - am nächsten Tag wiederholte sich das Ganze. Eine
vielleicht mühsame Sprache, die dennoch gelesen werden kann.
Der vorgenommene Zeitraum von zwei Wochen Ausstellungsdauer bildete sozusagen die Grenze sowohl der Aufmerksamkeit als auch der Distanz, die man erwarten kann, wenn es um eine Präsentation an einem öffentlichen Ort geht. Vergleichbar einer Skulptur oder der übrigen Stadtmöblierung bildete der Pavillon ein
in unseren Augen zwar erfreuliches Element, andere mögen sich davon belästigt
gefühlt haben. Nach dem Abbau des Pavillons wurden Einzelteile auf dem städtischen Bauhof gelagert, um dann einige Wochen später noch einmal in Offenbach
vor dem Rathaus aufgebaut zu werden. Danach wurde das Holz zur weiteren
Verwendung einer Arbeitsloseninitiative gespendet.

5. Resonanz und Verbreitung

Zwei Jahre später wurde der Pavillon mit seinem Ambiente mit einem Preis für
gute Architektur ausgezeichnet, vergeben vom BDA Darmstadt-Starkenburg
(1993). Mangels Objekthaftigkeit steht jetzt der ehrenvolle Preis, die Maria
Olbrich Plakette, in Tutzing. Angesichts der stabilen Materialisierung im Städtebau erscheint unser Objekt noch einmal in einem anderen Lichte. In seiner Leich-
tigkeit und Flexibilität entsprach er den Forderungen nach einer modernen Archi-

tektur, die das Fragmentarische gegenüber dem Starren und Monumentalen vorzieht. Wir planten nicht für alle Ewigkeit, wie so manches Denkmal standhaft bleibt und nicht weichen will. Die Überreste unseres Objekts beschränken sich auf Fotos und Dias, Pläne und ein kleines Modell. Nicht zu vergessen: die Erinnerung an eine für uns aufregende Zeit.

Mit unterschiedlicher Präsentation und Verwendung der Plakatsätze wurde die Ausstellung im Laufe der vergangenen Jahre in über dreißig Städten gezeigt. Entweder gerahmt oder nur an eine Wand gepinnt, in einer Fußgängerzone oder in einem Treppenaufgang, wir hätten eine Sammlung der Darstellungsformen anfertigen können. Über die Verbreitung waren wir etwas erstaunt, denn ein deutliches Nord-Süd-Gefälle zog sich über Frankfurt nach Münster bis hin zu Lübeck und Nordhorn, dagegen nur zögerlich nach Karlsruhe, Stuttgart und Kempten als einziger Stadt in Bayern. Erfreulicherweise machten auch Universitäten von unserem Angebot Gebrauch. Mit dem Schwerpunkt auf dem frauenspezifischen Aspekt wurden die Seminare, so meine Information aus Stuttgart, in der Mehrzahl von Studentinnen besucht. Damit bildeten sie keine Ausnahme, denn überwiegend forderten Frauenbeauftragte von Kommunen oder Behörden die Plakate an und nahmen sie zum Anlaß, eine Veranstaltungsreihe zu Fragen der Stadtplanung aus Frauensicht anzubieten. Einige Male war ich als Referentin eingeladen und konnte mich somit noch im nachhinein an der geleisteten Arbeit freuen.

Bei einer durchweg positiven Resonanz konnten wir zwar zufrieden sein, doch inwiefern Kritik und Verbesserungsvorschläge in die kommunalen Entscheidungs- und Planungsprozesse mit eingegangen sind, kann nicht nachvollzogen werden, denn nach Auflösung der Kontaktstelle konnte keine Nacharbeit geleistet werden. Wenn auch der Projektträger mit dem Hauptsitz in Bonn, die Stiftung Mitarbeit, nach wie vor Plakatsätze und Kataloge weiterreicht, fehlt dort die personelle Ausstattung, um eine sachgemäße Analyse anzufertigen. In Darmstadt, dies konnte ich noch verfolgen, flossen die Ergebnisse in eine nachträglich erstellte Publikation des Frauenbüros mit ein. Unter dem Titel „Darmstadt auf dem Weg zu einer frauengerechten Stadt" wurde eine Art Bestandsaufnahme mit weiterführender Perspektive an das Stadtparlament weitergereicht, dort wurde es diskutiert und danach zu den Akten gelegt. Der leicht hochtrabende Titel strahlt aus heutiger Sicht einen Optimismus aus, der nur als Ausdruck einer euphorischen Aufbruchstimmung zu verstehen ist. Aus der Ferne sieht es etwas nüchterner aus; es kann jedoch im einzelnen nicht überprüft werden, welche Auswirkungen sich später daraus ergaben; die frauengerechte Stadt konnte ich bei gelegentlichen Besuchen nicht entdecken. Die Folgeerscheinungen derartiger Projekte können vielschichtig und nicht direkt ableitbar oder nachvollziehbar sein, insofern bleibt es offen, welche Wege darauf zurückzuführen sind. Die Rezeptionsgeschichte wäre nicht nur in Bezug auf Darmstadt interessant, sondern auch auf die weitgespannten Fäden des Gesamtprojekts.

6. Kritische Würdigung

Was heißt „Frauengerechte Stadt" oder was meint die „Sicht von Frauen"? Im Ansatz war das Projekt und die damit verbundene Absicht richtig und gut, jedoch kann aus heutiger Sicht nicht bestritten werden, daß es auch ein Modethema war. Die Diskussion über Frauen und Stadtplanung, und hierzu gab es auch einiges Büchermaterial, ist, wenn nicht ganz erloschen, so doch aus der öffentlichen Debatte verschwunden. Selbst die Frauenbüros scheinen in Resignation verfallen zu sein und es aufgegeben zu haben, auf ein Mitspracherecht zu hoffen, wenn es um städtebauliche Maßnahmen geht. Allerdings kämpfen sie selbst ums Überleben und sind mit einem Imageverlust konfrontiert, der analog zu ihrer Bedeutungslosigkeit innerhalb der politischen Entscheidungsträger verlaufen ist. Sie können warnen und auf Mängel hinweisen, doch wer nimmt das noch ernst? Ein Wahlkampf ließ sich vor fünf Jahren noch gewinnen, wenn vordergründig Foraueninteressen auf der Tagesordnung standen; eine Frauenbeauftragte konnte noch reussieren, wenn sie sich lautstark meldete. Heutzutage werden diese Stellen abgebaut oder ehrenamtlich wahrgenommen, für die eigene Karriere wirken sie sich eher negativ aus.

Es war und ist eine Illusion, zu denken, daß Interessen von Frauen in dem einstmals erhofften Maße berücksichtigt würden. Das Gefüge von Finanz- und Politikinteressen gehorcht anderen, wenn auch nicht einfach zu definierenden Gesetzen. Wir befinden uns in einem Kreislauf von Konsum und Kommerz, der auch in erster Linie das Bild unserer Städte prägt. Alltag aus der Sicht von Frauen setzt bei einer Nutzergruppe an, die zwar zum Einkauf prädestiniert ist, sich dennoch in der Hierarchie im unteren Drittel unserer Gesellschaft befindet. Frauen besitzen weniger Macht, verfügen über weniger Geld und sind aufgrund ihrer familienzentrierten Lebensform anfälliger für die Schwachpunkte einer technik- und konsumorientierten Stadt. Daran gibt es trotz partieller Verschiebungen wenig zu rütteln. Diese Kriterien treffen mit Abstrichen auch auf andere Bevölkerungsgruppen zu: die Kinder, Armen und Alten, die Behinderten und Schwachen, die nicht Erwerbstätigen mit geringem Einkommen.

Eine Stadt aus Sicht der Männer würde mit großer Wahrscheinlichkeit völlig anders aussehen als dies auf unseren Plakaten demonstriert wurde, denn ihre Präferenzen sind anders gewichtet. Der Weg in die Stadt heißt aus Frauensicht: Einkauf - mit Kindern - Streß - Behördengänge - Arztbesuche - Streß. Sie sind die wahren Heldinnen der Geschichte, die mit Kind und Kegel trotz der Gegebenheiten in die Städte gehen und an jeder Ecke entweder ein deutliches „Nein" aussprechen müssen oder ihren Geldbeutel zücken, um wieder irgend etwas in Kinderhöhe Angebrachtes zu kaufen. Es war eines meiner Aha-Erlebnisse, als ich während des Fotografierens in der Stadt die Frau als Lastenträgerin schlechthin erkannte. Männer halten ihre Aktentasche locker unter dem Arm, Frauen dagegen sind beladen mit Einkaufstüten, den Kindern und den dazugehörigen beruhigenden und erforderlichen Objekten, wie Kleidung und Spielzeug, die Flasche oder andere Nahrung.

Die von uns beobachteten Hindernisse und Beschwerlichkeiten, von anderer Seite auch Stadtmöblierung genannt, entstehen vorrangig durch die Ansammlung des Kapitals und der Menschen, die diesem Zwecke huldigen und dienen. Der Preisvergleich, ein Schnäppchen schlagen, das sind die Themen, die den einkaufenden Menschen bewegen. Die Alltagslyrik ist der Preiskatalog.

Ein Dennoch dem entgegensetzen heißt, die Position des Beobachtenden zu verlassen und die Stadt als Bühne des Lebens anzunehmen. Formationen bilden sich und lösen sich auf, Plätze werden besetzt und wieder freigemacht. In der Situation selbst müssen wir reagieren und agieren, sind wir involviert. Die Frage stellt sich, inwiefern die Dinge dann tatsächlich stören oder als Hindernisse wahrgenommen werden. Ist es nicht vielmehr so, daß sie integriert werden in einen gewohnheitsmäßigen Gebrauch, der auch die häßlichen Dinge in rituelle Handlungen miteinbezieht und weniger nach dem guten Design oder der guten Gestaltung fragt. Das Gewohnte zu durchbrechen, war unsere Absicht, es kehrt jedoch sehr schnell wieder an seinen Platz zurück und eine gute Mischung aus Gewohntem und Ungewohnten, dem Neuen oder Irritierenden, prägt vielleicht einen guten Städtebau. Die Stadt bietet flüchtige Kontakte und eine Alltagskommunikation durch Orte und Menschen, die immer wieder aufgesucht werden und darüber die Vergewisserung vermitteln, daß man noch ist: sich in dem Gewohnten wiederfinden und in dem Neuen suchen.

Inhalte und Themen der Plakate:
* Frauen unterwegs
* Die Frau als Lastenträgerin
* Hindernisse im Straßenraum
* Angsträume
* Aufenthalt - Platzgestaltung und Freiflächen
* Spielplätze
* Treffpunkte und Cafés
* Natur in der Stadt - Kübelpflanzung - Künstliches Grün - Anlagen
* Zeichen und Sprache
* Frau und Mann als Symbolfiguren
* Straßennamen

As easy it was to tell black from white,
it was all that easy to tell wrong from right.
And our choices were few and the thought never hit
that the one road we traveled would ever shatter and split.

Bob Dylan

GESELLSCHAFTLICHE UND KIRCHLICHE BINDUNGSMUSTER: ZUSAMMENHÄNGE UND SICHTBARKEIT IN DER REGION

Peter Höhmann

1. Vorbemerkung

Dieser Beitrag geht von der allgemeinen Beobachtung aus, nach der sich die Formen kirchlicher Bindung im Vergleich städtischer und ländlicher Gebiete sichtbar voneinander unterscheiden. Merkmale, anhand derer sich die unterschiedliche Beteiligung am kirchlichen Leben beschreiben läßt, weisen in den Städten durchweg die geringeren Werte auf [1]. Die Unterschiede sind jedoch nicht so ausgeprägt, daß sie die prinzipielle Gegenüberstellung unmittelbar plausibel machen können, die vielfach zwischen städtischen und ländlichen Integrationsformen gezogen wird. Zuweilen werden einzelne gesellschaftliche Prozesse oder einzelne empirische Kennziffern besonders herausgegriffen, die den Gegensatz zwischen Stadt und Land im kirchlichen Bereich besonders betonen.[2] Je nach Schwerpunktsetzung erhalten städtische oder ländliche Verhältnisse eigene Erklärungskraft.

Unbefriedigend ist an solchen Argumentationsfiguren nicht nur der häufig anzutreffende kulturkritische Zungenschlag, sondern auch der Tatbestand, daß die Strukturen, die hinter einem Stadt-Land-Vergleich stehen, unklar bleiben. Städte werden unter dem Blickwinkel thematisiert, moderne Vorreiter von Verhältnissen zu sein, die bald überall zu erwarten sind.

Urbanisierung erscheint als ein umfassender qualitativer Wandel gesellschaftlicher Lebensstile, wie er über die Arbeitswelt sowie über je eigene Formen sozialer Integration vermittelt wird. Eine Distanzierung von solchen Lebensweisen

---

1 Vgl. von den statistischen Kennziffern her z.B. Peter Höhmann und Manfred Molt: Ergebnisse der Statistik über das kirchliche Leben in den Gemeinden 1994, Darmstadt 1995.
2 Vgl. als Beschreibung der Besonderheiten von Ortsgemeinden in der Stadt sowie im ländlichen Bereich den Bericht der Perspektivkommission der Evangelischen Kirche in Hessen und Nassau: Person und Institution, Abschnitte 3.9 und 3.10, Frankfurt 1992.

kann zwar durch den Hinweis auf städtische Bedingungen erfolgen[3]; ob sich moderne städtische und ländliche Verhältnisse mit Blick auf die Formen kirchlicher Bindung tatsächlich eindeutig gegeneinander stellen lassen ist damit jedoch noch nicht gesagt.

Vor dem Hintergrund solcher Einwände möchte ich prüfen, wie sich soziale Prozesse, die auf diese Bindungen Einfluß nehmen, räumlich niederschlagen. Ich halte es dagegen nicht für sinnvoll, bereits fest davon auszugehen, daß sich jeweils unterschiedliche Muster kirchlicher Bindung regional verfestigt haben.

- Auf der Basis dieser Überlegungen will der vorliegende Beitrag zunächst im zweiten Abschnitt anhand der Kategorie der „strukturellen Individualisierung" auf Bedingungen aufmerksam machen, denen die Kirchenbindung in einer modernen Gesellschaft ausgesetzt ist.

- In einem weiteren Schritt werden im dritten Kapitel Zusammenhänge beschrieben, die unter den skizzierten Bedingungen auf die Kirchenbindung Einfluß nehmen. Hierbei wird vor allem geprüft, wie soziale und kirchliche Integrationsmuster miteinander verknüpft sind; eine besondere Schwerpunktfrage richtet sich darauf, wie die berufliche Tätigkeit mit der Bereitschaft verbunden ist, die Mitgliedschaft aufzugeben.

- Erst auf der Grundlage der hierzu vorliegenden Befunde wird in einem abschließenden Schritt gefragt, wie sich solche Muster regional niederschlagen.

Bei den empirischen Daten handelt es sich um die Sekundäranalyse einer Erhebung, die nach Akzeptanz und Nutzung der in der Evangelischen Kirche in Hessen und Nassau herausgegebenen Mitgliederzeitschrift gefragt hat.[4] In Zusammenhang mit dieser Zielrichtung wurden auch Informationen über die kirchliche Bindung im Kirchengebiet erhoben. Über diese Daten wird hier berichtet.

---

3 Dieser schlechte Ruf muß jedoch nicht zwingend mit dem städtischen Leben verknüpft werden. Eine Idealisierung der Stadt eignet sich ebenso wie die des Landes, auf allgemeine gesellschaftliche Prozesse zu reagieren. So betont etwa Hans-Ulrich Wehler, daß sich das Kleinbürgertum im 19. Jahrhundert als Folge der ablaufenden Rationalisierungsvorgänge „in eine nostalgische Verklärung des gemächlichen, geordneten, gesicherten Lebens im überschaubaren Kosmos der alten Stadt zurück(zog). Empört wandte es sich gegen die verhängnisvolle Atomisierung und Mechanisierung...Dagegen setzte es die Erinnerung an die enge Gemeinschaft, die ehedem alle Stadtbürger verbunden habe." (Hans-Ulrich Wehler: Deutsche Gesellschaftsgeschichte, 3. Bd., München 1995, S.135).
4 Ein Bericht, der Auskunft über Ziele und Ergebnisse der Untersuchung gibt wurde im Herbst 1995 fertiggestellt. Insgesamt wurden 1995 in zwei Teilstichproben 1.199 Mitglieder aus dem gesamten Kirchengebiet über das Sozialforschungsinstitut IFAK befragt; der folgende Beitrag bezieht sich nur auf die hier erhobenen Daten. Darüber hinaus umfaßte die Untersuchung eine Befragung von 484 Kirchenvorstehern und Kirchenvorsteherinnen. Vgl. IFAK: Ergebnisse der Abschlußuntersuchung des Projektes ECHT, Taunusstein 1995.

2. Struktureller Individualismus als Interpretationsbasis kirchlicher Bindungen

Inhaltlicher Ausgangspunkt für die Fragestellung sollen Überlegungen sein, die gegenwärtig unter dem Thema der strukturellen Individualisierung erörtert werden. Die Diskussion über diesen Schwerpunkt umfaßt sowohl kontroverse Positionen über die Interpretation kirchlicher Religiosität in der Gegenwart; sie verweist jedoch darüber hinaus auf unterschiedliche Vorstellungen darüber, welche besonderen Kennzeichen moderne Gesellschaften aufweisen.[5] Als Bezugspunkt läßt sich sinnvoll von der Metapher ausgehen, mit der Peter Berger von einem Zwang zur Häresie spricht. [6] Er erläutert: *„Die Moderne bedeutet für das Leben des Menschen einen riesigen Schritt weg vom Schicksal zur freien Entscheidung...*Aufs Ganze gesehen gilt jedoch, daß das Individuum unter den Bedingungen des modernen Pluralismus nicht nur auswählen kann, sondern daß es auswählen *muß*. [7]

Ich will auf die beiden Elemente des von Berger verwandten Bildes ausführlicher eingehen, um so einige grundsätzliche Voraussetzungen für eine veränderte Kirchenbindung genauer bestimmen zu können.

Auffällig ist zunächst der ambivalente Charakter der Wahl, der bei Berger hervorgehoben wird. Er hält in diesem Zusammenhang fest: „Menschen wählen sich ihre Situation nicht aus. Im besten Fall können sie wählen, wie sie mit der Situation, in die sie durch Zufälle von Geburt und Biographie geworfen sind, fertig werden." [8] Sichtbar wird: Die Wahl ist keine voluntaristische Entscheidung, die Individuen treffen, sondern eine Reaktion, mit der Personen gesellschaftliche Verhältnisse, wie sie sie jeweils vorfinden und definieren in verschiedener Weise gestalten und darüber „bewältigen". In Bergers Worten: „Die moderne Situation bringt folglich ein Gegensatzverhältnis zwischen gesellschaftlich dominierender Säkularität und dem religiösen Bewußtsein mit sich. Anders gesagt, die dominierende Säkularität übt *kognitiven Druck* auf das religiöse Bewußtsein aus." [9]

Bergers Aufmerksamkeit ist damit auf zwei Fragen gerichtet:
- Einmal ist von Interesse, was der Person an objektiven Situationsbestandteilen als „Gegebenheiten"[10] bewußt wird.

5 Zu Recht unterstreicht Detlef Pollack (D. Pollack: Individualisierung statt Säkularisierung, Ms 1996; erscheint in: Karl Gabriel (Hg.): Religiöse Individualisierung oder Säkularisierung? Biographie und Gruppe als Bezugspunkte moderner Religiosität), daß die hier erforderliche theoretische Erörterung den Religionsbegriff zu klären und ausdrücklich mit einzubeziehen hat.
6 Peter Berger: Der Zwang zur Häresie, Frankfurt 1994.
7 ebd., S. 95, Hervorhebung vom Verf..
8 ebd., S. 109.
9 ebd., S. 113.
10 Hans Peter Dreitzel: Die gesellschaftlichen Leiden und das Leiden an der Gesellschaft. Stuttgart 1968, S. 153.

-   Zum anderen geht es um die subjektiven Folgen, die sich für die Person ergeben, sowie um die unterschiedlichen Formen, mit der subjektiven Seite der Situation umzugehen.

Beide Elemente schlagen eine Brücke zu der Frage, worin die besonderen Kennzeichen zu sehen sind, die sich in der Struktur gegenwärtiger Gesellschaften finden lassen.[11]

Gerade die vielfach beliebige Verwendung des Gedankens, der mit dem Entscheidungszwang als einem typischen Kennzeichen der Gegenwart ausgedrückt werden soll, macht jedoch erforderlich, strukturelle Bedingungen und Folgen dieses Zwangs ausdrücklich aufzunehmen und nicht auszublenden. Wo jedoch eben dieser Zusammenhang nicht mehr hergestellt wird, bewährt sich das Konzept allenfalls als Teil einer breiten Zivilisationskritik, die sich darauf beschränkt, individuelle Marotten religionssoziologisch aufzubereiten.[12]

In der Schweizer Kirchenstudie wird der Zuweisungscharakter struktureller Individualisierung besonders betont.[13] Die Verknüpfung von allgemeinen Teilnahmeanforderungen und gesellschaftlichen Rationalisierungsvorgängen macht noch einmal deutlich, den hier angesprochenen Individualismus nicht mit der freien Selbstentfaltung einzelner zu verwechseln. In subjektiver Sicht steht er allerdings in einem Zusammenhang mit der Möglichkeit, einem Ideal der Kompensation in der Privatsphäre nachzugehen, Teilnahme symbolisch zu begrenzen oder auf begrenzte Sektoren der Gesellschaft zu beziehen. Die Ausführungen der Autoren deuten an, wie auf der Grundlage jeweils bestehender Kontrollmechanismen die Illusion einer von den gesellschaftlichen Verhältnissen abgekoppelten persönlichen Wahl erzeugt wird. Weil die Wahlentscheidung individuell vollzogen wird, können sich Personen über „ihre" Wahl selbst darstellen, während die gesellschaftlichen Zuweisungsprozesse nicht mit thematisiert werden. Persönliche Neigungen treten darüber mit dem Anspruch frei einklagbarer Bürgerrechte auf.

---

11 Auch wenn Berger diese Frage nicht systematisch angeht, so zeigen sich bei ihm doch Verbindungslinien zu dieser Diskussion. So finden sich unmittelbare Parallelen zu der Position, die etwa Ulrich Beck in der „Risikogesellschaft" einnimmt. Vgl. z.B. Ulrich Beck: Risikogesellschaft. Auf dem Weg in eine andere Moderne, Frankfurt 1986, S.216.

12 Das Stichwort einer neuen Religiosität liefert nicht nur Anhaltspunkte, für Fragen nach Standort und Begründung der Religion jenseits der Kirchen. Zugleich können ganz unterschiedliche Verhaltensweisen als Individualisierungsfolgen ausgegeben werden. Bei solchen Aufzählungen ist auffällig, daß sich die „neue" Religiosität auf Bereiche bezieht, die gesellschaftlich völlig belanglos sind; Bestandteile säkularer Weltbilder, die lange Zeit gegen die kirchlich gebundene Religiosität gestellt wurden, werden dagegen nicht genannt. Vermutlich spielt aber der Glaube an die selbstregulierende Kraft des Marktes eine größere Rolle als der an die Wirksamkeit des Wünschelrutengehens.

13 Vgl. Alfred Dubach und Roland Campiche (Hrsg.): Jeder ein Sonderfall? Religion in der Schweiz. Zürich: NZN Buchverlag, Basel: Friedrich Reinhard Verlag 1993, z.B., S.25f. und S.315f

Im Rahmen der Fragestellung dieser Arbeit konzentriere ich mich anhand von zwei Teilfragen auf einzelne empirische Befunde aus der breiteren Diskussion:

- Mit der Schweizer Studie läßt sich zum einen auf Vorgänge gesellschaftlicher Rationalisierung verweisen, als deren Folge Grundlagen und Prinzipien eines öffentlichen Engagements der Kirche klargestellt und eigenständig vertreten werden müssen.[14] Ob diese Anforderung erfüllt werden kann, ist keinesfalls sicher. Wahrscheinlich sind ebenfalls Anpassungsleistungen, die eine Deinstitutionalisierung der Religion verstärken.

- Eine zweite Teilfrage lenkt die Aufmerksamkeit auf die ambivalenten Auswirkungen, die der gesellschaftlich erzeugte Zwang zur Subjektivität für die kirchliche Integrationsbasis hat. Möglichkeiten kirchlicher Teilnahme sind hierdurch systematischen Spannungen ausgesetzt. Sie stehen im Brennpunkt von sozialen Verhältnissen, unter denen einerseits die jeweils bestehenden gesellschaftlichen Bedingungen Teilnahmeverhalten unterstützen; andererseits ist Teilnahme als eine spezifische Praxis auf Strukturbildungen hin angelegt, über deren Verlauf normativ, durch Teilnahmeregeln, entschieden wird. Unter diesem Gesichtspunkt zeigt sich ebenfalls, wie soziale und kirchliche Integrationsformen miteinander verknüpft sind. Als Mechanismen sozialer Kontrolle bestimmen herrschende Ausschlußprinzipien sowie die Regelungen der Zugehörigkeit das Teilnahmeverhalten der Person mit. Allein von der Lebensweise her kann so die Teilnahme anderer ausgeschlossen werden.

Die so entstehende Vermischung von einer sozialen Integrationsform mit der pluralen Idee kirchlicher Vergemeinschaftung ist gerade unter Bedingungen gesellschaftlichen Wandels prekär. Denn sie schließt die Möglichkeit ein, den gesellschaftlich erzeugten Zwang zur Subjektivität in seinen vielfältigen Ausprägungen und Brüchen nicht mehr zur Kenntnis zu nehmen. In der Folge wird es nicht mehr für erforderlich gehalten, das eigene Handeln mit dem anderer Personen abzustimmen. Es beschränkt sich vielmehr auf den Umgang mit gleich Betroffenen. Sozial wird darüber eine Binnensicht repräsentiert, die kirchliche Zugehörigkeit in erster Linie nur noch über spezifische Lebensstile erkennbar werden läßt. Der hier besprochene gesellschaftlich zugewiesene strukturelle Individualismus lenkt damit die Aufmerksamkeit nicht nur auf die Entscheidungen selbst, sondern darüber hinaus auf Prozesse sozialer Kontrolle, in die diese eingebunden sind.

---

14 Auf die Schwierigkeit, der sie dabei unterliegt, und auf den Inhalt dieses Engagements weist Wolfgang Schluchter hin, wenn er schreibt: „Es ist die Aufgabe der Religion, in diesem Sinne die existierende Welt zu transzendieren und sie an ihre Zufälligkeit zu erinnern. Deshalb hat die verfaßte Religion auch gute Gründe, sich gegen die mit ihrer bereichsspezifischen Eingrenzung verbundene Entpolitisierung zu sperren. Doch macht sie der Bezug auf das Ganze ...allenfalls politisch relevant." (Wolfgang Schluchter: Die Zukunft der Religionen, in: ders.: Religion und Lebenswelt. Frankfurt: Suhrkamp 1988, S.531).

3. Zusammenhänge zwischen gesellschaftlicher Integration und Kirchenbindung

Wenn Personen unter einem „Entscheidungszwang" stehen, der gesellschaftlich zugewiesen wird, so ist es sinnvoll, zunächst danach zu fragen, wie soziale Bedingungen, die die Entscheidungsrichtung beeinflussen, mit empirisch auffindbaren kirchlichen Bindungsmustern der befragten Personen verknüpft sind. Erst danach, in einem weiteren Schritt, wird die regionale Verteilung von sozialen Merkmalen verfolgt, die diese Zusammenhänge beeinflussen.

Für eine genauere Darstellung greife ich den Vorschlag auf, die kirchlichen Bindungsmuster unter zwei Schwerpunkten zu konkretisieren:
- Zum einen geht es um die Stärke und Formen kirchlicher Integration.
- Zum anderen um die Bereitschaft, die Mitgliedschaft aufrechtzuerhalten.

Die beiden Schwerpunkte repräsentieren unterschiedliche Konsequenzen des Entscheidungszwangs.[15] Gemeinsam ist die Annahme, daß durch die Besonderheiten der gesellschaftlichen Integration die Kirchenbindung ihre selbstverständliche Bedeutung verliert.

Die beiden erwähnten Aspekte kirchlicher Bindung will ich jeweils auf einen eigenen Schwerpunkt gesellschaftlicher Integrationsmechanismen beziehen. Stärke und Formen kirchlicher Integration sollen in einen Zusammenhang mit unterschiedlichen sozialen Integrationsmustern gestellt werden.

Im Falle der Bereitschaft, die Mitgliedschaft aufrechtzuerhalten oder aufzugeben, die ich am Beispiel der beruflichen Integration darstellen will, geht es mir besonders darum, wie die darüber erzeugten Alltagserfahrungen die kirchliche Bindung beeinflussen.

3.1 Soziale und kirchliche Integrationsmuster

Wenn es hier zunächst darum gehen soll, Zusammenhänge zwischen sozialer und kirchlicher Integration festzustellen, so sind unter dem Thema struktureller Individualisierung die Eigenleistungen von besonderem Interesse, die eine Person aufgrund ihrer jeweils gegebenen sozialen Bindungen erbringen muß. Geht man hierzu von einer traditionellen Zugehörigkeit aus, die -gleichsam ohne Wahl- über die Familie und die Integration in das unmittelbare soziale Umfeld gestützt wird, so sind solche Eigenleistungen dort erforderlich, wo die traditionelle Zugehörigkeit unterbrochen ist.

Auf dieser Argumentationsbasis lassen sich klassifikatorisch vier Typen bilden, für die angenommen werden kann, daß eine Kirchenbindung in unterschiedlichem Maße als selbstverständlich gelten kann:

---

15 Vgl. dazu z.B. David G.Bromley (Hg.): Falling from Faith, Newbury Park 1988.

- Als Bezugspunkt ein traditionelles Integrationsmuster, das hier eine Kirchenbindung der Eltern sowie durch durch Stützen des sozialen Nahbereichs, eine starke Familien - und Nachbarschaftsorientierung der Befragten charakterisiert wird.
- Die Einschänkung, nach der lokale Integrationsvorgänge an Bedeutung verloren haben, die Kirchenbindung der Eltern jedoch nicht unterbrochen ist.
- Der umgekehrte Fall, bei dem die Kirchenbindung der Eltern gering ist, die
sozialen Verkehrskreise im Nahbereich jedoch intakt sind.
- Schließlich die Situation, in der die kirchliche Bindung der befragten Person
nicht mehr durch ihre Herkunftsfammilie gestützt wird und diese sich sozial
auch nicht am unmittelbaren Lebensumfeld orientiert.

Die vier Klassifikationstypen, die jeweils unterschiedlich starke Eigenleistungen
erwarten lassen, um die kirchliche Bindung aufrechtzuerhalten und zu gestalten,
werden in ihren Wirkungen auf drei Bereiche kirchlicher Integration verfolgt:
- Unter einem ersten Schwerpunkt geht es um die Frage, zu welchem Umfang
die Institutionalisierung des christlichen Glaubens akzeptiert wird.
- Ebenfalls auf Prinzipien kirchlicher Integration bezieht sich das jeweilige
Maß an Wertbindung.
- Der Verhaltensaspekt kirchlicher Integration wird schließlich über die Intensität der Teilnahme erfaßt.

Um den Integrationsaspekt kirchlicher Bindung nicht mit der Entscheidung zu
vermischen, ob eine Person der Kirche angehören will, sind in den folgenden
Darstellungen nur die Personen mit aufgenommen, die sich mit dem höchsten
oder dem zweithöchsten Wert einer fünfstufigen Skala als religiös bezeichnen.[16]

Grundlage für das erste Schwerpunktthema ist die Zustimmung[17] zu zwei Aussa-
gen gewesen:
- „Ohne Kirche könnte ich kein Christ sein" sowie
- „Ich kann auch ohne Kirche an Gott glauben".

Im Sinne der angesprochenen Themenstellung macht Darstellung 1 zunächst
sichtbar, inwieweit mit der jeweiligen sozialen Integration der Befragten diese
den beiden Aussagen zustimmen.

---

16 Die Auswertungen im Abschnitt 3.1 schließen damit nicht die 1.199 Befragten, sondern nur
677 Personen ein.
17 Als Zustimmung gelten hier und im folgenden die Skalenausprägungen 1 und 2, als Ablehnung die Ausprägungen 5 und 6.

Darstellung 1

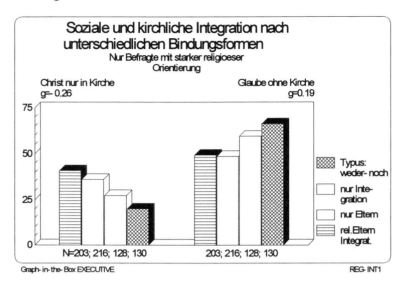

Soziale und kirchliche Integration nach
unterschiedlichen Bindungsformen
Nur Befragte mit starker religioeser
Orientierung

Christ nur in Kirche
g= 0.26

Glaube ohne Kirche
g=0.19

Typus:
weder- noch

nur Inte-
gration

nur Eltern

rel.Eltern
Integrat.

N=203; 216; 128; 130   203; 216; 128; 130

Graph- in- the- Box EXECUTIVE   REG- INT1

Die Graphik zeigt für beide Aussagen deutliche Zusammenhänge zwischen der sozialen und dem hier dargestellten Aspekt der kirchlichen Integration an. Unter den Mitgliedern, die sich als religiös bezeichnen, findet sich jeweils ein unterschiedlicher Anteil, der den beiden Auffassungen zustimmt.

Von den Befragten mit religiösen Eltern und einer starken Einbindung in den sozialen Nahbereich stimmen 40,9% der Aussage zu, ohne Kirche kein Christ sein zu können. Von den Befragten, die die beiden Merkmale nicht erfüllen, sind dies lediglich 20%.

Ganz ähnlich ist die Zustimmung zu der zweiten Frage verteilt. 49,3% aus der ersten Teilgruppe, aber 66,2% aus der vierten Gruppe bejahen den Satz, auch ohne Kirche an Gott glauben zu können.

Im Sinne der angesprochenen Interpretation läßt sich damit festhalten, daß mit dem Übergang von einer selbstverständlichen Kirchenbindung zu einer Form, die in eine aktive Enscheidungsleistung einmündet, die kirchliche Gestalt in geringerem Maße akzeptiert wird. Will man, diesen Befund, so wie dies in der Mitgliedschaftsstudie der EKD geschieht, unter dem Begriff der „Unbestimmtheit" zusammenfassen[18], so läßt sich damit sicherlich zu recht auf die vielfältigen Orien-

---

18 Vgl. Evangelische Kirche in Deutschland (Hg.): Fremde, Heimat, Kirche. Ansichten ihrer Mitglieder. Hannover 1993, S. 15f.

tierungen verweisen, die mit einer solchen Kritik an der bestehenden kirchlichen Gestalt verbunden sind.

Eindeutig ist hingegen die Richtung, auf die die Distanzierung der Mitglieder zielt. Sie macht es schwieriger, diesen die Bedeutung kirchlicher Strukturen zu vermitteln.

Hinzuweisen ist schließlich auf die verschieden hohe Zustimmung, die hier den gleichen Sachverhalt einmal als eine positive und einmal als eine negativ formulierte Aussage aufgreift. Der Unterschied zwischen den beiden Formulierungen weist darauf hin, wie stark eine gedankliche Assoziation wirkt, die den individuellen Glauben gegen seine institutionalisierte Form setzt. Sie deutet damit an, daß mit der kirchlichen Struktur eher das Gegenüber einer Anstalt, als eine Gemeinschaft gläubiger Menschen verbunden wird.

Als Bestandteil von Bedingungen, die eine kirchliche Integration erleichtern, wurde nach der Wertbindung der Mitglieder gefragt. Als Grundlage wird die Zustimmung zu der Aussage herangezogen: „Die Kirche vertritt Werte, die mir persönlich wichtig sind". Die folgende Darstellung macht sichtbar, zu welchem Umfang die vier Befragtengruppen dieser Aussage zustimmen.
Darstellung 2

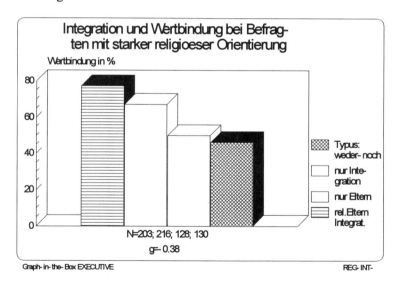

Die Daten der Graphik ergänzen die bisherige Interpretation. Die Befunde zum Themenschwerpunkt „Wertintegration" weisen in die gleiche Richtung, die bereits oben angesprochen wurde. Dort, wo kirchliche Werte in einen kulturellen

Lebenszusammenhang integriert sind, in dem sie als selbstverständlich und alternativfrei erfahren werden können, werden sie in hohem Maße akzeptiert. Die Integrationsstärke ist hier wiederum an die erforderlichen Eigenleistungen gekoppelt.

In der ersten Teilgruppe, die durch Familie und Kontakte im Nahbereich gestützt wird, stimmen 77,3% der Aussage zu. Dieser Wert sinkt in den einzelnen Gruppen kontinuierlich ab. In der vierten Teilgruppe, in der diese Stützen entfallen sind, liegt die Zustimmung nur noch bei 46,2%.[19]

Unter dem dritten Schwerpunkt wird geprüft, ob sich die vier Befragtengruppen in unterschiedlicher Weise am kirchlichen Leben beteiligen. Die folgende Graphik zeigt hierzu die empirischen Befunde an.

Darstellung 3

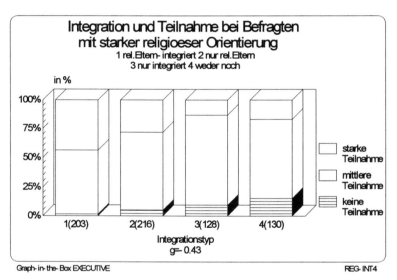

Das Teilnahmeverhalten der Mitglieder, die sich als religiös bezeichnen, wurde in der Darstellung in drei Stufen unterteilt.[20]

---

19 Für die Interpretation bleibt bedeutsam, daß die Auswertung nur auf Befragte begrenzt ist, die sich als religiös bezeichnen. Darüber hinaus sinkt bei den Personen, die sich in geringerem Maße als religiös bezeichnen, auch das Ausmaß der Wertbindung nach dem gleichen Muster weiter bis auf 21,7% ab. Vgl. in diesem Zusammenhang auch die Ausführungen über die traditionale Bindung bei Armin Kuphal: Abschied von der Kirche, Gelnhausen 1979, bes. S.159-171.

20 **Keine Teilnahme**: Personen, die im letzten Jahr weder einen Gottesdienst besucht haben, noch sich in irgendeiner Form am kirchlichen Leben beteiligen. **Starke Teilnahme**: Personen,

Der im Vergleich recht hohe Korrelationskoeffizient von Ó= -0.43 läßt erkennen, daß auf der Dimension des Teilnahmeverhaltens die stärksten Unterschiede zwischen den vier Befragtengruppen bestehen. Der Anteil der Personen, der sich nicht mehr am kirchlichen Leben beteiligt, steigt von 1,5% auf 15,4% an. Umgekehrt sinkt in der untersuchten Teilpopulation der Anteil der Personen mit starker Beteiligung von 43,8% auf 16,9% ab.

In einer ersten Zusammenfassung läßt sich damit festhalten, daß durch die Form der gesellschaftlichen Integration die Deinstitutionalisierung der Religion auf allen hier unterschiedenen Dimensionen gefördert wird. Bemerkenswerterweise betrifft diese Entwicklung nicht nur eine veränderte Identifikation mit der Kirche; auch Befragte, die sich als religiös bezeichnen, sind in deutlich verschiedenem Maße kirchlich integriert.

Dort, wo eine traditionale Zugehörigkeit nicht mehr als selbstverständlich gegeben ist, wird mit den notwendigen Eigenleistungen, die die Mitglieder zu erbringen haben, auch die bestehende institutionelle Form der Kirche kritisiert. Es scheint so, als ob Zugehörigkeit nur dichotom verstanden wird; als Akzeptanz oder als Distanz zu einer wahrgenommenen Form. Ob die Aufgabe erfolgreich bewältigt werden kann, eine Pluralität, die sich nicht von selbst herstellt, auch innerkirchlich zu eröffnen und sichtbar zu machen, ist vor diesem Hintergrund als eine der zentralen Zukunftsaufgaben anzusehen.[21]

3.2 Berufliche Integration und Stärke der Kirchenbindung

3.2.1 Zusammenhänge zwischen beruflicher Tätigkeit und der Bereitschaft, die Mitgliedschaft aufzugeben

Der zweite Themenschwerpunkt, der im Rahmen dieser Arbeit aufgegriffen wird, bezieht sich auf die Frage, wie über die berufliche Tätigkeit die Bereitschaft beeinflußt wird, die Mitgliedschaft aufrechtzuerhalten oder aufzugeben. In berufssoziologischen Arbeiten wird der Beruf in ganz unterschiedlichen Zusammen-

---

die regelmäßig (d.h. häufiger als „mehrmals im Jahr" einen Gottesdienst besuchen und die sich darüber hinaus am kirchlichen Leben beteiligen. **Mittlere Teilnahme:** Personen, die ein Teilnahmeverhalten zwischen diesen beiden Polen berichten.
21 Ob diese Notwendigkeit realisiert werden kann, wird von Beobachtern durchaus nicht optimistisch eingestuft. So weisen etwa Joachim Matthes (Unbestimmtheit: Ein konstitutives Merkmal der Volkskirche? In: ders. (Hg.): Kirchenmitgliedschaft im Wandel, Gütersloh 1990) oder Volker Drehsen (Wie religionsfähig ist die Volkskirche, Gütersloh 1995) auf innere Restriktionen hin, die einer solchen Öffnung entgegenstehen. Bemerkenswert sind darüber hinaus die starken Abschottungskräfte zwischen den verschiedenen Mitgliedergruppen. Vgl. dazu etwa Peter Höhmann: Nutzung und Bewertung der Mitgliederzeitschrift ECHT, erscheint in: Joachim Schmidt (Hg.): Das Modell der Kirchenzeitung ECHT, Frankfurt 1996.

hängen thematisiert. Auf der einen Seite stellt er ein Merkmal dar, durch das der unterschiedliche Sozialstatus einer Person erhoben werden soll, auf der anderen Seite werden durch die berufliche Tätigkeit zwar besondere Lebensstile und - erfahrungen vermittelt, eine eigene Statusabstufung muß darüber jedoch nicht in den Blick genommen werden.[22]

Für die hier behandelte Verknüpfung ist die Unterscheidung insofern von Interesse, als es nicht darum gehen soll, die Bindungsfähigkeit der Kirche für einzelne Statusgruppen festzustellen.

Ich gehe in diesem Beitrag davon aus, daß sich der Einfluß der Berufstätigkeit auf die kirchliche Integration nicht nur als Ausdruck einer verschieden starken Nähe oder Distanz einzelner in einer Statushierarchie gegliederter Gruppen interpretieren läßt. Überlegungen, die in dieser Richtung angestellt werden, münden vielfach in eine Position ein, die die Wirkungen der Berufstätigkeit auf die Kirchenbindung unter Nutzengesichtspunkten interpretiert und die empirischen Zusammenhänge damit in erster Linie auf den Zweck bezieht, Kirchensteuern zu sparen.

Das Merkmal Berufstätigkeit ist darüber hinaus auch mit Alltagserfahrungen und Kompetenzen in Verbindung zu bringen, die über eine solche Praxis vermittelt werden.[23] Um diese Stoßrichtung deutlicher zu machen, werden die Befragten in einer Typologie, die Berufstätigkeit und eine aktive Lebensbewältigung kombiniert,[24] klassifikatorisch den vier möglichen Gruppen zugeordnet.

In dem Abschnitt soll zunächst geklärt werden, wie stark bei Personen, die sich als religiös bzw. als weniger religiös bezeichnen, diese Lebenssituation mit der Bereitschaft verbunden ist, die Kirche zu verlassen.

In einem weiteren Schwerpunkt wird dann die Bereitschaft, die Kirchenmitgliedschaft aufzugeben, zusätzlich noch unter den oben vorgestellten vier sozialen Integrationstypen verfolgt.

Darstellung 4 läßt zum ersten Aspekt die folgende Entwicklung erkennen:

---

22 Peter Blau arbeitet in seinem Aufsatz „Parameters of Social Structure" (in: ders. (Hg.): Approaches to the Study of Social Structure, London 1976) die Konsequenzen heraus, die sich aus dieser Unterscheidung für eine Strukturanalyse ergeben.

23 Der erste Gesichtspunkt stand besonders in den siebziger Jahren im Vordergrund des Interesses. Bemerkenswerterweise sind jedoch alle empirischen Zusammenhänge außerordentlich schwach. In den Daten dieser Untersuchung konnte beispielsweise kein Zusammenhang zwischen der Austrittsbereitschaft und der Einkommenshöhe festgestellt werden.

24 Grundlage hierfür ist die Zustimmung zu der Aussage: „Ich habe ehrgeizige Pläne und will weiterkommen".

Darstellung 4

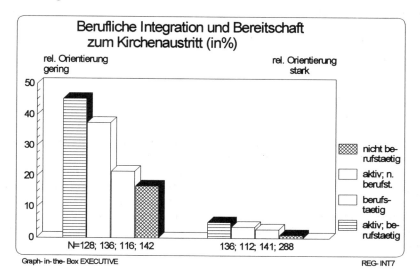

Berufliche Integration und Bereitschaft
zum Kirchenaustritt (in%)

rel. Orientierung gering   rel. Orientierung stark

N=128; 136; 116; 142   136; 112; 141; 288

nicht berufstaetig

aktiv; n. berufst.

berufstaetig

aktiv; berufstaetig

Graph-in-the-Box EXECUTIVE   REG-INT7

Die Graphik überrascht weniger durch die Richtung der abgebildeten Zusammenhänge, als vielmehr durch die Eindeutigkeit des hier sichtbaren Musters. Personen, die sich auf den beiden hohen Skalenwerten als religiös bezeichnen, ziehen auch einen Austritt kaum in Betracht. Bereits bei dieser Befragtengruppe zeigen sich jedoch Zusammenhänge, die über die berufliche Integration beeinflußt werden: Unter den Befragten, die sich aktiv mit ihrem Alltag auseinandersetzen und die berufstätig sind, überlegen immerhin 5,1%, ob sie die Kirche verlassen sollen. In der Kontrastgruppe, Personen, die nicht berufstätig sind und die diese Form der Alltagsbewältigung nicht berichten, sind es lediglich 1%.

Viel krasser sind die Abstufungen dagegen bei den Personen, die sich auf den mittleren oder den geringen Skalenwerten als religiös einstufen. Hier überlegen in der ersten Gruppe 45,3% der Befragten, ob sie die Kirche verlassen sollen, mit deutlichen Unterschieden sinkt dieser Wert bis auf 16,9% bei den Personen, die ihren Alltag nicht „aktiv" angehen und die nicht berufstätig sind.

Die empirischen Daten machen damit auf einen „Milieuverlust" in der kirchlichen Mitgliedschaft aufmerksam, der durch moderne Lebensbedingungen gefördert wird. Im Vordergrund stehen soziale Regeln der Zugehörigkeit, die über den jeweiligen Alltag der Mitglieder erfahrbar werden und Formen der Distanzierung, die hierüber erzeugt werden. Die Richtung der Zusammenhänge weist darauf hin, daß sich Kirchenmitgliedschaft als ein Gegenüber zur Gesellschaft einzukapseln beginnt. Es scheint so, als ob eine Festlegung der Zugehörigkeit nur schwer in beruflichen Alltagserfahrungen und Präferenzen zu integrieren ist.

3.2.2 Beruf und Bereitschaft zum Kirchenaustritt unter unterschiedlichen Integrationsbedingungen

Unter dem Gesichtspunkt, die Wirkung des gesellschaftlich zugewiesenen Entscheidungsprozesses auf die Mitglieder genauer zu beschreiben, ist von besonderem Interesse, die Entscheidung über die Aufgabe der Kirchenmitgliedschaft sowohl auf die berufliche Situation als auch auf solche Gestaltungsmöglichkeiten der Befragten zu beziehen, die durch die jeweils besonderen sozialen Integrationsformen auftreten. Mit den folgenden Übersichten 5 und 6 soll das Zusammenspiel dieser beiden sozialen Bedingungen festgehalten werden. Dabei wird gezeigt, wie sich der Zusammenhang zwischen den durch den Beruf vermittelten Alltagserfahrungen und Überlegungen zum Kirchenaustritt verändert, wenn sich der Einfluß traditioneller Lebensbedingungen verringert und die Person in stärkerem Maße, im Sinne der oben erörterten Klassifikation, Eigenleistungen zu erbringen hat.

Darstellung 5

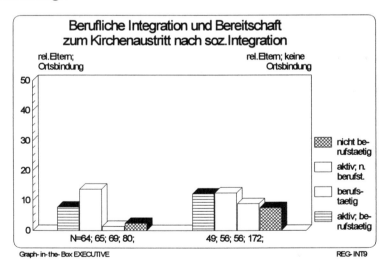

Graphik 5 zeigt den Zusammenhang zwischen den vier Typen beruflicher Integration und der Bereitschaft, aus der Kirche auszutreten, zunächst für den Fall traditioneller Bindung: Die Befragten sind in einer kirchlich gebundenen Herkunftsfamilie aufgewachsen, und sie halten Stützen im sozialen Nahfeld aufrecht.

Für diese Personengruppe ist zwar eine verschieden starke Bereitschaft der berufstätigen und der nicht berufstätigen Personen zu erkennen, die Kirchenzugehörigkeit aufzugeben; die Bereitschaft ist jedoch vergleichsweise gering, sie behält ihren Charakter als Minderheitsentscheidung; schließlich sind die Muster nicht besonders eindeutig. Dort, wo der dargestellt Typ sozialer Bindung unterstellt werden kann, schwankt der Anteil der Befragten, die überlegt haben, ob sie die Kirche verlassen sollen, zwischen 1,4% und 13,8%. Ähnlich ist die Situation auch in der zweiten Gruppe, bei der die Person nicht mehr lokal integriert ist. Graphik 6 zeigt dagegen für die übrigen Teilgruppen deutlich veränderte Zusammenhänge an.

Darstellung 6

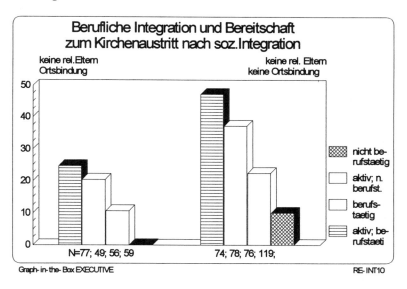

Die Verhältnisse stellen sich dort in einer ganz verschiedenen, fast gegensätzlichen Weise dar, wo die Kirchenmitgliedschaft in stärkerem Maße an die eigene Entscheidung der Person gebunden wird. Speziell in diesem Fall wirken Alltagserfahrungen, wie sie über das Berufsleben vermittelt werden, massiv auf die Bereitschaft ein, die Mitgliedschaft aufzugeben. In der Gruppe, in der eine hohe Eigenleistung gefragt ist, weil die Stützen durch die Herkunftsfamilie und über das Milieu im Nahbereich entfallen ist, erklärt fast die Hälfte (47,3%) der berufstätigen und „aktiven" Personen, daß sie überlegt haben, ob sie die Kirche verlassen sollen. In der letzten Gruppe der nicht berufstätigen Befragten sind dies lediglich 10,1%. Die Befragten sind damit über ihre Lebenssituation durchweg noch etwas stärker distanziert, als sonst nur Personen, die sich individuell von der Kirche zurückgezogen haben.

Als ein kurzes Resumé der bisherigen Darstellung läßt sich jetzt festhalten, daß reguläre Integrationsvorgänge, die in modernen Sozialstrukturen bestehen, beide Dimensionen kirchlicher Bindung, die hier unterschieden werden, in massiver Weise beeinflussen. Die gesellschaftliche Veränderung, durch die die kirchliche Mitgliedschaft ohne gesellschaftliche Kontrollen an die Wahl der einzelnen Person gebunden wird, löst durch die Richtung, für die die empirischen Zusammenhänge stehen, klare Formen der Abschottung aus und macht es schwer, die Idee umzusetzen, sich als mündiger Christ in kirchliche Strukturen zu integrieren.

Aus der Art der Zusammenhänge läßt sich weiter nachvollziehen, warum gesellschaftliche Wandlungsvorgänge innerkirchlich unter dem Thema von Unterschieden zwischen Stadt und Land verhandelt werden. Im Rahmen dieser Arbeit kann jetzt geprüft werden, in welcher Weise die hier angesprochenen sozialen Merkmale regional verankert sind.

4. Soziale Integrationsformen und kirchliche Bindung in städtischen und ländlichen Regionen

Im Rahmen der bisherigen Darstellung wurde allgemein nach Faktoren gefragt, die auf die Kirchenbindung Einfluß nehmen. Wie oben dargestellt soll es jetzt darum gehen, die regionale Verteilung der angesprochenen sozialen Merkmale zu prüfen. Die Frage nach räumlichen Differenzierungen oder einzelnen regionalen Besonderheiten wird hier in zwei Schritten angesprochen: Zunächst geht es darum festzustellen, ob und gegebenenfalls wie stark die angesprochenen sozialen Regelmäßigkeiten regional verankert sind. Im zweiten Schritt wird geprüft, wie stark der regionale Einfluß im Verhältnis zu den übrigen Faktoren die kirchliche Bindung beeinflußt.

Die folgende Graphik 7 gibt über die Verteilung der vier Integrationstypen auf einzelne Wohnregionen Auskunft. Nach den Daten lassen sich die Großstädte der Rhein-Main Region, die übrigen Kommunen in diesem Gebiet, die Städte zwischen 10.000 und 100.000 Einwohnern außerhalb des Ballungsgebiets und die Landgemeinden voneinander unterscheiden. Da die Auswertung im dritten Abschnitt auf den Personenkreis begrenzt wurde, der sich in der Befragung als religiös bezeichnet hat, ist es sinnvoll, eine weitere Aufteilung nach diesem Merkmal vorzunehmen.

Darstellung 7

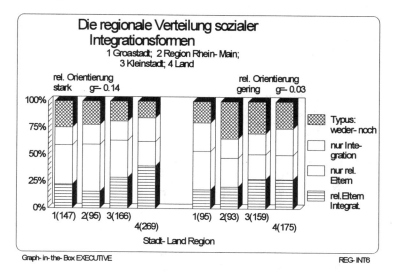

Die regionale Verteilung sozialer
Integrationsformen
1 Großstadt; 2 Region Rhein-Main;
3 Kleinstadt; 4 Land

rel. Orientierung   rel. Orientierung
stark   g=0.14   gering   g=0.03

Typus:
weder-noch

nur Inte-
gration

nur rel.
Eltern

rel.Eltern
Integrat.

1(147) 2(95) 3(166)   1(95) 2(93) 3(159)
        4(269)   4(175)

Stadt-Land Region

Graph-in-the-Box EXECUTIVE   REG-INT6

Die Graphik läßt erkennen, daß sich die vier sozialen Integrationstypen regional in einer durchaus nachvollziehbaren Weise verteilen. Erwartungsgemäß treten die größten Unterschiede innerhalb des Typs traditionaler sozialer Bindung auf, die sowohl durch das Umfeld im Nahbereich wie durch die Herkunftsfamilie gestützt wird. Unter den Befragten auf dem Land, die sich als religiös bezeichnen, können 39,8% diesem Typ zugeordnet werden, unter den Befragten, die sich als wenig oder nicht religiös bezeichnen, sind immerhin noch 27,4% der Personen in diesem Typ vertreten. In den Kommunen des Rhein-Main Gebiets liegen die Werte dagegen um 20%. Abgesehen von dieser auffälligeren Besonderheit bleiben die Unterschiede zwischen den einzelnen Regionen allerdings recht gering.

Unter Bezug auf die Frage nach den regionalen Mustern kirchlicher Bindung ist es auf der Grundlage der Ergebnisse insbesondere nicht zulässig, die Großstädte in einen systematischen Gegensatz zum Land zu stellen. Dies gilt trotz der Beobachtung von unterschiedlichen Intergrationsmustern und besonders den Unterschieden, die außerhalb der Großstädte in der Rhein-Main Region sichtbar werden.

Anzumerken ist schließlich, daß in den regionalen Einheiten die vier verschiedenen Integrationsformen gemeinsam auftreten und nicht etwa in der Stadt ein Typ vorkommt, der auf dem Land fehlt. Insbesondere kann aus den Daten nicht die Position vertreten werden, nach der sich der Zwang, zunehmende Eigenleistungen erbringen zu müssen, einer „städtischen" Lebensweise zurechnen läßt.

Über die Konsequenzen hinaus, die sich aus den unterschiedlichen sozialen Integrationsformen für die Formen kirchlicher Bindung ergeben, wurden in dieser Arbeit Zusammenhänge angesprochen, die über Orientierungen in der Arbeitswelt vermittelt werden. Die regionale Verteilung derartiger Integrationsvorgänge, ergänzt die bisherige Beschreibung.
Darstellung 8

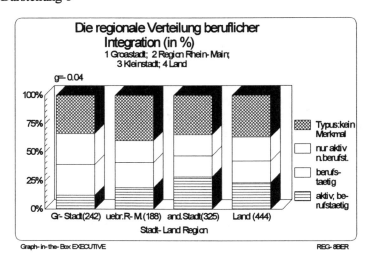

In der Graphik 8 lassen sich zwar geringfügige Prozentdifferenzen ermitteln, sie sind jedoch schwächer als in der vorausgegangenen Übersicht. Mit Blick auf arbeitsweltlich vermittelte Erfahrungen unterscheiden sich städtische und ländliche Regionen kaum noch in einer sozial bedeutsamen Weise voneinander.

5. Zusammenfassung

Die bisher vorgelegten Ergebnisse belegen die Wirksamkeit gesellschaftlicher Integrationsweisen für beide Dimensionen kirchlicher Bindung. Verglichen mit den teilweise sehr auffälligen Unterschieden, die hierüber ausgelöst werden, ist die räumliche Verankerung beider Muster in einer nur schwachen Form zu erkennen. In einer zusammenfassenden Übersicht lassen sich abschließend die einzelnen Effekte darstellen, die über die beiden Typologien sowie über den Wohnort der befragten Personen auf die Kirchenbindung ausgelöst werden. Methodische Grundlage hierfür ist eine Varianzanalyse, mit der sich bestimmen läßt, wie stark die einzelnen Merkmale jeweils auf die von den befragten Personen angegebene Kirchenbindung wirken.

Darstellung 9: Varianzanalyse multivariater Effekte der sozialen Integrationstypen, der berufsvermittelten Teilnahme und des Wohnortes auf die Stärke der Kirchenbindung (beta Koeffizienten, *: Â < 0.01)

Merkmal	ß
Typus sozialer Integration	0.32*
Berufsvermittelte Teilnahme	0.22*
Wohnregion	0.05
R =	0.41

Die Tabelle 9 faßt die bisherige Interpretation noch einmal in einer einzelnen Übersicht zusammen. Anhand der statistischen Kennziffern läßt sich festhalten, daß die stärksten Einflüsse, die auf die (berichtete) Kirchenbindung wirken, über die unterschiedlichen Formen sozialer Integration verlaufen. Demgegenüber bleibt der Einfluß der Wohnregion von untergeordneter Bedeutung.

Über die Darstellung hinaus läßt sich zusätzlich noch ein Effekt ermitteln, über den gemeinsamen Einfluß der beiden als Typologien konstruierten Merkmale ausgelöst wird. Die Wirksamkeit dieses Interaktionseffekts wurde bereits in den Darstellungen 5 und 6 graphisch angedeutet. Vergleichbare Effekte zeigen sich weder in einer regionalen Abstufung, so wie sie hier vorgenommen wurde, noch in der Gegenüberstellung von Stadt- und Landregionen. Soziale Distanz oder Nähe zur Kirche stellt sich so in einer Weise her, daß die regionalen Verhältnisse weitgehend unerheblich bleiben.

Konsequenz dieser Auffassung ist es nicht, die unterschiedliche Häufigkeit bestimmter Integrationsformen in den einzelnen Kommunen zu ignorieren oder die Wirksamkeit lokaler Besonderheiten zu übersehen. Solche Informationen verweisen auf die jeweils eigenen kulturellen Bedingungen, die immer wieder in begrenzten Lebenszusammenhängen aktualisiert und neu hergestellt werden. Die beschriebenen Muster rechtfertigen jedoch keine innerkirchliche Frontstellung zwischen Stadt und Land. Eine solche entsteht erst durch eine problematische Interpretation, die gesamtgesellschaftliche Verhältnisse unter diesem Gegensatz aufgreift.

Manuel Castells kritisiert diese Einstellung unter dem Thema städtischer Ideologien, wenn er schreibt: „Wenn das Thema 'Stadt' immer größere Bedeutung gewinnt, so geschieht das vor allem wegen seiner Verschwommenheit, die es erlaubt, in diesem Komplex eine ganze Reihe von Fragen einzuordnen,...die weniger beunruhigen, wenn man sie als 'stadtgemäße' begreift: man weist eben auf die Greuel hin, die naturgemäß durch die Lebensumstände verursacht werden."[25]

---

25 Manuel Castells: Die kapitalistische Stadt. Ökonomie und Politik der Stadtentwicklung. Hamburg 1977, S. 59.

DAS GROSSE VERSPRECHEN DER STADT
STADT UND KIRCHE - EINE PRAKTISCH-THEOLOGISCHE SKIZZE

Wolf-Eckart Failing

1. Spannungsreiche Größen: Stadt - Kirche - Religion

Stadt ist nicht auf den Begriff zu bringen, Kirche nicht in einem Satz zu beschreiben und Religion(spraxis) nicht erschöpfend in Worte zu fassen. In ihnen bilden sich spezifische Wirklichkeitsverständnisse und variable Lebensmodelle aus. Daher muß man wissen, was man tut, wenn man (Groß-)Stadt und christliche Religion bzw. Stadt und Kirche zusammen zu denken versucht: man erörtert nicht nur Sozial- oder Organisationsformen, sondern begibt sich (auch) auf ein Schlachtfeld von großen Versprechungen[1] und umstrittenen Hoffnungen:

- Beide sind nicht nur mit weitgreifenden Utopien gesegnet, sondern auch durch umfassende Kritik geschunden. Sie werden zum Barometer ganzer Kulturen oder zum Fieberthermometer ganzer Gesellschaftsformationen stilisiert.
- Beide versprachen, Ort der Freiheit zu sein, denn „Stadtluft macht frei" und die „Freiheit eines Christenmenschen" war das Kernstück einer eher städtisch beheimateten Reformbewegung: der Reformation.
- Beide wurden als Parameter für Humanität, Fortschritt *sowie* deren Gegenteil in Anspruch genommen; zunehmend schärfer sprachen sie es sich allerdings auch gegenseitig ab; zeitweise war das Vorhandensein reformatorischer Frömmigkeit und Theologie für das Stadtpatriziat geradezu Vorbedingung städtischer wie gesamtgesellschaftlicher Modernisierung. In Zeiten der Industriestadt schien sich beides allerdings auszuschließen: Kirche als antimodernistische *und* antistädtische Kraft, als konservativer Störenfried humanen und aufgeklärten Säkularismus. Und für Kirchenkreise galt: Großstadt ist Moloch, Wüste, moralische Deformation.
- Beide wurden bzw. werden vielfach totgesagt und erfreuen sich dennoch hinhaltender Lebenskraft und Variationsfähigkeit.

Dieses höchst ambivalente Erleben und strittige Bewerten der großen Stadt wird auch religiös eher verstärkt als besänftigt. Das gilt besonders für den jüdisch-christlichen Religionskreis. Denn man kann - mit N. Lohfink u.a. - bereits das Grunddokument des Christentums, die Bibel, insgesamt als Zeugnis der „Geschichte zwischen Gott und den Städten" lesen. „Die Sache Gottes hatte auf

---

1 A. Kluge: „Es gibt ein Versprechen, bestehend aus umbautem Raum. Dieses Versprechen ist etwa 8000 Jahre alt, die Großstadt", zit. bei M. Göpfert: Kirche in der Großstadt. Milieustudie zwischen Resignation und Utopie (Hofgeismarer Protokoll 309), Hofgeismar 1994, S. 55.

eine seltsam dialektische Weise von Anfang an mit der 'Stadt'" zu tun.[2] Und in der Tat zeigt sich: Es gab immer wieder Ansätze und Entwürfe theologischer Stadt-Kosmologien. Das symbolische Repertoire der jüdisch-christlichen Tradition ist außerordentlich breit und komplex: (1) durchaus stadtbefremdet und stadtkritisch: der erste Städtegründer, immerhin der Brudermörder Kain, der gigantomanische (Tempel-) Turmbau zu Babel, Sodom und Gomorrha als sexuell maßlos, Rom als die große politische Hure. Hier werden nicht gerade charmante Bilder beschworen. Und so erscheint dann auch der jungen Christengemeinde einleuchtend: „Wir haben hier keine bleibende Stadt, aber die zukünftige suchen wir" (Hebr.13,14). Andererseits verharrten Judentum wie Christentum keineswegs in unverantwortlich-distanzierter Attitüde eines Voyeurs oder der moralisierender Verwerfung. (2) Ein ethisches Postulat in der und für die Stadt ist erkennbar: „Suchet der Stadt Bestes" (Jer. 29, 7). Das ist nicht aussichtslos, denn es gibt bußfertige Großstädte: Ninive. Man darf (3) eine weitere wesentliche Linie nicht unterschlagen: In der jüdisch-christlichen Tradition bediente man sich zur Darstellung der Heilsgeschichte wie der Heilshoffnung durchgängig und gleichsam ganz „natürlich" des Symbols der künftigen Stadt in positiver Weise: Nicht ein Garten, nicht Eden, kein Paradies, sondern die „Stadt auf dem Berge", die keiner übersehen kann. Daher steht nicht das Dorf gegen die Stadt, sondern große Stadt gegen große Stadt. Himmlisches Jerusalem, ewiges Rom, heiliges Moskau: Die große Stadt ist *der* Raum für Heil wie Unheil, des heilsamen Beschenktwerdens wie des verantwortlichen Handelns.

Was will man theologisch noch mehr sagen? Was will man dann als neu herausstellen und ins Licht der Aufmerksamkeit rücken? Und doch: Die Thematisierung der Stadt in der Theologie ist anhaltend und offenkundig durch nichts aufzuhalten; sie kommt nicht zur Ruhe. Es gab keine Etappe des Urbanisierungsprozesses in den letzten 150 Jahren, die nicht von breiten theologischen Diskussionen und kirchlichen Reformbemühungen begleitet und gekennzeichnet war.[3] Auch in den zurückliegenden vier Jahrzehnten hat die Theologie durchaus versucht, in Sachen Stadt ihre Lebensweltvergessenheit aufzubrechen und urbane Wirklichkeit in Augenschein zu nehmen.[4]

Unter dem Druck demographischer Veränderungen (Mitgliederschwund), multireligiöser Erscheinungen, Ressourcenverknappung und Profildebatte verschärft sich zusehends die Diskussion. In dieser Situation besteht der Beitrag der Praktischen Theologie vor allem darin, keine falschen Dramatisierungen zu produzieren, („wenn nicht alles ganz anders wird!"), die geläufige Rede von „Ende und

---

2 N. Lohfink: In unseren Städten Gott suchen. Abendgedanken, GuL 58 (1985), S. 402-414; hier: S. 403.
3 Vgl. auch die EKD-Studie: Menschengerechte Stadt, 3. Aufl. Gütersloh 1985.
4 Wie sie es jeweils tat, wäre eine sicherlich interessant werdende Studie. Zur Geschichte der christlichen Auseinandersetzung mit der Stadt Vgl. Sennett, Göpfert, Siewers, Theobald, Beyreuther u.a.

Zusammenbruch des Bisherigen" nicht mitzumachen und der Begehrlichkeit nach ganz neuen Konzepten nicht einfach zu folgen. Vielmehr hat sie ernüchternd davon auszugehen, daß die gegebenen Strukturen hartnäckiger und langlebiger sind als gedacht, Wandel viel differenzierter und langsamer vonstatten geht als gewünscht. Sie unterstellt und weist auf, daß das Neue im Alten angelegt ist und auch neue Strukturen bereits in heutigen Experimenten durchaus aufscheinen. Ohne falsche Beschwichtigung wird sie gegen eine Novitäten-Rhetorik auf historisch-analytische Relativierung, nüchterne Hinsicht und sorgfältige Wahrnehmung neuer Ansätze in der Praxis setzen.

In dieser Skizze wird versucht, die *Bedingungen pluraler religiöser Lebenswelten in der Stadt ernstzunehmen und Möglichkeiten symbolischer Interaktion für das Subjekt wie für seine Integration in der Stadt* anzudenken.[5] Geschrieben wird aus der Sicht der Praktischen Theologie[6], die mit der Gesprächsbereitschaft anderer Wissenschaften rechnet. Sie hält ein übergreifendes Einverständnis darüber für möglich, daß die Stadt als Voraussetzung ihres urbanen Zusammenlebens nicht verrechenbare humane und religiöse Perspektiven braucht, die sie nicht selbst garantieren kann und doch ständig verspricht.

2. Kirche in der städtischen Diaspora heißt Kirche in pluralen Kontexten

Viele theologisch interessierte städtische Zeitgenossen sind sich einig: Kirche in der Stadt heißt *Kirche in der Diaspora*, im Verstreutsein. Diaspora bedeutet dann, daß das Allgemeine sich nicht mehr christlich-kulturell bestimmen läßt. Dies ist zunächst ganz beschreibend zu verstehen und sollte frei sein vom Unterton der Angst um zukünftigen Bestand, frei von einer pauschalen Rückzugstendenz, von gekränktem Minderheitsgefühl oder gar einer Bunkermentalität. Möglicherweise stecken darin eine Reihe Chancen, die vorher nicht gegeben waren und anders nicht zugänglich werden.

Die Rede von der Diaspora enthält im Kern eine andere Relationsbestimmung, stellt eine andere Kontextualität her. Allerdings fällt es derzeit noch schwer, diese Kontextbestimmung des spezifisch Christlichen zum allgemein Gesellschaftlichen ohne kirchlichen Einfluß (Macht), jenseits homogener, christlich geprägter Kultur und breiter gesellschaftlicher Abstützung des Christlichen zu denken, zu hoffen und zu praktizieren. Diaspora impliziert einen spezifischen Öffentlichkeitsbezug, der erst noch zu erarbeiten ist. Ihn gilt es zu behaupten gegenüber der ideologi-

---

5 Stadt figuriert hier für Großstadt unter Einschluß des großstadtnahen Umlands. Man muß sich bewußt sein, daß der Begriff „Stadt" so eindeutig nicht ist; sein Gegenstand ist keineswegs klar. Vielfach wäre die Kategorie Ballungsraum zutreffender und würde die Eindeutigkeit der Stadt-Vorstellung produktiv stören.

6 Praktische Theologie wird hier verstanden als eine theologische Theorie der gelebten christlichen Religion.

schen Behauptung „Religion ist Privatsache" wie gegenüber einer frommen Praxis des Rückzugs auf individuell-verinnerlichten Glauben.
Was setzt die Rede von Diaspora sachlich voraus?

2.1 Einsicht in die historisch gewachsene Pluralisierung der Lebenswelten in der Stadt

Stadt erhöht Differenzierung durch Arbeitsteiligkeit, soziale Binnendifferenzierung, Herrschaftsformen, Symbolbildung. Diese Differenzierung und eben gerade nicht eine wie auch immer angenommene Einheitlichkeit vermehrt auch kulturelle Werte, ästhetische Inhalte, religiöse Ideen. Hier werden sie angehäuft, durcheinandergebracht, in trivialen Synkretismen veralltäglicht, in Hochformen kultiviert und zelebriert. Auch hier - und gerade nicht auf dem Dorf - gewinnen sie Gestalt, d.h. einen sinnlichen Anschauungsgrad in erkennbaren Lebensstilen.[7]
Allerdings waren und sind Städte weit weniger einheitlich als ihnen unterstellt wird oder ihr Selbstbild vorgibt. *Einsehbare, aber keineswegs immer einsichtige und heilsame Differenz ist ein Grundzug der Städte.* Sie kannten immer auch tiefgreifende Unterscheidungen. Spannungen werden hier deutlicher und dichter erfahren als in anderen menschlichen Sozialformen. Erst hier gewann beispielsweise die Unterscheidung „öffentlicher" gegenüber „privater" Raum ihre Prägekraft. Und auch die historisch ältere, von den Städten benutzte und doch auch überlagerte kulturelle Unterscheidung von sakral und profan, von heiligen und weltlichen, heilsamen und unreinen Räumen, Straßen und Orten verschwand in der Stadt nicht.[8] Sie begegnete alltäglich, war (und ist) nicht zu umgehen. Städte sind künstliche, teilweise durchaus auch kunstvolle, in eine Mehrzahl von Räumen unterteilte und vielgliedrige Gebilde. Mit anderen Worten: *Pluralisierung aufgrund manifester sozialer, politischer und ökonomischer Differenzierungen ist das Lebenselexier aller Stadtkulturen* - und damit keinesfalls neu. Neu sind das Ausmaß, die Reichweite und die Globalisierungstendenz.
Damit wird bereits eine Herausforderung erkennbar: Die Bewohnerinnen und Bewohner nötigt das zu enormer *Spannkraft* und einer ganz spezifischen Form von *Spannungstoleranz.* Ihre Integrationsfähigkeit wird in einem immer höheren

---

7 In den religiösen kulturkritischen sowie prophetischen Bewegungen findet die Stadtreligion als Protest und Attacke ihr Gegenüber, öfters aus ländlichen Bereichen (so z.B. die galiläische Kritik an Jerusalem). Nicht selten hat aber auch das „Land" in der Stadt revoltiert, nämlich anomische und anomale Gruppen, die innerhalb der Stadt das empfinden, was das Land gegenüber den Metropolen empfindet: Unterordnung, erniedrigende Abhängigkeit, Ausgebeutetwerden, symbolische Unterrepräsentation etc. Aber die radikalsten religiösen Oppositions- und Reformbewegungen entstanden in der Stadt selbst, wanderten nicht selten aus der Stadt aus (Petrus Waldus, Franz von Assisi etc.).
8 Es ist nicht abwegig, die Skyline heutiger Hochhauskulissen („Wolkenkratzer") in einem symbolischen Sinne als Varianten von Kathedralbau zu verstehen. Die öfter unterstellte „kultische" Atmosphäre heutiger Warenhäuser und Einkaufszentren ist nicht nur An-Mutung.

Maße auch zu einer Belastung, für manche zur Überlastung. Kirchliche Arbeit wie außerreligiöse Praxis sind daher angefragt, ob sie eine Unterstützung in diesen komplexen Integrationsbemühungen sein können. Das erscheint fruchtbar unter der Bedingung, daß sie dabei das Lebenselexier der Stadt, die Differenz, nicht durch gettoisierende oder regressive Angebote als Lebensstil stillstellen. Denkt man an kirchliche Arbeitsplanung, so wird die Schwierigkeit einheitlicher Gestaltung sofort erkennbar: *Die Stadt ist äußerst widersprüchlich hinsichtlich des Horizonts ihrer Bewohner-Teilgruppen:* Sie hat über Messe, Expo, internationale Wirtschaftswelt und Beziehungen eine mondiale Ebene. Das prägt zwar die Lebens*bedingungen* der Stadt, nicht aber unbedingt die Lebens*form* aller Städter/-innen. Trotz direkter beruflicher Betroffenheit durch internationalisierte Plätze (Messe, Flughafen, Bahnhof, Bankenmilieu) oder eigener Nutzung (Tourismus) muß das in alltagspraktischen Bewältigungsstrategien keine Rolle spielen. Es kann als Spektakel erlebt werden (Festival, Flughafenbesuch mit Kind und Kegel als „Wochenend-Programm" etc.), als Bedrohungsangst (vor Ausländern und Fremdem) oder als Gelegenheitskontakt (Restaurants, Arbeitswelt etc.); solche Kontakte bleiben vielfach äußerlich. Stadtteile (z.B. in Frankfurt/M.) können daher ausgesprochen lokalpatriotische oder kleinstädtische Züge tragen.[9]
Die Stadt ist also kein Passungsprozeß; sie stellt mehr ein Rahmenwerk dar denn eine alle Sinn- und Lebensprovinzen durchdringende *vereinheitlichende* Alltagsrealität.

2.2 Stadt als Lebensform und Kirche als Ensemble von Angeboten für Lebensstile

Die *Stadt - und das gilt auch für die alte - ist nicht als konzentrisch-integrales Gebilde* zu begreifen, sondern *als ein mühsam gebändigtes Feld von ständigen Übergängen und wechselnden Gestalten.* Nur wenn sie als *polyzentrische Stadt mit starken Binnendifferenzierungen* der Stadtteile (Innenstadt, Außenbezirke, Randstädte, Vororte, Trabantensiedlungen) und der dazu querliegenden Milieus, Szenen und Treffs ernstgenommen wird, besteht Aussicht auf eine Wahrnehmung und Abbildbarkeit von pluriformer Religion.
Stadt ist also als Feld zu beschreiben oder als Raum spezifischer Lebensformen, in denen sich je besondere Erfahrungen, Wirklichkeitsverständnisse und Lebensmodelle figurieren. Man kann, wie der Theologe Albrecht Grözinger, „Stadt als Lebensform"[10] verstehen, als „eine geistige Verfassung, einen spezifischen Raum von Wirklichkeit, von Wahrnehmung und Erfahrung. Stadt ist mehr als eine So-

---

9 Daraus erklärt sich auch, daß dörflich-kleinstädtische Arbeitsweisen der Kirche in der Großstadt so langlebig sind; sie ruhen auf einer latenten Gleichzeitigkeit ganz ungleichzeitiger Stadterfahrungen.
10 A. Grözinger: Stadt als Lebensform, ThPr 28 (1993), S. 293-303; das folgende Zitat: S. 298.

zialform, von ihr gehen Imaginationen aus, die in ästhetischen Erfahrungen und Darstellungsweisen greifbar werden." Grözinger möchte das ästhetische Potential in der Erfahrung von Stadt auf seinen Erschließungsgehalt für kirchliche Perspektiven befragen. Ob es ein „verlockendes Paradigma für die Kirche in einer multikulturellen Gesellschaft" darstellt, mag dahingestellt sein. Gewonnen wird hiermit jedenfalls eine Perspektive, um den Kontext Stadt in seiner originären Struktur wahr- und aufzunehmen.[11] Die Stadt muß aus sich heraus „gelesen" werden. Und die Bilder von der Stadt in den Köpfen der Städter sind Stadtverhältnisse, die aus der Perspektive des Subjekts als subjektive Theorien und faktisches Nutzerverhalten zu entziffern sind. Denn Lebensform ist zu beziehen auf ein handelndes und leidendes Subjekt in der Stadt, nicht auf die Stadt als kollektives Subjekt.

2.3 Kirche als Umwelt in einer Stadt als sozial-kulturellem Feld

Trifft beides zu (Stadt ist Differenzerfahrung und Feld für Lebensformen), dann ist einsichtig: Eine dauerhafte Form von Beheimatung im Sinne umfassender Verankerung eines Menschen in der Kirche oder Lokalgemeinde kann es für die Mehrheit der Städter nicht geben. Die Normalfigur kirchlichen Handelns, die städtischen Ortsteil-Kirchengemeinde (Parochie), ist von Anbeginn keine geschlossene Lebenswelt, wohl aber eine *mögliche* religiöse Umwelt von Kirchenmitgliedern und *ein* Kontaktort gewesen. Die kirchliche Arbeit sollte und kann auch mit guten Gründen konstruktiv aufnehmen, daß die Gemeindearbeit „nur" als Teil der Gesamtumwelt von Menschen im städtischen Feld zu sehen ist. Gemeindearbeit wird damit im besten Sinne des Wortes „relativiert", aber nicht unbedingt „marginal": Veranstaltungen und Einrichtungen der Gemeindearbeit sind *ein* Ort unter anderen, die Kirchenmitglieder als für ihre Weltdeutung und -gestaltung im städtischen Alltag wahrnehmen. Diese relativierte Nutzung und Benutzung kirchlicher Angebote im Lebensstil von Städtern wird nach wie vor von zahlreichen kirchlichen Mitarbeiter/-innen als eine „kränkende" Arbeitsbedingung erlebt: nämlich die Nutzung kirchlicher Angebote.Die Nutzung des „Evangeliums" ist weniger in der theologischen Logik der Professionellen verankert, sondern vielmehr im Gesamtkontext der eigensinnigen, vorrangig pragmatischen Lebensbewältigung der Kirchenmitglieder. Der zunehmend individuelle Ausdruck selbstbestimmter, selektiver wie partieller Nutzung einer „Do-it-yourself-Religion" - bis hin zum mitgebrachten musikalischen wie textlichen Ambiente einer Trauung nach TV-Vorbildern - wird äußerst zwiespältig registriert.
Verhält es sich so, dann ist identitätsbildende Kraft des Evangeliums und der Gemeinde über ein anderes Muster einzuführen. Zu überlegen ist dann, ob und wie

---

11 Vgl. bereits L. Heitmann: Großstadt und Religion, 3 Bd., Hamburg 1913-1925.

Kirche die dennoch vorhandenen Relationen, Bezüge, Schnittmengen aufspüren, inszenieren, deuten und kommentieren kann (siehe 4.2.1).

2.4 Diaspora hat ein anderes Wirkungsmodell: Salz, Licht, Sauerteig

Wo Kirche oder eine institutionalisierte religiöse Praxis nicht mehr Ausdruck einer gesamten Kultur ist, d.h. nicht mehr mehrheitlich abgestützt wird, ändert sich auch das zugrunde liegende Wirkungsmodell. Sie kann keine Flächenversorgung mehr leisten. Denn Kirche ist nicht mehr Ausdruck eines gesamtstädtischen Wollens, Stadtkirche also auch nicht mehr Symbolisierunggeschehen kollektiven Bewußtseins. Sie wird damit weniger symbolische Zusammenfassung und kultische Verdichtung denn spannungsreiche Differenz *in* der Stadt. Diese freilich kann nur wirksam werden durch inszenierte Öffentlichkeit: „Die ‚Stadt auf dem Berge' kann nicht verborgen bleiben" (Mt. 5,14). Salopp gesagt: die Kirche ist nicht die Suppe, sondern das Leben in der Stadt ist die Suppe und die Kirche die Würzung. Würzkraft heißt einseitige Prägnanz als Wirkstoff - ist nicht Abbildung des Ganzen in sich selbst. Die Rede vom „Gesundschrumpfen der Kirche" ist so falsch nicht: Kirche in der Diaspora kann ohne Bedenken ganze Teile ihrer Flächenarbeit aufgeben, sofern *öffentlich* erkennbar und erfahrbar bleibt, wo und wie sie markante „Duftnoten" setzt.

Diaspora freilich setzt auf religiöse Differenz, ihre Arbeit zielt nicht nur auf eine Didaktik der Vielfältigkeit, sondern auch auf Praxis gestalteter religiöser Differenz als prägnante Kultur und/oder als ethische Schärfe. Dann wäre das Postulat nicht „noch mehr tun!", sondern „anderes und es anders tun!" und „weniger machen, bescheidener werden!". Dies legt das Plädoyer für einen experimentellen Arbeits- und Lebensstil nahe, der Momente öffentlich gemachten „abweichenden Verhaltens" bewußt als möglich anvisiert, nicht aber als zwanghaft voraussetzt: Öffentlich gemachte christliche Religion als Minderheiten-Praxis mit wacher Bereitschaft zur Einmischung in die Gesellschaft - jenseits falscher Alternativen wie Kirche oder Sekte. Das aber fällt unter den auslaufenden Erbschaften einer Volkskirche schwer.

3. Die historische Falle: Großstadt-Kirche als „Dorf in der Stadt"

Um Variationen denken und gestalten zu können, ist historische Rückvergewisserung hilfreich, zumal es bewußte und unbewußte historische Fallen hinsichtlich der Vorstellung gibt, was denn Kirche, was christliche Religionspraxis in der Stadt war und ist. Häufig wird in der gegenwärtigen Diskussion nämlich mit Scheinplausibilitäten gehandelt, die sich bei näherem Hinsehen als in Retrospektive gekleidete Wunschvorstellungen entpuppen. Auf zwei will ich näher eingehen, zumal sie für die weiter unten entwickelten Vorstellungen nützlich sind:

(a) die Annahme, es habe so etwas wie eine religiöse Einheitlichkeit der Stadt im inhaltlichen wie im organisatorischen Sinne gegeben und

(b) die Unterstellung, die Parochie als dezentrale Stadtteil-Kirchengemeinde sei der optimale Regelfall kirchlicher Organisation einer Stadtkirche.

Der Umweg über die Andersartigkeit zweier für das westliche Christentum bedeutsamer Phasen der Stadtkultur könnte unsere heutigen Sichtkonventionen aufbrechen helfen und zum Heutigen Distanz schaffen. Der Blick für Varianten oder gar Neues benötigt den Rückblick.[12]

3.1 Religiöse Pluriformität der Stadt

Es ist hilfreich sich vor Augen zu führen, wie vielfältig sich die kirchliche Präsenz in der spätmittelalterlichen Stadt dargestellt hat. Und dabei ist es gleichgültig, ob man Erfurt oder Frankfurt/M. als Beispiel heranzieht[13]: mittelalterliches Leben war eine äußerst bunte Sache. Die spätmittelalterliche Stadt, die sich - nicht zuletzt durch Bautypus und Architektur - in der Retrospektive als geschlossene soziale und kulturelle Einheit darstellt, war also keineswegs uniformierte Einheit, sondern ein komplexes Gebilde mit unterschiedlichen Ebenen und Subsystemen, mit untereinander relativ unabhängig konkurrenzartigen Lebensstilen, widerstreitender Ökonomie und Macht sowie differenten theologischen Deutungsmustern. Das wohlgeordnete Bild, das vom Mittelalter namentlich die Romantik hatte, ist Illusion. Diese Stadt lebte vielmehr in pluralen Gliederungen, Ständen, Zünften, Bruderschaften und Kulturmilieus. Und es war für die „Stadtoberen" von damals nicht gerade einfach, die Einheit der Stadt als symbolische, ökonomische wie realpolitische wirksam werden zu lassen und darstellbar zu machen.

So sehr das Dasein im Prinzip von christlichen Werten durchdrungen war, so vielschichtig präsentierte es sich konkret. Dem breiten Spektrum der weltlichen Mächte - plurale Züge trugen auch Handwerk und Zunftverfassung, das Geldwesen und die Gerichtsbarkeit - entsprach die Vielfalt von Bischöfen und Kapitularen, Priestern und Ordensleuten, bis hin zu Mystikern und Ketzern, wirklichen und falschen Pfaffen. Bürgergemeinde und Kirchengemeinde sind noch nicht geschieden, sondern stark ineinander verwoben, wenn auch keineswegs deckungsgleich. Die Kirchen stehen also nicht nur nahe am zentralen Platz der Stadtöffentlichkeit, sondern - durchaus symbolträchtig - dem Rathaus gegenüber.

Aber auch ansonsten ist die Öffentlichkeit der Kirche augenscheinlich: Um 1500 standen in Erfurt für die ca. 20.000 Einwohner 23 parochiale Pfarrkirchen zur Verfügung. Daneben gab es Stifte, (Haus-)Kapellen. 22 Ordenshäuser und Klö-

---

12 R. Degen in: K.Foitzik/ R.Degen/ W.E. Failing (Hg.): Lebenswelten Erwachsener, Münster 1994, S. 65ff.

13 Zu Erfurt vgl.: R. Degen: Stadt-Beispiel: Erfurt - gemeindepädagogisch betrachtet, in: Foitzik/Degen/Failing (Hg.): a.a.O.; zu Frankfurt/M. vgl. M. Benad (Hg.): Gott in Frankfurt, Frankfurt 1989, S. 9ff.

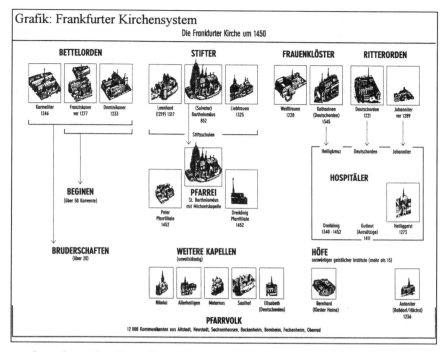

Grafik: Frankfurter Kirchensystem

Die Frankfurter Kirche um 1450

BETTELORDEN			STIFTER			FRAUENKLÖSTER		RITTERORDEN	
Karmeliter 1246	Franziskaner vor 1277	Dominikaner 1233	Leonhard (1219) 1317	(Salvator) Bartholomäus 852	Lieblfrauen 1325	Weißfrauen 1228	Katharinen (Deutschorden) 1345	Deutschorden 1221	Johanniter vor 1289

Stiftsschulen

| | | | Heiligkreuz | Deutschorden | Johanniter |

HOSPITÄLER

BEGINEN
(über 50 Konvente)

PFARREI
St. Bartholomäus mit Michaelskapelle

Peter Pfarrfiliale 1452 — Dreikönig Pfarrfiliale 1452

| Dreikönig 1340 - 1452 | Gutleut (Aussätzige) | Heiliggeist 1273 |
| | 1411 | |

BRUDERSCHAFTEN
(über 20)

WEITERE KAPELLEN
(unvollständig)

| Nikolai | Allerheiligen | Maternus | Saalhof | Elisabeth (Deutschorden) |

HÖFE
auswärtiger geistlicher Institute (mehr als 15)

| Bernhard (Kloster Haina) | Antoniter (Roßdorf/Höchst) 1236 |

PFARRVOLK

12 000 Kommunikanten aus Altstadt, Neustadt, Sachsenhausen, Bockenheim, Bornheim, Fechenheim, Oberrad

ster übernahmen im Zuge des schnellen städtischen Wachstums unterschiedliche Funktionen in der Stadt (weltabgewandte Kontemplation, massenzugewandte Predigt, Seelsorge, Armenpflege, Studium, Ketzerverfolgung u.a.). In ihrem Tun und Selbstverständnis wußten sie sich durchaus unterschiedlichen Theologien verpflichtet. Auch im theologischen Sinne ist daher die Stadt plurale Einheit, was so weit ging, daß schließlich viele Einwohner der Stadt des „Mönchsgezänks" überdrüssig wurden.

Als zweites Beispiel kann Frankfurt fungieren: Anfang des 16. Jahrhunderts wies Frankfurt 17 meist stattliche Kirchengebäude auf, darunter den alles überragenden Dom mit dem angeschlossenen Stift. Weitere kirchliche Gebäude kamen hinzu: Kapellen, Klosterhöfe, Stützpunkte und Ordensniederlassung. Diese beachtliche Bau- und Angebotsstruktur war für ca. 12.000 Menschen entwickelt worden, eine im Grunde erstaunlich dichte Präsenz und Vielfalt seelsorgerlicher und diakonischer Aktivitäten.

So kannten die beiden spätmittelalterlichen Städte am Vorabend der Reformation mindestens drei Ausformungen von Kirche in der Stadt, (1) die parochiale Pfarrkirche als Versorgungskirche mit exklusiven Rechten an der cura animarum (jährliche Beichte, Sakramente etc.), (2) die Stadtorden und die reisenden Bußprediger sowie (3) die Dome und Stifte als Symbole von Macht bischöflich vermittelter Einheit. Aber auch diese zelebrierte Einheit überwölbte das farbige Leben: „Nicht zu vergessen (sind) jene vielfältigen öffentlichen Rituale, Umzüge, Prozessionen, Glocken, die Fülle kirchlicher Festtage und spezieller Feste der Zünfte und Laien-Bruderschaften: eine farbige Welt höchst mühsam gebändigten religiösen Umtriebes zwischen hoher Gelehrsamkeit, aufopfernder Armenpflege und religiöser Spintisiererei. Kirche erlebbar, begehbare Religion."[14] Der Eindruck des Bunten ruft nicht zuletzt das traditionelle, brauch- und volkstümliche Geschehen hervor. Nicht nur, daß unter der Decke des Christlichen vielfach heidnischer, also vorchristlicher Untergrund durchschimmert. Die Gebräuche und Rituale des Volkes, vor allem seine Feste, verzweigen sich zu bizarren Blüten. Das Straßenleben wurde geprägt von Prozessionen, Segnungen und Sendungen Alle setzen die Trennung von sakralen und profanen Räumen voraus, haben aber im Spätmittelalter die eindrückliche Tendenz, die Sphären auch wieder zu vermischen. Zwischen Marktplatz und Kathedrale, Wirtshaus und Gottesacker, Gildenwesen und Bruderschaften wogt ein gleichsam unaufhörlicher, paradoxer, schillernder Strom von Festen mit exorbitantem theatralischem Potential.[15] Dennoch war auch diese pluriforme Stadt keineswegs grenzenlos offen und hatte ihre religiösen Opfer: Juden, Ketzer und Hexen wurden nicht zuletzt mit Hilfe theologischer Legitimation ausgegrenzt, vertrieben oder gar vernichtet.

Diese Pluriformität von Kirche ist sicherlich nicht der Pluralismus unserer Tage. Hilfreich ist aber dennoch die Einsicht, daß die Stadt auch religiös keineswegs homogen war. Eine Individualität im heutigen Sinne kann zwar nicht vorausgesetzt werden, aber die spätmittelalterliche Stadt bot doch viele religiöse Identifikationsorte und Teilnahmerollen ganz unterschiedlicher Art an.

Diese Vielfalt fand die Reformation in Erfurt, Frankfurt und andernorts vor. Aber sie vervielfältigte sie noch einmal durch theologische Anhebung der Alltagsorte als Orte der Bewährung und Gestaltung christlicher Existenz. Der besondere Weg des Klostergelübdes wurde nicht mehr als höhere Berufung über den „Gottesdienst im Alltag der Welt" gestellt, sondern die christlichen Gestaltungsmöglichkeiten im „weltlichen" Geschäft fanden eine theologische Würdigung: Der „weltlich" Alltag wurde als religiöse Platzanweisung verstanden. Durch die evangelische Bewegung entwickelten und verstärkten sich andererseits die konfessionellen Sonderwelten und Milieus. Sie begannen sich nun nebeneinander in der Stadt zu etablieren. Und die weitergehende innerprotestantische Differenzierung durch die Flüchtlingsgemeinden waldensischer, reformierter oder täuferischer Tradition bereicherten nicht nur die ökonomisch-technische Vielfalt, sondern trugen ihrerseits auch zur ethischen, kultischen wie frömmigkeitspraktischen Differenzierungen bei.

---

14 R. Degen a.a.O.
15 W. Lipp: Der öffentliche Stadtraum und das religiöse Fest, in: R. Bürgerl (Hg.): Raum und Ritual, Göttingen 1995, S. 11-23, hier: S. 18.

Freilich verengte und normierte der Protestantismus das faktische Kirchenwesen durch die Abschaffung der „querliegenden Strukturen" (Orden, Klöster etc.) mit ihren eigenen theologischen und frömmigkeitsmäßigen Stilen, indem er deren Dienste für die Stadt als funktional-ethische Aufgaben des Gemeinwesens an die Stadtherrschaft übergab. Andererseits behielt der Protestantismus da, wo er die dominante christliche Religionsform in einer Stadt war, lange Zeit die Konzeption der Stadtkirche im Grundsatz bei: Frankfurt hatte *ein* Predigerkollegium, das sich für die *ganze* Stadt verantwortlich und zuständig wußte.

3.2 Der Verlust der Stadtkirche durch das Parochialsystem (19. Jahrhundert)

Das Verhältnis Kirche - Stadt gestaltete sich in den Verstädterungsprozessen des 19. Jahrhunderts nicht als geschichtliche Kontinuität, sondern stellte einen Um- und Abbruch der Geschichte einer gegliederten Stadtkirche dar. Die neue Entwicklung hatte auch mit früheren Wachstumsphasen von Städten nur wenig oder nichts gemeinsam.[16] Im Zuge der fortschreitenden Industrialisierung und der Veränderung hinsichtlich der Zuzugsrechte von Neubürgern handelte es sich faktisch oft um Neugründungen bei Vorhandensein alter Kristallisationskerne. Damals kippte die kirchlich-theologische Diskussion in eine spezifische Richtung: Religiöses wie kulturkritisches Raissonieren radikalisierte sich im Sinne einer prinzipiellen Ablehnung der Großstadt, aus kirchlich-moralischer Stadt-Kritik wurde weltanschauliche und kultur-theologische Großstadt-Kritik: Urbanisierung ist Säkularisierung, Säkularisierung ergibt Unkirchlichkeit, Kirchendistanz führt letztlich zu Religionsverlust schlechthin. Bezugspunkt war vor allem die Proletarisierung der neuen Großstadt - Berlin als neue Metropole ist ein Musterbeispiel - mit dem einhergehenden politischen wie weltanschaulichen Protestpotential (z.B. politisch motivierter Antiklerikalismus und Säkularisierungsreligion der Freidenker). Sie werden als Gefährdung der Religion schlechthin dingfest gemacht. Die Stadt gefährdet also den Menschen nicht mehr nur moralisch-sittlich, sondern auch ideologisch. Haftbar dafür machte man die entwurzelnde „Vermassung": Vermassung steigert weltanschauliche Verführbarkeit, fördert „Verwahrlosung", vernichtet Traditionen. Gegen die anonyme „Gesellschaft" setzte man das Postulat „Gemeinschaft". Überschaubarkeit und nachbarschaftliche Zugänglichkeit wurden als Allheilmittel gepriesen. Die moderne Stadt war aber auch noch etwas anderes: Die großen Migrationsströme ließen kirchlich-konfessionell homogene Milieus bereits im Ansatz nicht

---

16 Auf katholischer Seite sind zwei instruktive Studien erschienen, die deutlich machen, wie die Großstadt als Problem kirchlicher Praxis „entdeckt", wahrgenommen und wie praktisch darauf reagiert wurde: E. Gatz: Katholische Großstadtseelsorge im 19. und 20. Jahrhundert. Grundzüge ihrer Entwicklung, in: K. Eln/H.-D. Loock (Hg.): Seelsorge und Diakonie in Berlin, Berlin 1990; A. Jansen: Die Kirche in der Großstadt, Freiburg 1969, S. 12ff.

mehr zu. Es kam zu neuen Durchmischungen, was nicht nur zu einer konfessionell demonstrativen Baubewegung führte, sondern auch zu einem teils milieugeprägten und teils milieuprägenden Vereinswesen.

Mit diesem dreifachen Problemkern - Auflösung konfessioneller Homogenität, Auftauchen großer (teilweise) organisierter nicht- und anti-kirchlicher Bevölkerungsgruppen, Verwahrlosung durch Vermassung (als Entwurzelung früher Verwurzelter gedeutet) - wurden Herausforderungen an die Integrationsmodelle traditionaler Vergesellschaftungsformen der Industriestadt geortet, die nun die kirchliche Diskussion beherrschten. Die Antwort der institutionalisierten Kirche wie der neuen christlichen Handlungssubjekte war eine dreifache:

(1) Etablierung der *Parochie*, was eine Dezentralisierung der Komm-Strukturen eröffnet;

(2) Schaffung eines selbständigen christlichen oder protestantischen *Vereinswesens*, Gründung neuer diakonischer Bruder- und Schwesternschaften mit eigenen „Anstaltsgemeinden" sowie Einrichtung neuer „Werke" und „Bünde" (Verbände) mit eigenen spirituellen Profilen (z.B. CVJM, Stadtmission etc.);

(3) *berufliche Differenzierung* im Sinne einer „zugehenden" christlichen/kirchlichen Arbeit, sei es missionarisch-evangelistischer oder diakonischer Art oder gemeindebildende „Vorhof"-Arbeit (Gemeindehelfer/-innen, Stadtmissionare, Diakone und Diakonissen etc.).

Die folgenreichste Veränderung war ohne Zweifel die breite Einführung der Parochie: Dem sprungartigen Wachstum der Städte versuchte man durch territoriale Zerlegung der Großparochien in dezentralisierte Seelsorgebezirke zu begegnen. Die neuen Pfarrbezirke erhielten dabei die Struktur von autonomen „Pfarreien". Das bedeutete einen schwerwiegenden Eingriff in die bisherige Struktur: denn sie verkleinerte keineswegs nur die zu großen alten Stadtkirchen, sondern ersetzte diese durch ein Netz von Teilungen und Neugründungen. Dieser neue Typus der Parochie in der Stadt ist nicht mehr die Stadtkirche. Vielmehr ist das Leitbild dieser Parochie die Dorfpfarrei. Kirche in der Stadt heißt jetzt nicht mehr Stadtkirche, sondern möglichst viele Dorfkirchen im Moloch Großstadt. Das schien auch durchaus einleuchtend, denn die zeitgenössische Diagnose ortete die Mißstände der Stadt in einem Verlust an überschaubarer Gemeinschaft, also in einem Verlust von Heimat. Die Grundannahme dieses Reorganisationsplanes ist diese: Je kürzer der örtlich-räumliche Weg zu einer Kirche ist und je stärker die zugehende Personenbeziehung Pfarrer-Gemeindeglied ist, desto wirksamer kann man gegen gesellschaftliche und ideologische Differenzierung angehen.

Schaut man vorrangig auf formales Teilnahmeverhalten in Gottesdienst und bei Kasualien, schienen die Prämissen (niedrig-schwellige Angebote, direkte und verläßliche Nah-Zugangsmöglichkeiten, personale „Zuständigkeit" als Moment von stabilisierendem Wiedererkennen und Begleiten etc.) auf den ersten Blick ein erfolgreiches Konzept zu sein. Aber die „Kosten" waren hoch: Es war nur bedingt eine neue Antwort auf eine neue Herausforderung. Denn der zugrundegelegte Heimatbegriff wurde nicht städtisch neu konzipiert, sondern aus dörflichen bzw. kleinstädtischen Milieuvorstellungen importiert. Daher oblag der neuen Stadtparochie die Aufgabe einer Beheimatung rund um einen Parochus durchaus auch im Doppelsinne des Dorf-Ideals: nachbarschaftliche Nähe und hohe Sozial-kontrolle. Aus dem gesamtstädtischen und durchaus differenzierten Predigerkolle-gium wird der allzuständige Einzelpfarrer in einem festen territorialen Rahmen. Diese kritische Sicht der Großstadt enthielt allerdings des öfteren einen folgen-schweren Irrtum: Die Stadt mit ihrer Anonymität, ihrer „Vermassung" und mit ih-ren „Versuchungen" war gar nicht die nachträgliche Zerstörung der etablierten Religion. Vielmehr kam es erst gar nicht zur Etablierung von organisierter Kirch-lichkeit nach dörflichem Modell: als Ensemble von großen Familien mit weitge-hender Deckungsgleichheit von Lebens- und Arbeitsort. Insofern starb dort nicht etwas ab, sondern es gelangte Kirche nicht mehr, wenigstens nicht mehr *so* zum Leben, wie man sie bisher kannte. Und doch kam es zu einem erstaunlich be-harrlichen Festhalten am „Mythos der Landgemeinde". „Das System einer Dorf-gemeinde (wurde) in die Großstadt verpflanzt".[17]

Damit gerät die Parochie unter den Zwang, die dörfliche Lebenswelt in sich nach-zubauen und Gemeindeverband familienhaft abzubilden - ein hoffnungsloses und letztlich ideologisches Unterfangen im Blick auf *alle* Stadtmenschen. Allerdings blieb es ein durchaus sympathisches und hilfreiches „Bild" im Blick auf bestimm-te Einzelgruppen in der Stadt, wie Kinder, Familien-Frauen, Alte etc. In dem Aus-maß aber, wie diese Gruppen nur eingeschränkt am Leben der Stadt teilnahmen, nahm konsequenterweise auch die „Orts"-Gemeinde nur eingeschränkt an der Le-benswelt der Stadt teil. Anders als im Dorf wird dann die städtische Kirchenge-meinde im Grunde - wie E. Lange rund hundert Jahre später aus seiner Berliner Erfahrung heraus provozierend formulierte - zu einem „Ensemble der Opfer" der modernen urbanisierten Gesellschaft.

Das Parochialsystem, *neu* in die neuen Städte implantiert, hatte die erhoffte Inte-grationsleistung *nicht* erbringen können:

1. Die Auseinandersetzung mit den antikirchlichen politischen und Denkbewe-gungen konnte nicht konstruktiv gewendet werden: die Reintegration des vier-ten Standes.

2. Und auch das liberale Bildungs-Bürgertum baute sich seine eigene Vereinswelt auf und praktizierte gemeindeähnliche Gesellungsformen, die aber eben nicht-

---

17 K. Immer: Art. Großstadt und das Evangelium, in: F. Karrenberg (Hg.): Evangelisches So-ziallexikon, Stuttgart 1965, S. 543. Auch im römisch-katholischen Kirchentum setzt sich diese Organisationsform durch und bleibt mit dem „Mythos der Landpfarrei", die der französische römisch-katholische Großstadtseelsorger und Religionssoziologe J.-F. Motte so beschreibt: „Es ist nicht selten, daß Pfarrer, deren Wunsch nach einem Amt in der Stadt in Erfüllung ge-gangen ist, dort alles daran setzen, um in der Stadt - eine Landpfarrei aufzuziehen; vgl. J.-F. Motte: Der Priester in der Stadt. Grundlinien moderner Stadtseelsorge, Augsburg 1960, S. 37f. Im Wirksamwerden eines solchen Mythos vermutet Motte verheerende Wirkungen für die Stadtseelsorge.

parochial waren und sich teils in spürbarer Distanz zur institutionalisierten Kirchlichkeit befanden.

3. Die sozialdiakonischen Herausforderungen konnten nur annäherungsweise durch Vereine (Innere Mission, diakonische Anstalten, Bahnhofsmission, Herbergen zur Heimat etc.) als sozial beweglichere Formen des Protestantismus wahrgenommen und angepackt werden. Ihre Integration in die Parochie gelang allerdings nicht.

4. Die notwendige Binnendifferenzierung des kirchlichen Amtes (theologisch gesprochen) oder des Berufsspektrums (soziologisch gesprochen) erfolgte langfristig nicht. Nur schleppend gelang sie in Arbeitsfeldern, die deutlich als uneigentliche oder Vorfelder stilisiert waren. Man ordnete diese Berufe dem Amt des parochialen Predigers und Seelsorgers im Sinne zuarbeitender Tätigkeiten unter.

Radikaler - wenn auch theologisch konservativer - war das Konzept einer Stadtmission.[18] Hier sah man klarer den tiefgreifenden Charakter urbaner Modernisierung: In der neuen Stadt verliert sich die Deckungsgleichheit ihrer Fläche mit flächig vorhandener und vor allem flächig organisierter Religion. Die Lösung wird nicht mehr in einer kirchlichen Reorganisation gesehen, weil das Übel nicht in einer Entfremdung von der Kirche infolge kirchlicher Unterversorgung und kirchlicher Anonymität von Großgemeinden gesehen wurde. Ursache war der Säkularisierungsschub des neuen Großstadttypus mit weltanschaulicher Kampfsituation. Klarer reagierte man hier auch auf die durch die proletarische Arbeiterbewegung gegebene Atheismus-Problematik, d.h. auf das Phänomen entstehender Weltanschauungen mit antikirchlichem und antichristlichem Akzent. Stadt ist religiöses „Heidenland"; und die Antwort auf „Neuheidentum" heißt daher *Stadtmission.*

Fassen wir zusammen: In der neuzeitlichen Industriegroßstadt setzten Kirche und Christen auf ein differenzierendes Praxishandeln ohne vorliegendes integratives Konzept: Parochialisierung einerseits, diakonische und missionarische Spezialisierung andererseits. Damit ergab sich aber zugleich ein „Zerfall" oder eine *Aufgliederung eines einheitlichen Handlungssubjekts Kirche.* Vereine, Werke und Verbände mit autonomen Strukturen formten *ein aufgegliedertes Christentum* aus, das nicht mehr mit Kirche identisch ist. Wenn es auch mit der institutionellen Kirche vielfach verschränkt und personell verbunden war, so setzt es doch eine andere Handlungslogik und neue Handlungs- wie Gesellungsformen eines stärker individualisierten Christentums frei.[19] Damit verschärft sich eine Entwicklung, die

---

18 Vgl. das Beispiel Berlin: M.Greschat: Die Berliner Stadtmission, in: K. Eln/H.-D. Loock (Hg.): a.a.O., S. 451ff.

19 Natürlich kann man historisch daran gehen und die einzelnen Elemente der alten Stadt rekonstruieren und nach neuen funktionalen Äquivalenten suchen. Aber das würde nicht sehr viel weiter führen. Aufschlußreich scheint mir lediglich die Beobachtung, daß der Protestantismus sich nicht nur differenziert, sondern sogar gewisse Entsprechungen zur alten (d.h. spätmitteal

bereits älter ist: Kirche mit ihren Kern-Institutionen und -Ritualen einerseits und die (christliche) Religionspraxis andererseits sind nicht mehr deckungsgleich, sondern treten zunehmend auseinander.

Nich nur die Stadt hat also ihre *komplexe oder multiforme Struktur*, sondern sie nötigt sie auch der Kirche auf. Denn *differenzierte Zugänglichkeit* für höchst unterschiedliche Menschen einer Stadt muß in Verbindung gesehen werden mit der *Funktion symbolischer wie realer Integration* der Menschen in diese Stadt. Diese Integration steht keineswegs immer zu Recht unter dem ideologiekritischen Verdikt, symbolische Verschleierung von gesellschaftlichen Widersprüchen oder symbolischer Überhöhungen von Illusionen zu bewerkstelligen. Mit Recht trug sich die Kirche zu Markte, inszenierte öffentlich ihr *Verwobensein in die Stadt*. Aber sie setzte auch - bis ins bautechnische Detail - *ihr symbolisches Gegenüber* in Szene. Die Anteilnahme an der Stadt war immer voller Spannung zum städtischen Gemeinwesen. Kirche verstand ihren integrativen Beitrag immer *auch* als die Hervorhebung der Differenz des *geschenkten* Glaubens zur *gemachten* Stadt. Mit den historisch gewonnenen Grundmerkmalen: *differenzierte Zugänglichkeit, öffentliche Repräsentanz, auf Differenz beruhende Teilhabe* und *symbolische Integration*, sind zugleich brauchbare Kategorien gegeben, um nach „Fortschreibungen" unter veränderten Bedingungen Ausschau zu halten.

4. Ansatzpunkte der Zurückgewinnung pluraler Arbeitsansätze einer Kirche in der Stadt

In einigen Teilbereichen städtischer kirchlicher Arbeit freilich verschränken sich gegenwärtig gegebene Komplexität und erlebte Hilflosigkeit in der konzeptionellen Planung zu einer spürbaren Lähmung. In solchen Zeiten wird schnell der Ruf laut nach integralen bzw. generellen *Konzeptionen* und nach *Profil*. Solche Rufe - so plausibel und entlastend sie zunächst klingen - werden im Blick auf urbane Zonen noch schneller ins Leere laufen als die breite, aber wenig Wirkungen zeitigende Gemeindeaufbau-Diskussion der letzten Jahre. Denn Kirche wie Stadt sind (s.o.) keine einheitlichen Gebilde, keine (Auf-)Baustellen mit fixem Bauplan; sie sind nicht einmal ein homogenes Handlungssubjekt.[20]

(d.h spätmittelalterlichen) religiösen Stadtkultur in ihrer Differenziertheit zurückgewinnt: Frankfurt erhielt zwei Diakonissenhäuser (in Analogie zu Klöstern), verschiedene berufsständig zentrierte Laien-Vereine (in Analogie zu alten Bruderschaften) und auch Vereinshäuser mit einer anderen Raumkultur (in Analogie zu den Klosterhöfen o.a.). Eine Entsprechung erfährt diese protestantische Kultur zur spätmittelalterlichen auch insofern als diese unterschiedlichen Orte auch differente theologische Entwürfe oder Frömmigkeitsmodelle beinhalten, somit auch zu pluralen religiösen Identifikationsorten werden (vgl. die Anstaltsgemeinden der Diakonissenhäuser etc.).

20 Problematisch ist dieser Ruf nach Konzeptionen und Profil also auch deshalb, weil eine wichtige Voraussetzung verantwortlicher Rede von Profil und Konzept nicht gegeben ist:

Wenn die Rede von Individualisierung, Differenzierung des Lebensstils etc. nicht nur zur Entlastung mißraten soll, weil man eine kohärente Praxis „postmodern" nicht mehr für machbar hält, dann muß man dies operativ wirksam wenden durch zwei Grundentscheidungen: durch Verzicht auf einheitsstiftende Konzeptionen (4.1) und als weitergehende Unterstützung der Vervielfältigung von unterschiedlichen Profilen (4.2). Dieser Verzicht bedeutet nicht Chaos, keine Preisgabe vernünftigen Planens und Handelns, beinhaltet nicht Verzicht auf kritische Musterung. Es wird lediglich die Konsequenz aus der Realität städtischen Pluralismus gezogen und *nach neuen Vorstellungen und Möglichkeiten der Integration* gefragt, *die nicht geleitet sind vom Gedanken der Vereinheitlichung* (als Konzentration auf das „Eine, was Not tut", durchgängiges Profil etc.). Dazu will ich in zwei Vorschlagsreihen einige Hinweise zur Fortschreibung kirchlicher Praxis in Städten geben.

4.1 Freisetzende Effekte durch Änderungen der Rahmenbedingungen

Möglicherweise sind Reformen auch durch Rücknahmen (Re-formungen) historischer Entwicklungen zu leisten. Zu fragen ist also im kritischen Durchgang durch die eigene Geschichte, ob Entwicklungen einschneidend zu korrigieren sind, die zwar ehemals eine historische Plausibilität hatten, aber produktiven Weiterentwicklungen im Wege stehen. Damit ist gemeint, zu prüfen, ob das Rahmen- oder Regelwerk kirchlicher Arbeit verändert werden muß. Eine solche Prüfung und Veränderung scheint mir in folgenden Bereichen angezeigt:

4.1.1 *Rücknahme der Parochie und Stärkung der gesamtstädtischen Perspektive*
Inzwischen ist die Kirche in der Stadt von ihrer Vergangenheit eingeholt worden. Alte Probleme sind in neuer Themenstellung auf der Tagesordnung: die Umstrukturierung der Innenstädte und die Herausforderungen ihrer Reurbanisierung. Die Anstrengungen zur Wiederaufwertung sowie Revitalisierung der Kernstädte und der innenstadtnahen Bezirke machten auch die lage- wie sachgerechte Nutzung der Innenstadtkirchen zu einer Aufgabe. Reformversuche im Umkreis dessen, was man als City-Kirche[21] diskutierte, antworteten auf diese Situation nicht nur mit funktionalen gebäudlichen Umnutzungsvorschlägen. Vielmehr besann man sich auf die mit diesen Räumen ursprünglich gegebene Verpflichtung, *die gesamtstädtische Repräsentanz von Kirche und ihrer „Sache" zu verstärken.* Das heißt nichts anderes, als die Idee der Stadtkirche gegenüber der Idee der relativ auto-

---

Kenntnis über die religiöse Lebenswelt des Städters einerseits (s.o.), aber auch sorgfältige Sichtung und Auswertung dessen, was sich durch Christenmenschen und in der kirchlichen Arbeit der Stadt bereits längst angebahnt hat. Auch hier hätten Profil-Postulate wie theoretische Arbeiten erst einmal re-konstruktive Hausaufgaben zu erbringen.
21 Aus der breiten Literatur sei genannt: H. Bauer u.a.: City-Kirchen. Bilanz und Perspektiven (Kirche in der Stadt Bd. 5) Hamburg-Rissen 1995.

nomen (Dorf-) Kirchengemeinde in der Stadt zu stärken. Die Grundüberlegung ist, daß Kirche ihre Teilhabe an und Verantwortung für die Stadt als Ganzes wahrnimmt und so „Inkarnation in die Stadt" (Göpfert) als ganzer vollzieht. Ob freilich Kirche unter den Bedingungen fortgeschrittener gesellschaftlicher Differenzierung „als Anwalt der Einheit der Stadt" fungieren kann, erscheint mir fraglich. Zwar kann man auch heute „die Beschwörung der Einheit der Stadt zur lebensnotwendigen Stadtliturgie der Stadt erklären" (Göpfert)[22]. Aber vielleicht sollte man aus der anwaltlichen Attitüde herausgehen und sich bescheidener als Ko-Produzent verstehen: Kirche ist mitverantwortlich dafür, nicht nur Gesichter in der Stadt wahrzunehmen, sondern auch dafür, das Gesicht der Stadt als eine eigene Herausforderung verstehen zu lernen. In der Mitarbeit an „städtischen Ritualen", in denen es um die Identität der Stadt, „um die Wiedergewinnung eines Grundkonsens in unserer Stadt" (Dannowski)[23] (z.B. gegen Ausländerhaß)[24] geht, mag man einen kirchlichen Beitrag zur Reurbanisierung der Städte sehen. Allerdings muß man sich über zwei Dinge klar sein: Zum einen werden die Großstädte von vielen Bewohnern/-innen als Konglomeration in einem Ballungsgebiet[25] erlebt und nur noch bedingt für identifikationsträchtige Zentralorte ihres Lebens angesehen. Und zum anderen war Kirche in der modernen, industriell und administrativ geprägten Großstadt nie „die Seele der Stadt", wie einige erhofften. Das Subjekt der Stadtliturgie ist - wenn überhaupt - eine bunte Koalition aus Interessen, Gruppen und Religionen.

Die Wahrnehmung dieser städtischen Aufgabe verlangt freilich andere Kompetenzen, wie sich zeigte: City-Kirche ist eben eine andere Qualität kirchlicher Präsenz und nicht die zentrale Parochie. Damit zeigte sich aber für die Stadtkirche, daß die bisherigen Reformdiskussionen bezüglich religiöser/professioneller Kompetenz und Parochie unzureichend sind und weitergeführt werden müssen: Sie haben als kritischen Gesichtspunkt hervorgehoben, daß die Parochie tendenziell

---

22 M. Göpfert: Kirche in der Großstadt. Milieustudie zwischen Resignation und Utopie, a.a.O. S. 58.
23 H.-W. Dannowski: Kirchliche Praxis in der Stadt. Leitlinien für kirchliches Handeln in der Stadt von heute und morgen (Hofgeismarer Protokoll vgl. Anm.1), S. 108ff., hier: S. 112f.
24 Vgl. den weiterführenden Beitrag von W. Grünberg: Die Idee der Stadtkirche, PTh 79 (1990), S. 132ff.
25 Der Prozeß der Auswanderung der Stadtbewohner in die Grün- und Eigenheimgürtel (Suburbanisierung) mit dem Leitbild „Eigenheim in Stadtnähe" hat als „dominierendes Modell der Bevölkerung die halbstädtische, ländlich-urbane Wohn- und Lebenswelt herausgebildet" (W.Polster/K.Voy: Zurück zur Stadt?, Universitas 1989, S. 549ff., hier: S. 552). „Der alte Gegensatz von Stadt und Land, über Jahrtausende eine zentrale Bewegungsform gesellschaftlicher Prozesse, ist verschwunden. Die übergreifende, prägende Struktur ist die Agglomeration, das Ballungsgebiet." (Ebd.) Nun scheint mir allerdings die kirchliche Diskussion noch zu sehr der Idee der alten Stadt oder auch dem Wunsch nach Reurbanisierung nachzuhängen. Diese Ballungsgebiete können „keineswegs umstandslos als städtisch beschrieben werden" (ebd.). Freilich gibt es in ihnen ein Zentrum-Peripherie-Gefälle mit Zwischenschritten, in denen die Rede von der Stadt noch durchaus Sinn macht.

einen überzogenen Alleinvertretungsanspruch als „eigentliche" kirchliche Repäsentanz vertritt und sich dabei kompetenzmäßig übernimmt. Die dagegen entstandenen funktionalen Dienste und Spezialämter werden sekundär abgeleitet und im Kürzungsfall als entbehrliche Arbeitsform gewertet. Sie sollten aber - so die Forderung - in ein gleichgewichtiges Verhältnis gebracht werden, weil sie gültiger Ausdruck einer gesellschaftlichen Differenzierung[26] sind. Dem ist nicht zu widersprechen. Offen bleibt aber die Frage[27], ob es nicht jenseits des alten Modells Parochie-Spezialdienst Möglichkeiten und Notwendigkeit weiterer Profilierung und Pluralisierung gibt. Gerade die Praxis der City-Kirchen hat ein doppeltes gezeigt: zum einen ist zu überlegen, ob die Zuordnung von spezieller und allgemeiner Kompetenz neu gedacht und praktiziert werden muß, was *neue berufliche Kompetenzprofile* erbringen würde. Zum anderen ist die Rücknahme der Parochie weitergehend zu verstehen als *Rücknahme des starren parochialen Aufgabenkatalogs*, der durch Kirchenordnung und Ordination kanonisiert ist. Er ermöglichte keine wirklichen Profile, ließ allenfalls Akzentuierungen zu und koppelte diese Akzente an das persönliche (und d.h. „private") Profil des Pfarrers/der Pfarrerin. (Auch hier kann Kirche an konstruktive wie problematische Erfahrungen anknüpfen: Kirche hat bedenkenswerte Vorstellungen und eine beachtliche Praxis entwickelt, *in Neubausiedlungen und Trabantenstädten* mit einer *gemeinwesenorientierten Stadtteilarbeit* Menschen beim Fußfassen in unwirtlicher Umgebung behilflich zu sein. Aber die einschnürende Wirkung der kirchenrechtlichen Standard-Festschreibung wie eines „geheimen Gemeinde-Curriculums" haben eine wirksame strukturelle Profilierung verhindert. Das belegt drastisch die schrittweise Wiederangleichung an „normale" Gemeindearbeit, obwohl aus der Siedlung weder Stadtteil noch Dorf in der Stadt wurde. Eine andere Arbeitsform wäre *bleibend* nötig gewesen.)

Dann steht also nicht nur eine Erweiterung des Gemeindebegriffs im Sinne einer Flexibilisierung zur Debatte, sondern die Beantwortung der Frage an, ob *profilfördernde Freisetzung auch durch Verzicht auf eine standardisierte pastorale Grundversorgung oder einen kanonisierten Aufgabenkatalog erreichbar* ist.
Warum sollte es beispielsweise Gemeinden nicht anheimgestellt sein, einen allsonntäglichen Gottesdienst nicht nur abzuschaffen, sondern durch neue Formen regelhafter Verkündigung zu ersetzen. Der einen Gemeinde mag es gut anstehen, nur noch einmal im Monat einen als integral und gewichtig gedachten Gottesdienst zu halten, der sich an liturgische Formulare hält - vielleicht mit Elementen von Gemeindeversammlung und Agape-Feiern angereichert. Unter der Woche können bestehende Verkündigungsformen nicht nur als Gottesdienst-"Ersatz" to-

---

26 Vgl. H.Chr. Stoodt: Formen kirchlicher Arbeit an der Schwelle von der Industrie- zur Risikogesellschaft, PTh 80 (1991), S. 116-132.
27 Die Spezialdienste sind allerdings zu befragen, ob sie nicht häufig einem Funktionalismus unterliegen und keine religiös-symbolische Kultur entwickelt haben.

leriert, sondern - übrigens auch liturgisch und gestalterisch - gefördert werden.[28] Und warum sollte nicht eine andere Gemeinde sich ganz auf das Liturgische konzentrieren können? Der Ruf nach dem Profil ist also städtisch allemal nur im Plural zu denken. Das macht aber eine Neuverständigung über die wirklichen, praktischen notae ecclesiae notwendig: Was muß in einer Parochialgemeinde unabdingbar vorhanden sein, praktiziert werden? Welche für alle (wieder) erkennbaren symbolischen Formen und Strukturen im nahen Einzugsbereich von Menschen muß Kirche aufweisen? Wäre beispielsweise denkbar, daß dies für die überwiegende Zahl der Parochien vorrangig oder gar ausschließlich durch die (dann höchst intensivierte) Kasualpraxis reduzierbar wäre, während das Gottesdienstleben (ebenfalls hoch professionalisiert) in übergeordneten Predigtkirchen konzentriert wäre, die für mehrere Seelsorgebezirke zugeschnitten wären? Und wäre es wirklich bedenklich, wenn man nach dem Motto handeln würde: lieber weniger, aber exzellent vorbereitete Gottesdienste mit nach Professionalität wie Charisma „berufenen" Predigerinnen/ Predigern als regelhafte dezentralisierte Minimalqualität?

4.1.2 *Rücknahme der Integration von freien Trägern und Entbindung aus standardisierenden, bürokratischen Strukturen*

Die institutionalisierte Kirche hat die im 19. Jahrhundert aufgekommene Pluralität der Arbeitsformen wie der sozial unterschiedlichen Träger ökonomisch wie organisatorisch in den letzten hundert Jahren an sich gezogen bzw. übernommen: Jugendarbeit, unterschiedliche Vereine, Werke etc. Besonders nach dem 2. Weltkrieg setzte eine breite Einfügung in bürokratische Muster von Ausbildungshierarchien, Leitungshierarchien und behördlichen Organisationsmustern ein. Aus relativ autonomen Vereinen und Werken wurden abhängige Dienststellen. Bislang wurde das unkritisch als Gewinn, als Konzentration, als Beitrag zur Spezialisierung und Professionalisierung der Arbeit etc. gepriesen. Dies ist heute sehr viel kritischer zu sehen, denn der Preis dafür war hoch: Standardisierung und eine tendenzielle bis in die Einzelheiten der Fachsprache und Konzeptbildung gehende Homogenisierung in Kirche und Diakonie. Diesem Prozeß entsprach in sehr vielen Fällen kein gleich hoher Gewinn an innerer und inhaltlicher Pluralisierung, an Stärkung der Partizipation der Betroffenen und „Nutzer"; er fördert nur sehr eingeschränkt die in Aussicht gestellte Alltagsnähe und Unterstützung zur Selbstorganisation[29], schwächte vielmehr freie Mitarbeit. Es kam also nicht zu unterstützenden Beratungs- und Mitfinanzierungshilfen durch Kirche, sondern zur Einfüg-

---

28 Immer noch ist hier beispielhaft auf die vorbildliche Arbeit der Arbeitsstelle für Gottesdienstgestaltung der EKHN in Frankfurt/M. etc. hinzuweisen, ein - übrigens seltenes - Paradebeispiel eines hoch wirksamen professionalisierten und doch kreativen Beratungs-Services in der Kirche.
29 Hier wäre die Praktische Theologie gut beraten, den selbstkritischen Diskursen in der Sozialarbeit/ Sozialpädagogik große Aufmerksamkeit zu schenken.

ung in bürokratische Organisation. Man kaufte sich damit aber auch hohe Selbstläufer- und Selbstbeschäftigungsmentalitäten ein. Die weitgehende Übernahme der Leitung durch Hauptberufliche einerseits sowie Theologen/ Theologinnen andererseits erhöhten Prozesse institutioneller Kontrolle. Aber dies fördert nicht gerade die Kreativität.

Heute ist zu prüfen, ob diese Prozesse dahingehend zurückzunehmen sind, daß Arbeitszweige in eigenständige Gesellschaften mit eigenständigen Haushalten, Mitarbeiterprofilen, mit eigenen Finanzierungsnotwendigkeiten etc. zurückgeführt werden müssen, um eine Dynamisierung zu erreichen, Pluralisierung zu ermöglichen und Kompetenzprofilierung zu ermöglichen. M.E. können Gestaltungsspielräume nur durch Ausgliederungen und Verselbständigung gewonnen werden, was in der Tat verbunden ist mit einem neuen inhaltlichen wie ökonomischen Druck, sich auf wechselnde Zielgruppen einzustellen.

4.1.3 *Wieder-Aufwertung des Charismas: Beibehaltung von Berufsvielfalt und Zugangsvielfalt und Korrektur der einseitigen Professionalisierung*

Die Erfahrungen des 19. Jahrhunderts belegen, daß Wirklichkeitsbezug und Wahrnehmung gegliederter Aufgaben von Kirche nicht von der Frage eines gegliederten Amtes und einer differenzierten Professionalität zu trennen sind. Die erkennbare Tendenz, unter dem Druck der Ressourcenkonzentration das Berufsspektrum zu Lasten nicht-pfarramtlicher Berufe auf das Pfarramt einzuschränken, ist eine Gefährdung des erreichten differenzierten Zugangs zur gesellschaftlichen Wirklichkeit.

Auf der anderen Seite ist die nahezu ausschließliche Orientierung der kirchlichen Berufswelt an standardisierten Ausbildungsgängen sowie an fortschreitender Akademisierung keineswegs unproblematisch. Längst hat die Professionalisierung theoretisch wie praktisch ihre Unschuld verloren. Die in anderen sozialen Berufen[30] bereits seit Jahren laufende kritische Diskussion der Professionalisierung und die Überlegungen zu einer Entprofessionalisierung oder „gemischten Professionalisierung" sind allerdings in der Kirche noch gar nicht so recht ins Laufen gekommen; hier ist ein empfindlicher Rückstand festzustellen. Allein die schichtenspezifische Einengung durch sich ausweitende „einschlägige" Akademisierung wäre der Kritik würdig; die kolonialisierenden Wirkungen von Verfachlichung und Wissenschaftsorientierung ebenso. Wenn nicht eine Durchmischung unterschiedlicher Zugänge zu kirchlichen Berufen, andere berufliche Vorerfahrungen und Berufsausprägungen integriert werden bzw. bleiben, wird allemal Immobilität gefördert. Die Verengung des Berufsspektrums auf theologische, pädagogische und psychologische Ausbildungsgänge ist keineswegs bereits dadurch plausibel, daß Kirche „mit Menschen arbeitet" und daher sich vorrangig auf diese, dem Menschen *direkt* zugewandten Berufe beschränken müßte. Charisma steht be-

---

30 Vorreiter ist hier die Sozialpädagogik.

kanntlich weitgehend in Spannung zur Professionalisierung und wird erst dann voll wirksam, wenn unkonventionelle Berufseinmündungen in das kirchliche Arbeitsfeld - auch in den Pfarrberuf - möglich werden. Hier sind in der Kirche relativ starre Laufbahnsysteme eingeführt worden, die einmal aus berechtigter Sorge um einen fachlichen Standard entstanden sein mögen, inzwischen aber nicht nur ungewollte, sondern höchst unerwünschte Nebenwirkungen gezeitigt haben.

4.1.4 *Stärkung einer differenzierten Mitgliedschaft in der Kirche*

Was für den städtischen Menschen weithin gilt, ist auch für städtische Kirchenmitglieder in Anschlag zu bringen: Identifikation im Sinne einer umfassenden Beheimatung in *einer* Gruppe, Organisation oder Institution ist eher die Ausnahme als die Regel. Identifikation erfolgt mehr und mehr über Betroffenheit, Kompetenz, engagierte Sachaufgaben, erkennbare Stile und kommunikative Dichte, über Räume mit Platz für individuelle Selbstinszenierung in Freude, Klage, Trauer, Spiel, Fest etc.[31]

Es wird also immer mehr Menschen geben, die sich nicht mehr oder noch nie[32] mit der Kirche als Institution identifizieren können. Sie streben daher auch - die Analogien zum Staat sind durchaus nicht falsch - keine volle „Kirchbürgerschaft" mit voller Rechtseingliederung per Geburt und steuerrechtlicher Pauschal-Veranlagung (Kirchensteuer) an. Gibt es aber - wie empirisch eindeutig belegt - differenzierte Näheverhältnisse zur Kirche und ihrer *Sache*, was bekanntlich nicht dasselbe ist, dann muß es auch unterschiedliche Mitgliedschaften und alternative Finanzierungsmöglichkeiten als Auswahlmöglichkeit geben: Mitgliedschaften als Voll-Mitgliedschaft im bisherigen Sinne, Mitgliedschaften in Zielgruppengemeinden oder (selbständigen) Vereinen und Werken, Mitgliedschaft als „Freunde und Förderer" ganz bestimmter, selbstgewählter kirchlich verantworteter Projekte (der Entwicklungshilfe, Häuser der Stille, interreligiösen Begegnungszentren etc.).

Zu entscheiden ist, wie diese unterschiedlichen Formen der Mitgliedschaft eine gleichberechtigte Wertung und normative Akzeptanz erfahren und einen grundsätzlich gleichen Zugang zu den Angeboten, zu Mitbestimmung und Ressourcen der Gesamtkirche gewinnen können.

4.2 „Suchet der Stadt Bestes!" - Vier bestreitbare Akzentsetzungen bei dem Versuch, Kirche als Koproduzenten der Integration einer Stadt zu begreifen

Bisher ging es eher um Rahmenbedingungen und Veränderungen des rechtlichen Regelwerkes mit dem Ziel der Dynamisierung und Pluralisierung von Arbeitsweisen. Freilich: Auch sie enthalten bereits implizite inhaltliche Vorstellungen. Aber

---

31 Ich nehme hier frühere Gedanken auf: W.E. Failing: Zugehörigkeit und Formen der Mitgliedschaft, in: Person und Institution, Frankfurt 1992, S. 86ff.
32 Das letztere gilt insbesondere für die Gebiete der ehemaligen DDR.

man muß dennoch - jenseits von Stadtutopie und Stadtmission und unterhalb weitreichender Globalziele kirchlicher Arbeit - zu benennen versuchen, wo denn auf einer mittleren Ebene der Konzeptionsbildung *inhaltliche Akzentuierungen für die städtische Arbeit* zu orten sind. In Aufnahme der vorgetragenen Überlegungen zur Stadt als Lebensraum und Lebensform möchte ich vier Gesichtspunkte benennen, in denen sich theologische Gesichtspunkte mit einer Handlungsweise verschränken. Aber nicht so, daß erst abstrakte theologische Inhalte formuliert werden, denen dann Methoden der „Umsetzung" zugeordnet wären. Ich versuche damit zugleich, bereits laufende Praxis von Kirche, Gemeinden und Christenmenschen in der Stadt zu bündeln, so daß die folgenden Hinweise nicht als Novitäten zu gewichten sind.

Die kritische Kontrollfrage wäre, ob diese Gesichtspunkte Aufmerksamkeit steuernde, motivierende und handlungsorientierende Kraft entfalten können oder nicht.

4.2.1 *Grenzen schwimmend und Differenzen aushaltbar machen: Kirche als (feiernder) Zelebrant und (exorzistischer[33]) Störenfried oder: Kirche als Schwellen- und Übergangskultur*

Die uns beschäftigende Doppelfrage nach Pluralität und Integration kann auch so beschrieben werden: Kirche in der Stadt nimmt die Pluralismusproblematik und die Integrationsfunktion dadurch gleichzeitig wahr, daß sie sich als eine Kirche des „Zwischen" versteht, als Schwelle, als Foyer, als ein Element städtischer Agora. Warum muß hier ein Eigenmerk liegen? Die Stadt leidet in besonderem Maße unter einem Folgeproblem der Pluralisierung: Gibt es überhaupt noch eine (oder mehrere) Ebene(n), auf der wir uns über subkulturelle Gruppen hinaus in Fragen des gelingenden Lebens, des Bauens und Wohnens, des Arbeitens und Genießens, des erfahrenen Leides und des Glaubens etc. ins Benehmen setzen können?

Einheitsstiftendes Vertrauen resultiert aus wahrgenommenen Kommunikationsebenen. In der Stadt werden Kommunikationsinhalte zunehmend nur noch medial vermittelt und gefunden und in mehreren unverbundenen Teilgruppen, in denen man lebt, kommuniziert. Verständigung entsteht so nicht unbedingt, angestrengtes Verstehen wird so nicht bewerkstelligt, allenfalls Befindlichkeiten erreicht, gelegentlich auch Betroffenheit. Hier liegt für die Kirche eine große Aufgabe: *Kommunikation zu stiften, wo keine ist.*

Nach Integrationsleistung von Kirche und Religion in der und für die Stadt fragen, heißt deshalb keine unanständige Frage stellen.[34] Denn der Stadt Bestes suchen, heißt auch nach dem *Frieden einer Stadt,* also jenem labilen Zustand von umschließender und tragender Kraft zu fragen, die Frieden auch als Befriedung er-

---

33 Von der exorzistischen Funktion der Kirche in der Stadt hat m.W. als erster H. Cox gesprochen: Stadt ohne Gott?, Stuttgart 1969.

34 Gemeint ist der häufige Verweis auf die ideologische Funktion von Kirche.

kenntlich macht: Momente von Ausgleichen und Eingliederung von Ungleichem und Ungleichartigem. Es ist dies die *Dimension der Versöhnung*. Versöhnt werden kann nur Unverträgliches, Versöhnung heißt überbrückende Relationen stiften, wo eigentlich keine sind. Frieden als pax civitatis ist Arbeit an der Versöhnung, nicht um beschwichtigend abzusättigen, sondern um Kraft zum Weiterschreiten in befremdlicher Welt zu geben. Integrative Kraft zu entfalten, Gott als einen Gott der Beziehungen[35], des Übergreifenden und Verbindenden verständlich zu machen und zu erfahren, das kann freilich in der pluralen Stadt nicht mehr als vereinheitlichende, integrationalistische Kultur vonstatten gehen, auch nicht als Beheimatung in der Gemeinde. Die Sehnsucht nach dem neuen Himmel und der neuen Erde schämt sich nicht des Bedürfnisses nach stützenden Erfahrungen und haltender Umgebung, weiß sich aber unterwegs. Frieden heißt dann nicht zur Ruhe kommen als Befriedungsprozeß, sondern *zur Spannkraft wachen Weiterlebens* zu finden. So verstanden entzieht sich auch die symbolische Integration einer geläufigen Entgegensetzung von Stabilisierung oder Emanzipation. Denn Integration setzt die kommunikabel gehaltene Inszenierung der Irritation, die Vergegenwärtigung des Unverträglichen voraus, ohne die eine Stadt erstarren würde.

Man kann aber den Prozeß der symbolische Integration auch als die Schaffung von Bezügen, als Relations-Stiftung beschreiben. Diese Relationierung von Menschen in der Stadt, von Bürgerinnen und Bürgern zur Stadt und ihrem Umland, die Vernetzung von Elementen der Lebenswelt ist nur dann als eine religiöse zu beschreiben, wenn sie mit einer prinzipiellen Relativierung verbunden ist: einer Verweigerung gegenüber der behaupteten und nicht eingelösten Selbstmächtigkeit einer Stadt als Sozial- und Kulturgebilde.[36] Nur so können auch neue Relationen gefunden werden, können Menschen sich in die Stadt übergreifende Relationen eingebunden, davon abhängig, getragen wie bedroht erleben. Freilich: Ohne eine geglaubte Hoffnung für eine neue Stadt, deren Umrisse man imaginiert (Vision), ohne ein Erschrecken über menschliche Grenzüberschreitungen wie unbegrenzter Gleichgültigkeit (Klage), ohne die Kraft der Empörung (Solidarität), mißrät dies zu einem hohlen Krisenmanagement.

---

35 Unter diesem Leitbegriff hat Chr. Albrecht seine Großstadt-Arbeit zu konzipieren versucht, ohne freilich produktiv die Spannungen und Differenzen aufnehmen zu können, vgl. Chr. Albrecht: Gemeindeaufbau in der Großstadt. Erfahrungen und Orientierungen, in: ThPr 23 (1988), S. 18-33, hier: S. 26.
36 Seit Jahrzehnten ist es *nicht* das Ideal der Menschen, in der Stadt zu wohnen, sondern am Stadtrand, zwischen City und „Natur". Die Umlandposition ist gewünscht und ersehnt. Nichts kann mehr verdeutlichen, wie wenig die Menschen der klassischen Stadt zutrauen, wie stark sie z.B. gegen die Künstlichkeit von Naturersatz (z.B. Park) optieren, der Stadt allgegenwärtige Gewalt- und Bedrohungspotentiale, Unüberschaubarkeit und Gefahr der Vereinzelung unterstellen. Nicht wenige wissen, daß das Freiheitsversprechen der Stadt nur von einem kleinen Teil genutzt werden kann.

Integration in einer pluralen (und nicht nur pluriformen) Stadt muß aber vor allem eine *Ermutigung und Hilfe zu Entgrenzungsvorgängen* leisten, was zwei Facetten hat:

(a) Zum einen geht es darum, starre Grenzen zu verflüssigen, spannungsvolle Begegnungen zu schaffen und gesellschaftlichen „Schwellendienst" zu leisten;

(b) zum anderen eine öffentlich-streitbare Grenzgänger-Kultur zu entwickeln und sich bei diesem Einmischungsgeschäft auch durch wachsenden Widerstand gegen solche Einmischung nicht beirren zu lassen.

D.h. sie wird sich verstärkt um folgende Dimensionen bemühen:

- Dienst an den Grenzen, d.h. Zelebration, Thematisierung, Verflüssigung und Bestreitung von scheinbar unüberwindlichen Grenzen durch Gottesdienste, Podiumsdiskussionen etc.;
- Schutzgrenzen ziehen: Die Asylfunktion von Kirchen setzt kein eigenes Recht, wohl aber ist sie Zeugnis gelebter Begrenzung von (administrativer) Macht;
- den interreligiösen Begegnungsraum vergrößern und insbesondere hier z.B. sich der Aufgabe der religiös gemischten Paare und Familien annehmen als eine erweiterte Dimension von Mischehen-Seelsorge und Wahrnehmung von familiärem wie nachbarschaftlichem Leben in mehreren Religionstraditionen zugleich. Und das heißt, Foren des Austausches über Möglichkeiten und Grenzen synkretistischer religiöser Alltagspraxis zu wagen;
- Verschärfung bestehender Grenzziehungen und Abgrenzungsproblematik durch Förderung runder Tische zur Streit- und Versöhnungskultur. Traditionell läuft das unter der Bezeichnung „Wächteramt der Kirche", Kirche als städtisches Gewissen.
- Schaffung einer integralen Festkultur, die sowohl (a) eine integrative Funktion für die Zusammenführung unterschiedlicher christlich-ethnischer Gruppen zum Ziel hat, als auch (b) die Schaffung integraler Rituale für die Stadt, und z.B. c) Ko-Produktion eines städtischen Festkalenders, der Geschicke und Geschichte dieser Stadt begeht und befeiert, ohne sie zu „beweihräuchern".

4.2.2 *Generalistisches Charisma versus marktkonforme Segmentbildung oder: die Kultivierung der lokalen Naharbeit*

Nun kann man einer Institution sicherlich kein personalisiert gedachtes Charisma zusprechen. Aber damit soll eine besondere Möglichkeit und ein besonderes Profil gekennzeichnet sein, das wahrgenommen, angenommen und gestaltet sein will.

In einer Zeit, die den Gedanken der Qualität wie der Effizienz offensichtlich verband mit dem Gedanken der Spezialisierung, der effizienten Expertise, des marktmäßigen, aber zielgruppenangemessenen Angebots, drohte ein ganz entscheidendes institutionelles „Charisma" der Kirche, der Volkskirche allemal, verloren zu gehen: *die Gabe der Diffusität, des Unpräzisen, des Generalistischen* versus Spezialistentum und Expertenkulturen, präziser gesagt: ihr historisches Erbe, ein generalistischer Träger und eine *Anlaufstelle für unspezifische Bedürfnisse des Alltags* zu sein und diese aufzunehmen; andererseits gerade durch diese Diffusität frei zu sein für elastische Strukturen der lockeren Verknüpfung mit spezialisierten Momenten und Arbeitsformen. Immer sollte sich in der Kirche eine allgemein-diffuse symbolische Präsenz finden lassen neben einem Arbeitsstil, der sich auf spezielle Gruppenmerkmale oder spezielle religiös-soziale Bedürfnisse bezieht.

Meine Behauptung ist nun, daß die Kirche bisher und auch die Großstadt-Kirche der Zukunft ihr Leben wie Überleben eher dieser generalistischen, d.h. alltagsorientierten Eigenart verdankt und verdanken wird. Es wird von Bedeutung sein, sich darüber nicht täuschen zu lassen, daß auch die Dienstleistungsgesellschaft an der integralen Arbeit am Alltag und im Alltag *kein* Interesse hat und keine Kompetenz aufweist. Diese alltagsorientierte Arbeit nimmt wahr und nimmt auf, daß die Städter oder die Bewohner/ Bewohnerinnen von Ballungsgebieten zu einem erheblichen Teil immer noch und sogar wieder neu stark gebunden bleiben an den Wohnraum und die Wohngegend. So spielen in Frankfurt wie im Umland die Bindung und das Zugehörigkeitswissen zu einem Stadtteil oder einem Teil im Stadtteil durchaus eine beachtenswerte Rolle, sogar eine größere als viele Behauptungen über die Ungebundenheit und Mobilität vermuten lassen.

Die Realität der Nähe Gottes bei den Menschen ist nicht frei von Erfahrungen realer Nähe von Christen und Kirche (in einem weiten Sinne). Unbeschadet der abstrakten Richtigkeit, daß die Gegenwart Gottes als dessen Aktivität unabhängig von unserem Bewußtsein und unseren Erlebnissen ist, ist die Frage nach der Zugänglichkeit von christlichen Symbolen und der Begegnung mit davon angerührten Menschen von wachsender Bedeutung, gerade weil ein gesellschaftliches Milieu-Christentum nicht mehr wirksam ist.

Erste Anlaufstelle der Menschlichkeit zu sein - das wäre keine falsche Bezeichnung, fordert aber eine hohe Kompetenz (und eine andere Ausbildung). Das bedeutet eine weitergehende Ernstnahme aller alltagsnahen Arbeitsweisen, der Kasualpraxis, der Konfirmandenarbeit, der Angebote für Kinder(garten), als Beitrag zur lebenslaufmäßigen Integration durch alltagsnahe Bildung, zur lebenszyklischen Übergangszelebration, in der erkenntlich wird, daß Kirche den Einzelnen in absichtsloser Weise „wahrnimmt". Es ist im Blick auf die Innenstädte von der flüchtigen Passantenarbeit gesprochen worden. Aber auch in den anderen Stadtteilen ist kirchliche Arbeit Passagier-Arbeit in einem zeitlich und sachlich erweiterten Sinne.

4.2.3 *Symbolisch-integrative Kult(ur)räume gestalten*

Der städtische Mensch hat - gerade durch seine höhere Mobilität - eine intensivere Beziehung zum Raum, zu spezifischen, geprägten und gestimmten Räumlichkeiten. Raum ist ja nicht einfach Container für davon unabhängige Inhalte, Schachtel zum Aufbewahren von Bedürfnissen, Kastelung von Bewußtsein.

Raum hat nicht nur, sondern ist Inhaltsbezug. Die Leiblichkeit seiner realen Begehung ist mit-prägend. Gestaltungsfragen des Raumes sind also keine Dekorationsfragen, sondern Inhaltsfragen.

(Das zeigt sich auch an den jüngeren kirchlichen Bauphasen: Die (historisch gesehene) stadttypische Ausdifferenzierung des kirchlichen Bauvolumens in „Gottes"haus und „Gemeinde"haus sowie die frühere Etablierung von „Vereinshäusern" bei gleichzeitiger langsamer Veränderung von Qualität und Funktion des „Pfarr"hauses durch das „Pfarr"- bzw. „Gemeinde"-Büro" war eine bauliche Antwort auf differenzierte Bedürfnisse der Gemeinde. Unter der Hand vollzug sich damit auch eine Flexibilisierung des theologischen Gemeindeverständnisses.)

Gegenwärtige Ressourcenkonzentration aus Finanznot haben das Raumangebot von Kirche als ein wesentliches Moment kirchlicher Präsenz erneut prekär und herausfordernd werden lassen. Auch hier steht wieder das Grundverständnis von städtischer Kirche auf dem Spiel. Wir fragen also - entsprechend unserer Fragestellung - in zwei Richtungen: Was heißt - bezogen auf Räume - Pluralisierung, symbolische Repräsentanz und Integration?

Die Bedeutung zentraler, prägnanter Kirchen in der City ist erkannt und hinreichend diskutiert[37]. Weniger klare Vorstellungen bestehen für die citynahen Stadtteile sowie die Vorstädte. Gänzlich undiskutiert blieb bisher die Raumkultur jener Arbeitszweige der Kirche, die als Funktionspfarrämter oder Spezialdienste bezeichnet werden. Die gerade mit der städtischen Differenzierung sich ergebende Ausformung funktionaler Spezialdienste, die sich direkt auf Menschen in speziellen Situationen beziehen, hat bisher keine hinreichende räumliche Eigenkultur entwickelt.

Da Menschen aber trotz hoher Mobilität an der Attraktivität von Räumlichkeiten, am Bekanntheitsgrad einer „Adresse" und an Verkehrsflüssen orientiert bleiben, ist die Bündelung professionellen know hows in „Häusern der Kirche" mit Haushalts- wie Kulturautonomie wünschenswert. Doch es geht nicht nur um Erhöhung der Austausch- und Übergangsmöglichkeiten für Menschen der Stadt, sondern auch darum, die Bedeutung atmosphärischer Raumangebote, von „Ambiente", von „Stil" zu erkennen. *Es muß ein räumlicher Ausdruck kirchlichen Selbstverständnisses sein, daß in solchen Häusern und (Arbeits-) Zentren funktionale, sachbezogene Räumlichkeiten mit nicht funktionsfixierten Räumen, mit Räumen geselliger Kultur wie der Stille, verbunden sind.*

Räumliche Repräsentation und Zugänglichkeit der Stadtkirche auf mittlerer Ebene sind allerdings noch nicht weit genug entwickelt. Vielfach haben solche Häuser die Qualität von bürokratisch-funktionalen, oft sogar „behördlich-sterilen" Räumen. Sie sind allenfalls „Adressen", aber keine Orte. Sie stellen damit entweder die Arbeit gleichsam weit unter Wert dar oder sind Niederschlag mangelnder

---

37 M.C. Neddens/W.Wucher (Hg.): Die Wiederkehr des genius loci. Die Kirche im Stadtraum - die Stadt im Kirchenraum, Wiesbaden 1992.

Raumkultur. Was in den Diskussionen um City-Kirchen mit Recht betont wurde, nämlich die produktiven Möglichkeiten der Verschränkung von sozialen mit kultischen Orten zu einem *spezifischen, erkennbaren oder prägnanten Raumensemble*, ist auch auf solche Mittelzentren kirchlicher Präsenz auszudehnen. Häuser der (städtischen, überparochialen) Kirche sollten nicht nur technisch-funktionale Bündelung verstreuter Angebote und Dienste ermöglichen. Sie könnten auch eine Bündelung von in Raum gegossener Bedürfnisse „darstellen"- darunter sicherlich auch die nach Rückzug, Stille, Atemholen und Meditation. Solche kultivierten Häuser der Kirche könnten ein weiterführendes „stilles" Angebot abgeben, in dem Menschen ihre momentane Situation oder ein spezielles Bedürfnis transzendieren durch die induktive Attraktivität gestalteter und anderer Räume.

Hier geht es nicht primär um Fragen vordergründiger Ästhetisierung, sondern um die raumhafte Gestalt des vielfältigen und „ganzheitlichen" Anliegens einer Kirche, man könnte auch sagen der Ernstnahme pluraler Bedürfnisse. Die Vermittlung unterschiedlicher Bedürfnisse gelingt nicht vorrangig oder allein durch sprachliche Erläuterung oder gar Appell, sondern durch die Sprache der Räume und die in ihnen waltende Atmosphäre. Und es ist eine erstaunliche Entwicklung, daß unter dem Druck, zu viel und zu großen Raum zu haben, auch starke Impulse vorhanden sind, die Funktionen Kultraum, Gemeinderaum, Aktionsraum wieder zusammenzubringen. Es mag sein, daß die funktionale Trennung von Gotteshaus, Pfarrhaus und Gemeindehaus zurückgenommen wird - ohne in die problematische Vorstellung der sechziger und siebziger Jahre von polyvalent verzweckten Sakralräumen zurückzufallen.

Räume „sucht man auf" wegen ihrer Prägnanz, ihrer atmosphärischen Dichte - sagten wir. Diese Prägnanz freilich setzt Beteiligung an Kultur und Kunstschaffen und Einbeziehung von Künstlern voraus, will man nicht kleinkarierter, kleinbürgerlicher Funktionalität anheimfallen. Und das hat gute Gründe: Wenn Kirche sich primär als *eine* mögliche Umwelt von Stadtmenschen versteht (siehe 2.3), wer sich also allenfalls als Ko-produzent von Bedeutungen wie Prozessen des Be-Deutens versteht, kann dies nur in einem intensiven Kontakt mit der Kultur. Das erfordert Koalitionen auf Zeit. Hier geschieht keine Vereinnahmung der Kunst, sondern es geht um zeitgenössische Anreinerschaft derer, die sich um die Konzentration und Verdichtung der in der Luft liegenden Spannungen, Wünsche, Träume wie apokalyptischen Schrecken, der Schönheit wie der Häßlichkeit des Lebens bemühen. Kunst und Religion sind „natürliche" Kooperateure der Spiegelung wie der Verdichtung des Lebens. Es geht also nicht um die Erfüllung bildungsbürgerlicher Pflichtübungen, um ästhetisierende Verbrämung alltäglicher Banalität oder um banale Verbrämung der Alltagsästhetik.

4.2.4 *Radikalisierte und elementarisierte Diakonie*
Es ist mit Händen zu greifen: Die soziale Kluft zwischen Arm und Reich verbreitert sich, das sozialpolitische Klima wird sich durch die sozio-ökonomische Pola-

risierung in der Stadt und die Schrumpfung der Stadt deutlich verschärfen. Das liegt nicht nur in den stadtinternen Verschiebungen der angestammten Bevölkerung, sondern in der Anziehungsfunktion großer Städte als Verkehrsknotenpunkte für nahezu alle Formen von Migrations-Not, Wander-Notlagen, Untertauch-Problematik, Auf- und Abstiegsproblematik etc.

Es gibt Anzeichen dafür, daß wir - ohne falsch zu dramatisieren - durchaus teilweise vergleichbare Verhältnisse bekommen, wie man sie aus dem 19. Jahrhundert kannte: Phänomene eines neuen Pauperismus mit Momenten von „Verwahrlosung", Wiederkehr des Schmutzes, Eskalierung von Gewalt, Raumverdrängung und wilder Aneignung von Räumlichkeiten durch Wohnungslose etc. Das Ordnungsgefüge der Stadt, von vielen nach der Aufbauphase der 50er Jahre auch als Ordentlichkeitsgefüge verstanden und empfunden, gerät durcheinander. Es tun sich aber nicht nur Kluften auf. Erst jetzt - nach Rückstutzung der breiten sozialstaatlichen Risikoverwaltung und Beschäftigungsstrategien - wird die Lückenhaftigkeit und Brüchigkeit der Stadt als eines von Bürgerinnen und Bürgern selbstorganisierten sozialen Netzes offenkundig.[38]

Diese Zuspitzung sozialer Situation verändert auch die Frage nach der praktischen Solidarität der Kirche. Um hier weiterzukommen, erweist sich freilich eine Entwicklung als hinderlich, die zwar verständliche Ursachen hatte, aber manchmal zu falschen Schlüssen führte: Im Zuge der Entdeckung gesellschaftlich-politischer Bedingungen wie Ursachen von Armut, Elend und Leid geriet etwas in die Kritik- und Verwerfungslinie: das karitative Handeln im Kleinen, die elementare diakonische Kleinhandlung, kurz das, was ich als „kleine Diakonie" bezeichnen möchte. Sie war zwar neuzeitlich in der Tat nicht mehr ausreichend, blieb aber unersetzbar durch sozialstaatliche Versorgungsgesetze, weil unabdingbarer Nährboden sozialer Kultur. Der aus politischen Konzepten gespeisten Idee einer Verantwortlichkeit der Gesellschaft zur strukturellen Hilfe wie der Hilfe durch strukturelle Änderungen schien gerade diese karitative Sicht wie Handlungsform zu widersprechen. Und nicht nur das: dies habe geradezu verschleiernde und große Lösungen lähmende Funktion. Politisch wie diakoniepolitisch „fortschrittliche" Konzepte plädierten daher für ein Abrücken von „karitativer Gesinnungsarbeit". Inzwischen sind wir nicht nur monetär und ideologisch an Grenzen des Sozialstaats angelangt, sondern auch an die Grenze seiner Mobilität und Mobilisierungsfähigkeit für das Nächstliegende. Denn auch Armut und Leiden erfuhren in der Stadt ein ungeahntes Maß an Pluralisierung und Internationalisierung, an exorbitanter Vermehrung von Phänomenen und Intensitätsgraden, von zeitlichen Verlaufsformen, von Stigmatisierungen etc. Und allen politischen wie therapeutischen Optimismen entgegen wurde der Realitätsgehalt des Satzes Jesu deutlich: „Arme werdet ihr immer unter euch haben" (Mt. 26,11). Sozialkritische Unter-

---

38 Der Verweis auf naturwüchsige Nachbarschaften hat übrigens in der Stadt noch nie ausgereicht; immer mußte innerstädtisch korporativ soziale Verantwortung organisiert und teilweise erzwungen werden.

suchungen zeigten zudem noch, daß der Sozialstaat Armut primär verwaltet und Menschen nicht selten durch Klientelisierungsprozesse eher schwächt als stärkt. Der hohe Grad der Professionalisierung förderte zudem die Immobilität, alte Aufgaben zu verlassen zugunsten neuer Leidensformen oder neuer noch nicht methodisierbarer Hilfsformen. Diese Kritik betrifft in voller Schärfe auch die kirchliche Diakonie.

In den Städten hat die Kirche inzwischen durchaus zu realisieren begonnen, daß die viel geschmähte „kleine" Diakonie nicht nur zwingend nötig geworden ist, sondern zum unaufgebbaren Kernbestand kirchlicher als lokaler Praxis - und eben nicht nur Praxis institutionalisierter und sozialstaatsabhängiger Diakonie - gehört. Die Suppenküche, die Wärmestube, der Wohncontainer, die kleine Spende, das kollektive Betteln von Hilfsvereinen, die direkte „Sammlung" etc. sind keine Vorstufen, keine Entgleisung, keine Beschwichtigung, sondern das, was unersetzbar ist: konkrete Zuwendung, die auch gar nicht einhergeht mit dem Versprechen, etwas zu „lösen". Wahre Solidarität setzt sich zusammen aus Gesten des Helfens und Arbeiten an korporativen Hilfestrukturen zugleich. Man kann das eine nicht ohne das andere haben. Die innere Aushöhlung der allgemeinen Bürgerpflicht zum sozialen Ehrenamt durch bestimmte Züge des Sozialstaates und einer sozialstaatlich umfassenden Professionalisierung ist evident.

Kirche wird nach wie vor mit Recht als Hort kleiner Nächstenliebe gewünscht. Sie gibt auch in dieser Richtung wieder klare Signale[39]. Das offenkundig vorhandene Potential an Hilfsbereitschaft bedarf freilich öffentlicher Strategien, damit es sich formieren und Folgen zeitigen kann. Ohne Zweifel bleibt der sozialkritische Aspekt des Wächteramts der Kirche, die Mitarbeit in sozialpolitischen Bündnissen in der Stadt. Aber die kritische Kraft erwächst auch aus der gebündelten Erfahrung von Armut und Leiden „an der Basis", im unspektakulären, nicht medienträchtigen Alltag, der durch Auswertung und öffentliche Diskussion konkrete Armut und persönliches Leiden aus der Individualität in Allgemeinheit und Politik überführen hilft.

Kurz zusammengefaßt: In den Städten haben sich durchaus vielfältige (pluriforme) Angebote der Kirche ausgebildet, die man allerdings erst als tastende Versuche werten kann, sich dem Pluralismus wirklich zu stellen. Wie keine andere gesellschaftliche Großinstitution besitzt die Kirche eine Fülle von *praktischen* Anknüpfungsmöglichkeiten für die schwierige Aufgabe, auf die gesellschaftliche Weiterentwicklung (Radikalisierung der Pluralisierung) zu reagieren. Schwierig ist die mentale und theologische Fassung eines christlichen Religions- wie Kirchenverständnisses in pluralistischen Kontexten. Hier stecken wir noch ganz in

---

39 Die Aktion des ev. Regionalverbandes „Gutes tun tut gut" ist ein gutes Beispiel: Der ev. Regionalverband hatte 1994 Frankfurt zum 1200. Geburtstag diese Aktion geschenkt. 700 Menschen hatten in 250 Aktionen ihre Bereitschaft zur kleinen Diakonie der Stadt öffentlich verdeutlicht.

den Anfängen.[40] Schwer zu beantworten ist allerdings auch die entscheidende Frage, wer als Subjekt für eine solche Reform in Frage käme.

---

40 Vgl. C. Krieg (Hg.): Die Theologie auf dem Weg in das dritte Jahrtausend, Gütersloh 1996.

DIE STADT ALS VERKEHRSNETZ

Jörg Beckmann / Heinz Klewe

Netze sind praktisch. Mit den aus „Zwirnen oder synthetischem Endlosgarn ge-knüpften Maschenwerken"[1] läßt sich Fischfang betreiben und Ware transpor-tieren. Netzwerke lösen viele Probleme des Alltags und sind der Karriere förder-lich. Netzkarten für Bus und Bahn erleichtern das Reisen. Netze schützen Gebäu-de vor kotenden Tauben, den Menschen vor stechenden Insekten. Soziale Netze stärken, helfen, sichern, Leitungsnetze ver- und entsorgen. Straßen- und Schie-nennetze dienen dem Transport von Personen und Gütern, Leitungsnetze dem elektronischer Zeichen. Bei diesen positiven Netz-Assoziationen ist das in unserer Gesellschaft zu konstatierende organisatorische und physische „Vernetzungsstre-ben" verständlich: Staaten vernetzen sich (wirtschafts-) politisch in der Eu-ropäischen Union, Unternehmen zu Konsortien, die eine Transrapid-Referenzstrecke bauen wollen. Städte vernetzen sich, um in kurz- oder lang-fristiger Partnerschaft ihre Chancen zur Ansiedlung neuer Gewerbe- und Indu-striebetriebe zu verbessern oder ihr soziales Infrastrukturangebot modernisieren und finanzieren zu können.[2] Sie wollen ans Autobahnnetz, ans Hochgeschwindig-keitsnetz der Bahn, ans Netz der Luft- und Schiffahrt und - entsprechend der wachsenden Bedeutung des elektronischen Datenverkehrs - an das Netz des Da-ten-Highways. Man(n) vernetzt sich im Internet.

Die Vernetzung läßt Synergieeffekte erwarten, die bei gegebener Ressourcen-knappheit zu einem qualitativ besseren Angebot und zur Senkung von Kosten beitragen. Sie wird zudem als eine unabdingbare Voraussetzung gesehen, den „Anschluß an die Zukunft" halten zu können. Je früher diese Erkenntnis prakti-sches Handeln bestimmt, um so höher sind die erwarteten wind-fall profits, die nicht allein finanziell zu messen sind. Ganz pragmatisch begründet sich die Ver-netzung, wenn Straßen von lokaler oder regionaler Bedeutung in das Netz der Straßen mit überregionaler Bedeutung eingewoben werden, um die Finanzierung auf einen anderen Baulastträger abwälzen zu können.

Redewendungen wie „durch die Maschen fallen" oder „sich im Netz verfangen" deuten darauf hin, daß Netze noch andere als ausschließlich positive Seiten ha-ben. In dem Maße wie sie einerseits das komplexe System Stadt funktionsfähig halten, sind andererseits Auswirkungen denkbar, die eher negativ bewertet wer-den müssen, etwa wenn

---

1 Brockhaus-Enzyklopädie, Bd. 13, Wiesbaden 1971.
2 Vgl. das laufende „Projekt i" (Ideen, Impulse, Innovationen) des Instituts für Landes- und Stadtentwicklungsforschung.

- die Netzeigentümer oder Netzbetreiber die Konfiguration des Netzes aufgrund inhaltlicher Zielsetzungen oder aus reinem ökonomischen Kalkül so ausbilden, daß bestimmten Gruppen der Netzzugang verwehrt bleibt,
- eigenständiges Handeln nutzlos erscheint und aufgrund erkennbarer Systemkomplexität die Sinnhaftigkeit einer Vernetzung zum „Anschluß- und Benutzungszwang" mutiert oder
- die Orientierung sich aufgrund der von Netzen erzeugten Komplexität erschwert und zur Orientierungslosigkeit führt.

Was würde eine solche Netzambivalenz konkret für politisches und planerisches Handeln bedeuten? Sollten sich die Städte und deren Bewohnerinnen und Bewohner von bestehenden Netzwerken lösen oder umgekehrt zusätzliche aufbauen? Wird den Städten angesichts der existierenden und zunehmend dichter werdenden Vernetzung, der Globalisierung ökonomischer Prozesse und der realen Entscheidungsmacht überhaupt eine Wahl gelassen?

Wenn denn die Netze notwendig sind, wer betreibt sie bzw. sollte sie betreiben, wer neue aufbauen und finanzieren, wer den Netzzugang bestimmen, die Regeln der Benutzung festlegen und ihre Befolgung kontrollieren?

Wissen wir um die möglichen Folgen der Vernetzung? Sind die Menschen auf transnationale Vernetzungen und deren Wirkungen, die Veränderungen im lokalen Stadtgefüge, die Folgen für die traditionellen Verkehrs- und Kommunikationsnetze und die möglichen neuen innerstädtischen Netze ausreichend vorbereitet, so daß die Menschen entsprechend „real und mental" funktionieren? Wie sieht der Notfallplan aus, wenn bestehende Netze plötzlich reißen?

Diese Fragen allein aus der Sicht der Verkehrsingenieure beantworten zu wollen, die sich auf Netzüberlastungen und Möglichkeiten zur Steigerung der Leistungsfähigkeit kaprizieren, greift zu kurz.[3] Gleiches gilt für eine Netzbetrachtung unter rein historischen oder stadtgestalterischen Aspekten. Wir packen deshalb an mehreren Netzenden an, um Vielfalt, Strukturen und Bedeutung der städtischen Verkehrsnetze zumindest ansatzweise erkennbar werden zu lassen.

Die Netze im Hellen sieht man...

Die Stadt ist der Archetyp des vernetzten Raumes. Eine Vielzahl von Netzen bzw. netzartiger Strukturen ist hier zu finden, die wahllos oder (hierarchisch) geordnet dem innerstädtischen Transport von Personen, Waren, Informationen und Kapital zur Verfügung stehen. Entsprechend der Netzgestaltung und den bei der Nutzung zu beachtenden Regeln bzw. entsprechend des tatsächlichen Nutzerver-

---

3 Vgl. Steierwald, Gerd/Künne, Hans-Dieter (Hrsg.): Stadtverkehrsplanung. Kapitel „Straßen und Wegenetze". Berlin/Heidelberg 1994.

haltens erledigen sie dies in unterschiedlicher Qualität (Transportzeit/-sicherheit), zu unterschiedlichen Kosten und mit unterschiedlichen Wirkungen auf Mensch und Raum.

Straßen, (Wasser-)Wege oder Schienentrassen sind Elemente des physischen Verkehrsnetzes und im Stadtraum direkt oder indirekt sichtbar, hörbar, riechbar und erlebbar. Da sind die Verkehrsschilder mit Hinweisen auf den Weg zur nächsten Autobahnauffahrt, die ÖPNV-Haltestellen mit Plänen des Liniennetzes, die Kraftfahrzeuge und Eisenbahnen, die aufgrund von Entfernung, Topographie oder Gebäuden zwar visuell verborgen sein mögen, aber akustisch als Lärmbänder wahrnehmbar sind, der Geruch verbrannten Treibstoffs, das Netz der Fußgängerzone mit Außengastronomie und Straßenmusik.

Neben der verkehrlichen Abwicklung und dem Raum für Aufenthalt, Kommunikation und Kinderspiel leisten physische Verkehrsnetze jedoch weitaus mehr:

• *sie stiften Identität und schaffen Orientierung*

Ob aufgrund eines historischen Handelsweges organisch gewachsen oder aufgrund menschlichen Gestaltungswillens bzw. mathematischer Ableitungen konstruiert, mit rechtwinklig oder diagonal verlaufenden Geraden, Ringen und entsprechend sich ergebenden quadratischen, rechteckigen, dreieckigen oder kreisfömigen Nutzflächen - das Netz aus Straßen, Wegen und Schienen stiftet Identität. Form und Maschenweite bestimmen ganz wesentlich den Stadtgrundriß und sind nicht nur beim Blick auf die Karte für Fußgänger und andere Verkehrsteilnehmer wichtige Orientierungshilfe. Die individuelle „mental map" hat z.B. beim Radfahrer in besonderem Maße die Strecken und bei U-Bahn-Nutzern die Knoten abgespeichert.

• *sie modellieren Natur- und Stadtlandschaft*

Straßennetze am Reißbrett bzw. mit Hilfe von CAD als starres Rechteckraster konstruiert, nehmen ebenso wie auf hohe Fahrgeschwindigkeiten ausgelegte Schienennetze oder künstlich gebaute Wasserstraßen wenig Rücksicht auf natürliche oder städtebauliche Gegebenheiten. Stadtlandschaften werden so durch Verkehrstrassen bzw. Verkehrsschneisen „modelliert".

• *sie prägen die Flächennutzung*

Das Straßennetz in seiner Gesamtheit sowie seine Teilnetze z.B. für Fußgänger oder Radfahrer gliedern die Stadt in Räume unterschiedlicher Erreichbarkeit und in deren Folge in Räume unterschiedlicher Nutzung. Ein dichtes Autobahnnetz mit entsprechend guter Zugänglichkeit ist zwar kein Garant für neue Arbeitsplätze in der Stadt, es ist aber für viele Unternehmen erklärte Voraussetzung einer Ansiedlung. Ein leichter und qualitativ guter Zugang zum ÖPNV-Netz ist wiederum die Voraussetzung zur Schaffung „autofreier Wohnquartiere", an denen solche Stadtbewohner Interesse haben, die ohne eigenes Auto aber mit neuen Wohnqualitäten leben wollen.[4] Attraktive Fußwegenetze sind für den „Erlebnis-Einkauf" in der City kaum noch wegzudenken.

• *sie üben Einfluß auf die Erreichbarkeit und die Lebensverhältnisse aus*

Ein radial ausgerichtetes öffentliches Verkehrsnetz ermöglicht dem Reisenden, von den Rändern der Agglomeration in kurzer Zeit zum Stadtkern vorzustoßen. Die Fahrt von einem Randgebiet ins benachbarte dauert dagegen oft vergleichsweise lang, wenn aufgrund fehlender Linien oder schlechter Anschlüsse der Weg über den zentralen innerstädtischen Verkehrsknoten führt. Ein solches Netz betont die Zentralitätsfunktion der Innenstadt. Es führt weniger zu einer „echten Vernetzung" als vielmehr zur weiteren Fragmentierung städtischer Räume. Auch ein vorwiegend dem Kfz-Verkehr vorbehaltenes Straßennetz kann hierzu führen. Wie der Bau von Autobahnen nicht unweigerlich Wohlstandseffekte in entlegenen Regionen erzeugt, sondern oft bestehende Zentren stärkt, läßt sich im städtischen Kontext mit dem Ausbau des Straßennetzes und einem hiermit einhergehenden Anstieg des Motorisierungsgrades eine zunehmende Funktionalisierung des Raumes beobachten. „Schlafstädte", isolierte Gewerbe- und Industrieparks sowie Einkaufszentren auf der „asphaltierten Wiese" sind die bekannten Folgen. Die physischen Verkehrsnetze sind in ihren Wirkungen also nicht neutral. Die politisch bzw. planerisch durch die Vernetzung einzelner Räume gewollte Angleichung der Lebensverhältnisse verkehrt sich damit häufig ins Gegenteil, wenn vom Netz ausgehende Entzugs- und Dominationseffekte die räumliche Polarisation noch vergrößern.

Gemeinsam mit den sozialen Netzen tragen Verkehrsnetze zur Entstehung immer kleinerer Zellen und Zonen bei, die den eigentlichen Zweck der Stadt auf den Kopf stellen können. So stellt sich die Stadt zunehmend weniger als Raum gesellschaftlicher Interaktion dar, sondern als Aufenthaltsort von Menschen, die in einer Vielzahl von individualisierten und voneinander losgelösten Netzen nebenund nicht miteinander leben.

...die im Dunkeln aber nicht

Im Gegensatz zu dem meist gut sichtbaren Straßen- und Schienennetz und dem zumindest aufgrund der Haltestellen erkennbaren unterirdischen U-Bahn-Netz

---

4 Vgl. Dittrich, Andrea/Klewe, Heinz: Autofreie Stadtquartiere - Anforderungen, Projekte, Erfahrungen. In: Planung und Realisierung autoarmer Stadtquartiere. Schriftenreihe des Instituts für Landes- und Stadtentwicklungsforschung, Bd. 108. Dortmund 1996.

bleiben den Stadtbewohnern andere Verkehrsnetze weitgehend verborgen. So sind die militärischen Strecken des blauen oder grünen Vorhaltenetzes „geheim", wenn nicht Straßenplanungen den Truppen- und Waffentransport beeinträchtigende bauliche Veränderungen vorsehen und entsprechenden Widerspruch hervorrufen. Andere physische Verkehrsnetze sind aufgrund ihrer räumlichen Dimension schwer als solche zu erfassen, etwa wenn einzelne Streckenlängen die vorhandenen Knoten außer Sichtweite geraten lassen (z.B. im Flugverkehr oder beim verrohrten Gastransport).

Weitgehend den Blicken entzogen, breitet sich auch das Netz des elektronischen Verkehrs in Kabelschächten, Zwischenwänden oder Zwischenböden bzw. entlang bereits bestehender Leitungs- und Schienentrassen oder via Satelit aus. Dieses Netz deshalb in seiner Bedeutung gering einzuschätzen, wäre falsch. Denn neben internationalen Flughäfen, den Anbindungen an die Hochgeschwindigkeitsnetze der europäischen Bahnen und den Autobahnen, gelten die elektronischen Verkehrsnetze als wesentliche Infrastruktureinrichtung großer Städte und als wichtige Standortfaktoren für ihren Ausbau zu wirtschaftlichen Knotenpunkten im globalen Städtesystem. Welche Bedeutung elektronische Verkehrsnetze haben können, verdeutlichen die beiden folgenden Beispiele:

Nahezu ein ganzes Jahrhundert in Deutschland ohne große gesellschaftliche Akzeptanz, konnte das Telefonnetz seine Sprechstellendichte von etwa fünf Anschlüssen Ende der 50er Jahre auf zwanzig Sprechstellen je 100 Einwohner im Jahre 1970 vervierfachen. Nochmals zwanzig Jahre später lag die Sprechstellendichte bei fast fünfzig je 100 Einwohner.[5] Die nach dem Zweiten Weltkrieg maßgeblich durch die Charta von Athen mit ihrer funktionalen Trennung städtischer Räume geprägte Stadtentwicklung wurde offensichtlich nicht nur durch den Ausbau des Straßennetzes gestützt, sondern auch durch einen massiven Ausbau der Netze für die Sprachkommunikation. Die funktionale Gliederung des Stadtraumes und die Erweiterung menschlicher Aktionsräume steht demnach in engem Zusammenhang mit dem Aufbau des Telefonnetzes, das Distanzen überbrücken half.

Aufschlüsse über gesellschaftliche und räumliche Wirkungen liefert auch die Entstehungsgeschichte globaler Computernetze, wie die des Internet. Der Vorgänger des Internet, das sogenannte Arpanet, wurde in den USA zur Zeit des „kalten Krieges" zur Aufrechterhaltung der militärischen Kontrolle im Fall eines weltweiten Atomkrieges entwickelt. Das dem Aufbau dieses Netzes zugrunde liegende Kontrollmotiv entscheidet heute noch über seine gesellschaftlichen Wirkungen, denn „eine Technologie wird, auch im Zuge der Entwicklung ihres Eigenlebens, einen endogenen Zweck aufweisen, welcher ihr von der Institution eingepflanzt wurde, die sie hervorgebracht hat und ihre soziale Funktion von Grund auf prägen

---

5 Köhler, Stefan: Interdependenzen zwischen Telekommunikation und Personenverkehr. Karlsruhe 1993.

muß".[6] Computernetze ermöglichen demnach nicht nur eine Demokratisierung gesellschaftlicher Prozesse durch neue Partizipationsmöglichkeiten, wie oft behauptet, sondern leisten auch „gute Dienste" zur Überwachung und Kontrolle von Mensch und Raum. Die Versuche zum „virtuellen Strafvollzug" mit elektronischer Überwachung von Freigängern in Schweden oder die Videoüberwachungssyteme im Stadtraum, z.B. in einigen Stadtteilen Londons, verdeutlichen die Funktion der Netze als Kontrolltechnologien.

Ähnlich ambivalente Wirkungen elektronischer Verkehrsnetze lassen sich auch in anderen Zusammenhängen feststellen:

* *sie überbrücken Räume und vergrößern Distanzen*

Die globalen, nationalen und regionalen Netze der Information und Kommunikation bringen Räume einander näher, andererseits lassen sich durch sie räumliche und soziale Distanzen aufrechterhalten oder gar neu schaffen. Die Hochschullehrer bzw. Hochschullehrerinnen, die von ihren Studenten nur noch mittels e-mail zu erreichen sind, nutzen die Telekommunikationsnetze ohne Frage als „Distanzmaschine". Festzuhalten bleibt auch, daß die durch elektronische Verkehrsnetze unabhängig vom jeweiligen Standort möglich werdende Übertragung von Daten, Bildern und Texten in Echtzeit zur „Entwertung des Raumes" führt.

* *sie ersetzen und erzeugen physischen Verkehr*

Der Anschluß des heimischen Computers an ein Local Area Network (LAN) und die Einrichtung eines Teleheimarbeitsplatzes hält Berufspendler von den täglichen Fahrten zwischen Arbeitsplatz und Wohnstandort ab. Alternierende Teleheimarbeit an zwei oder drei Tagen in der Woche reduziert die Fahrtenhäufigkeit und entlastet entsprechend die Verkehrsnetze. Auf Dauer physischen Verkehr vermeidend wirkt die Teleheimarbeit dennoch nicht. Wohnstandortverlagerungen in das Umland der Städte kompensieren die aufgrund der Reduzierung der Fahrtenhäufigkeit eingesparten Kilometer, entsprechend der längeren Anfahrtswege an den verbleibenden Arbeitstagen. Es gibt also Wechselwirkungen zwischen lokalen Telekommunikationsnetzen und städtischen Netzen für den physischen Verkehr. Intensität und Wirkungsrichtung werden dabei aufgrund der politischen Rahmenbedingungen letztlich durch den jeweiligen gesellschaftlichen Gebrauch bestimmt.[7]

---

6 Schuster, Thomas: Staat und Medien. Frankfurt 1995, S. 79.
7 Beckmann, Jörg/Kemming, Herbert: Telekommunikation - Aktuelle Entwicklungen und räumlich-verkehrliche Wirkungen. Monatsbericht des Instituts für Landes- und Stadtentwicklungsforschung des Landes NRW, Juli/August 1995.

• *sie intensivieren die Kommunikation und entfremden*

Elektronische Verkehrsnetze gelten als neues Interaktionsmedium, welches den Austausch von Informationen und die zwischenmenschliche Kommunikation erleichtert. Das Surfen im World Wide Web und der Meinungsaustausch in den Diskussionsgruppen des Internet erfolgen jedoch häufig vor dem Hintergrund einer Ausklammerung sozialer Konflikte. Unvorhersehbares wird zunehmend ausgeschlossen. Die „virtuelle" Welt entfremdet den Menschen von den sozialen Anforderungen der „realen" Gesellschaft. Sie trägt zur Ausprägung individualisierter Lebenswelten und pluralisierter Lebensstile bei und liefert somit letztlich ihren Beitrag zu einer weiteren Fragmentierung städtischer Räume.

• *sie beziehen Menschen ein und schließen sie aus*

Ob Telefon, Fax, T-Online oder Internet - einer immer größeren Anzahl von Menschen ist der Zugang zu Informations- und Kommunikationsnetzen möglich. Immer häufiger ist der Zugang zu diesen Technologien aber auch notwendig, da der Geldverkehr, die Informationsbeschaffung und auch die Versorgung zunehmend den öffentlichen Verkehrsraum ungenutzt lassen und stattdessen den privaten Wohnraum mit Computer oder Fernseher als Verkehrsraum nutzen. Mangelndes technisches Verständnis oder fehlende finanzielle Mittel zum Erwerb der entsprechenden Hard- und Software erschweren in der „Tele-Informationsstadt" für einige Bevölkerungsgruppen den Zugang zu Informations- und Kommunikationsnetzen oder schließen sie gar von diesen aus. Zu beobachten bleibt auch, ob bei einem vorausgesetzten weitgehend konstanten Kommunikationszeitbudget der Anstieg der Kommunikation mit Menschen in der Ferne zu einer Reduzierung der Kommunikation mit Menschen in der Nähe führt.

Die Vernetzung der Netze

Strecken und Knoten sind die beiden Netzelemente, die der Ingenieur unter dem Gesichtspunkt der Länge zwischen Quelle und Ziel, der Reisezeit, der Kosten, der Steuerbarkeit oder der hierarchischen Einordnung in das Gesamtnetz betrachtet. Die Knoten sind für die Stabilität und Leistungsfähigkeit der Netze von großer Bedeutung. Verbreiterte und in der Anzahl vermehrte Fahrspuren für den Kraftfahrzeugverkehr etwa lösen keine Kfz-Staus auf, wenn nicht zugleich auch die Leistungsfähigkeit der Straßenknoten entsprechend gesteigert wird. Die geplante Transrapidstrecke zwischen Hamburg und Berlin verliert deshalb an Attraktivität, weil ihre Einbindung in das europäische Hochgeschwindigkeitsnetz fehlt und die am Ausgangs- bzw. Zielort sich schwierig gestaltende Integration ins lokale Verkehrsnetz mögliche Fahrzeitgewinne zunichte macht.

Knoten sind die Schnittstellen zwischen den Räumen der Geschwindigkeit, den Strecken, und den Räumen der Ruhe, den Zwischenräumen. Hier finden die Waren ihre Käufer, die Personen ihren Reisezweck, die Informationen ihre Nutzer und das Kapital seinen Profit. Die Agora im frühen Griechenland war ein solcher Knoten. Sie war zugleich Kreuzungspunkt des Verkehrs und Ort der Kommunikation und des Informationsaustausches. In den Städten der Moderne haben die an einem Netzknoten insbesondere des Fußverkehrs oder des öffentlichen Verkehrs gelegenen Straßencafés diese Aufgabe übernommen. Die Berliner U-Bahnstation Nollendorf-/Winterfeldplatz beispielsweise bietet Raum für Cafés und andere zum Aufenthalt einladende Einrichtungen, die dem Verkehrsknoten eine Bedeutung geben, die weit darüber hinausgeht, Umsteigeort des öffentlichen Personennahverkehrs zu sein.

Die Stadt beeinflussende und formende lokal abgrenzbare Netze werden immer stärker zum integralen Bestandteil regionaler, nationaler und globaler Verkehrsnetze. Die Netze vernetzen sich also vertikal und horizontal (wobei allerdings auch hier wieder einmal Ausnahmen die Regel bestätigen, denn nicht nur Staatennetze wie das der ehemaligen Sowjetunion oder das soziale Netz der Bundesrepublik Deutschland werden entflochten und weitmaschiger geknüpft, sondern es werden aus Gründen der Kostenverlagerung im Zuge der Regionalisierung des ÖPNV auch Zugrelationen aus dem Interregio-Netz der Deutschen Bahn herausgenommen, um sie dann als Nahverkehr in die Finanzverantwortung der lokalen Aufgabenträger geben zu können):

Vernetzungen im physischen Verkehrsnetz

Das Netz der Wohnstraßen verknüpft sich mit dem Netz der Hauptverkehrsstrassen, das der Hauptverkehrsstraßen mit dem der Autobahnen. Der ÖPNV einer Stadt vernetzt sich in Verkehrsverbünden mit dem der Nachbarstädte, am Hauptbahnhof mit dem Bahnfernverkehr, an Park+Ride-Plätzen mit dem Pkw und an Bike+Ride-Plätzen mit dem Fahrrad. Jede Haltestelle stellt zudem eine Verknüpfung mit dem Fußverkehr dar. Der schienengebundene Nahverkehr verknüpft sich an Knotenbahnhöfen mit dem Regional- und Fernverkehr, der innerdeutsche Flugverkehr am Frankfurter Airport mit dem interkontinentalen. Der Flughafenbahnhof ist Schnittstelle zwischen Flug- und Schienenverkehr, der entsprechende Schalter in der Flughafenhalle das Interface mit dem Mietwagen. Im Bereich des Güterverkehrs bietet die Bahn spezielle Verladestationen, um im kombinierten Ladeverkehr mehr Güter von der Straße auf die Schiene verlagern zu können.

Abb. 1:Die Vernetzung aus Sicht der Linzer Verkehrsbetriebe

Quelle: Linzer Elektrizitäts-/Fernwärme- und Verkehrsbetriebe AG

Vernetzungen im elektronischen Verkehrsnetz

Innerhalb der elektronischen Verkehrsnetze ist gleichfalls eine Vernetzung der Netze zu beobachten - eine Vernetzung, die weit über den Zusammenschluß einiger PC's in diversen Büroetagen hinausgeht. Die Städte Bochum, Hattingen, Herne und Witten planen z.B. den Aufbau eines gemeinsamen Telekommunikationsunternehmens. Es wird für bestimmte Nutzer in diesen Kommunen in Konkurrenz zur Telekom AG Infrastrukturen und Dienste anbieten.

Mit dem Aufbau globaler Informations- und Kommunikationsnetze findet eine funktionale Vernetzung geographisch entfernter Raumeinheiten statt. Bestimmte Räume der Stadt A vernetzen sich mit entsprechenden Räumen der Städte B, C und D. Einzelne Stadtteile lösen sich so von ihrer unmittelbaren lokalen Umgebung ab, sie delokalisieren sich und gehen in einer globalen Raumstruktur auf.

149

Der gegenwärtige Aufbau privatwirtschaftlicher Telekommunikationsinfrastruktur im Frankfurter Bankenviertel beispielsweise dient in erster Linie den Notwendigkeiten eines beschleunigten globalen Kapitaltransfers. Die privaten Haushalte und mittelständischen Unternehmen in den umliegenden Quartieren und den Wohngebieten am Stadtrand profitieren kaum von der Errichtung derartiger Breitbandkabelnetze. Die telekommunikative Aufwertung einzelner Stadtteile gegenüber den umliegenden Quartieren kann letztlich zu neuen räumlichen Disparitäten führen.

Vernetzungen zwischen physischem und elektronischem Verkehrsnetz

Neben den Vernetzungen innerhalb der einzelnen Netzsysteme finden sich Vernetzungen zwischen ihnen. Die Einführung elektronischer Buchungssysteme in den Reisebüros, bei den Fluggesellschaften und an den Hotelrezeptionen ermöglicht Flugreisen in ferne Ferienländer. Während sich daraus für die Sonnenanbeterin bzw. den Sonnenanbeter erfreuliche Perspektiven ergeben, der Stadt zu entfliehen („Nichts wie weg, egal wohin!"), zeitigt die Verknüpfung von Verkehrsnetzen und Datennetzen andererseits Probleme im Zielland und für die Umwelt. Eine weitere Verknüpfung ist die derzeit intensiv diskutierte Verkehrstelematik, die im Fahrzeug mittels akustischer oder visueller Hinweise des Bordcomputers den Verkehrsteilnehmern die Möglichkeit gibt, auf entsprechende Fahrempfehlungen reagieren zu können. Von vielen als störend oder als der Verkehrssicherheit abträglich betrachtet, stellt das sich immer rasanter verbreitende Mobiltelefon eine weitere Vernetzung des physischen mit dem elektronischen Verkehr dar.

Das Netzfazit

Auch wenn sich hier und da einzelne Netze auflösen oder Städte sich von bestehenden Netzen abtrennen, läßt die zunehmende politische, wirtschaftliche, kulturelle und ökologische globale Vernetzung den Städten keine andere Wahl, als den Netzanschluß zu suchen und ihn im eigenen Interesse zu optimieren.
Die Vernetzung des physischen Verkehrs, zumindest die des Kfz-Verkehrs, ist in Deutschland bereits auf hohem Niveau, was auch für die negativen Folgen für Mensch und Umwelt zutrifft. Angesichts der zusätzlich aufgetretenen Finanzierungsprobleme öffentlicher Hände tritt der Bau neuer Straßen, also der Ausbau der Hardware, zunehmend hinter eine verbesserte Auslastung der bestehenden Verkehrsinfrastruktur zurück: integriertes Verkehrsmanagement, die Verbesserung der Software, ist hier das Schlagwort. Am Beispiel des Straßennetzes wird deutlich, daß Städte und Regionen aber durchaus Einfluß auf die Vernetzung haben können, wenn z.B. Widerstände gegen Straßenbauvorhaben alternative Möglichkeiten der Trassenführung oder der Verkehrsabwicklung aufzeigen. Ähnliches

ist auch bei den Netzen des Datenverkehrs denkbar, wenn statt Daten-Highways und globaler Computernetze der Aufbau regionaler Netze mit breitem Informationsangebot für eine Vielzahl von Zielgruppen gefordert wird. Ob aber als Datenautobahn oder als regionale Datenlandstraße - die elektronischen Verkehrsnetze werden zum wichtigen Standortfaktor bzw. sind es bereits. Hierfür sprechen einerseits die positiven Wirkungen, die den Netzen zugerechnet werden, anderseits das ökonomische Interesse der diese Techniken nutzenden und anbietenden Unternehmen und nicht zuletzt die menschliche Neugier.

Die Wirkungen, die sowohl von einzelnen Netzen als auch von miteinander vernetzten Netzen ausgehen, sind aufgrund der Komplexität schwer erfaßbar und in ihrer Dimension noch weitgehend unbekannt. Festzuhalten bleibt, daß die Vernetzung nicht aus sich heraus positiv ist und mit „Demokratie" oder „Partizipation" gleichgesetzt werden kann. Netze führen nicht unweigerlich zur Dezentralisierung von Steuerungsfunktionen. Sie können ebenso einer weiteren Zentralisierung und Konzentration von Macht und Entscheidungsbefugnissen Vorschub leisten. So ist mit der Vernetzung der Netze oft eine Verlagerung der operativen Ebene und der Verantwortungsebene verbunden, da zuvor noch relativ überschaubare (Teil-)Netze bei zunehmender Größe nur noch in entsprechenden „Netzzentralen" von „Netzmanagern" steuerbar sind. So werden etwa elektronisch gesammelte Straßenverkehrsdaten in Leitstellen gebündelt und ausgewertet, um dann mittels Wechselverkehrszeichen steuernd in den Verkehrsablauf eingreifen zu können. Für den öffentlichen Verkehr werden überörtliche Informationszentralen geplant, die das ÖPNV-Angebot transparenter und zugänglicher machen sollen. Erste Mobilitätszentralen entstehen, die der besseren Vernetzung der Verkehrsträger dienen und zu einem umwelt-, sozial- und stadtverträglicheren Verkehr beitragen sollen.[8]

Auch in der Raumstruktur entsteht eine neue Ordnung, die zur Aufwertung der Zentralitätsfunktion metropolitaner Räume, wie den sogenannten World oder Global Cities, gegenüber peripheren Standorten führt. Die Informations- und Kommunikationsnetze einer globalen Informationsgesellschaft tragen zu einem verstärkten Wachstum räumlich zentralisierter Kontrollfunktionen und Produktionsabläufe bei, indem sie die räumliche Streuung und gleichzeitige vertikale Integration wirtschaftlicher Aktivitäten ermöglichen.

Es sind aber nicht die Netze oder die sie bestimmenden Technologien an sich, welche über ihre Wirkungen entscheiden, es sind vielmehr die gesellschaftlichen Akteure, die über ihren Gebrauch verfügen und die Rahmenbedingungen festlegen. Wenn z.B. im Zusammenhang mit dem Aufbau von Telekommunikationsnetzen

8 Klewe, Heinz: Mobilitätsberatung - Mobilitätsservice. Stand und Perspektiven einer neuen Dienstleistung. In: Handbuch der kommunalen Verkehrsplanung. Hrsg.: Apel, Dieter u.a., 13. Ergänzungslieferung, März 1996.

von Spin-Off-Effekten, die zu einem Beschäftigungszuwachs in der jeweiligen Region führen sollen, die Rede ist, ist damit noch keineswegs sichergestellt, daß diese erwünschten Effekte eintreten. Den Innovationseffekten der elektronischen Verkehrsnetze, die zur Schaffung neuer Arbeitsplätze beitragen können, stehen Rationalisierungseffekte in vielen Branchen gegenüber, die mit einer Verlagerung von Arbeitsplätzen an kostengünstigere Standorte verbunden sind. Eine Politik, die sich dieser Netzwirkungen bewußt ist, kann nicht darauf hoffen, daß Innovationen und Arbeitsplätze sich quasi als positive Nebeneffekte ohne eine aktive Gestaltung der politischen Rahmenbedingungen einstellen.

Die mit der Diskussion um Straßenbenutzungsgebühren verbundenen Frage der Privatisierung von Autobahnen, die eingeleitete Privatisierung der Bahn und des öffentlichen Verkehrs oder die Liberalisierung des Telekommunikationsmarktes sind Beispiele für eine politisch gewollte marktwirtschaftliche Organisation der Netze, Netztechnologien und Netzzugänge. Marktkräfte sorgen aber bekanntermaßen nicht unbedingt für eine sozial und sachlich angemessene Preisgestaltung oder für eine gerechte Verteilung von Wohlfahrtseffekten. Auf der anderen Seite können auch von Monopolen bzw. Oligopolen Beschränkungen hinsichtlich des Netzzugangs ausgehen. Der Zugang zum Trassennetz der Bahn hat aufgrund der Monopolstellung des Netzinhabers eine Preisgestaltung zur Folge, die dem schienengebundenen Nahverkehr Trassenpreise in einer Höhe abverlangen, die den Zugang für Mitbewerber erschweren bzw. verhindern. Der Verdacht, daß der Nahverkehr auf diese Weise den Fernverkehr alimentieren soll, ist begründet. Die Vernetzung der Netze, in diesem Falle die Schienennetze des Nah- und Fernverkehrs, hat hier für die Städte und deren ÖPNV-Angebot ganz konkrete Auswirkungen.

Im Bereich der elektronischen Verkehrsnetze wird derzeit mit der Verabschiedung des neuen Telekommunikationsgesetzes darüber entschieden, inwieweit eine sozial gerechte Regulierung des Telekommunikationsmarktes erfolgt. Wenn künftig Informationen über elektronische Verkehrsnetze nur noch an zahlungskräftige Kunden weitergegeben werden, besteht die Gefahr der Entstehung einer weiteren marginalisierten Bevölkerungsschicht - den „Informations-Habenichtsen". Eine staatliche Regulierung der Netze sollte vor dem Hintergrund sozialer Belange deshalb auch in Zukunft Einfluß auf die Netznutzung (Netzaneignung und -verwertung) nehmen.

Doch nicht nur über den Preis kann der Zugang zu den Netzen reguliert werden. Andere Zugangsbarrieren können entweder physischer (fehlender ISDN-Anschluß) oder institutioneller Art sein (fehlender Führerschein), oder aber auch mittels des netzeigenen Charakters entstehen. Netze gleich welcher Art werden immer für einen bestimmten Zweck konzipiert, der maßgeblich über die künftige Nutzerstruktur mitentscheidet. Beispielsweise ermöglicht der im Rahmen des Breitband-ISDN-Pilotprojektes eingeführte Asynchronous Transfer Mode (ATM) die Übermittlung großer Datenmengen. Hierdurch lassen sich Anwendungen wie Videokonferenzen störungsfreier ausführen. Angesprochen sind durch dieses neue Netz in erster Linie Großunternehmen und Forschungseinrichtungen an zentralen Standorten. Neben dem kapazitätsstarken ATM-Netz mit seinen spezifischen Nutzergruppen finden sich schmalbandige Netze, die für die Anwendungsmöglichkeiten, welche den privaten Haushalten gegeben sind, in den meisten Fällen als ausreichend erscheinen. Gleichwohl entwickeln sich hier Netze unterschiedlicher Ordnung, wie sie auch im physischen Verkehrsnetz bestehen: Gesamtstädtische Netze (ÖPNV-/Hauptverkehrsstraßennetz) stehen kleinräumi-gen Netzen (Fuß-/Radwegenetz) gegenüber; groß- und kleinräumige Netze für den schnellen Austausch von Gütern, Personen und Informationen (Autobahnnetz, Breitband-ISDN) erfüllen andere Zwecke und werden von anderen Nutzern beansprucht als „langsame Netze" (Binnenwasserstraßen, Kupferkabel).

Bestimmte Netze lassen demnach nur bestimmte Nutzungen zu. Ziel der Netzplanung sollte es sein, unterschiedliche Formen der Netzaneignung im Sinne einer Mischnutzung zuzulassen. Der Umbau städtischer Straßen zu verkehrsberuhigten Zonen ist hierfür ein Vorbild. Unabhängig von der Kostenfrage ist der Umbau bereits vorhandener Netze gleichwohl schwierig, da sie bereits eine gewisse Form des gesellschaftlichen Umgangs mit ihnen produziert haben. Die Möglichkeit z.B. für Fußgänger, die Straßenfläche gleichberechtigt mit Fahrzeugen zu nutzen, hat in der Praxis oft zu Unsicherheiten insbesondere bei alten Menschen und anfänglich zur Forderung nach Wiederherstellung der Separierung geführt.

Mit den Netzen hält auch die Technik Einzug in die Städte - Technik, die zu einer weiteren Strukturierung und Regulierung städtischer Lebenswelten führt. Ob letztendlich mehr Vielfalt oder mehr Einfalt (McDonaldisierung[9]) die Folge sein wird, ob eine stärkere Vernetzung vom selbstverantworteten Handeln entwöhnt und damit neue Abhängigkeiten produziert, wird die Zukunft zeigen. Die Gefahr ist jedenfalls vorhanden, daß sich dem Stadtmenschen die Netze als Einschränkung der persönlichen Freiheit und der individuellen Form der Raumaneignung präsentieren können. So offenbart oft erst ein aufgrund von Naturereignissen bzw. menschlichen oder technischen Versagens entstehender Netzausfall Möglichkeiten, die die Stadt jenseits ihres Netzdickichts bietet. Leider bleiben die Folgen nicht immer so harmlos und lustvoll wie einst der Anstieg der Geburtenrate beim Ausfall des Stromnetzes in der Stadt New York.

---

9 Ritzer, Georg: Die McDonaldisierung der Gesellschaft. Frankfurt 2 1995.

III. Stadtvisionen

CITI COSMETIC
Ein Stadtstreich[1]

Bernd Beuscher

„Das Volk aber hatte den Mut zum Bauen."
Nehemia 4,6b

Im Gegensatz zu Jean Pauls Alptraum[2], Christus habe vom Weltgebäude sozusagen aus der Distanz herab geredet, überliefern die Urgeschichten, *Jahwe*[3] sei herabgestiegen und habe sich die Stadt und den Turm und die Menschen, die das gebaut hatten, genau angesehen (Gen 11,5). Diesem phänomenologischen Herunterkommen will ich mich im Sinne einer Stadttortour („The-Hole-City-In-Two-Hours-Tour") im folgenden anschließen.
Als (vielleicht etwas übereifrige) imitatio dei soll es auch mir um eine phänomenologische Beschreibung von Stadtwelt als „imago mundi" gehen, darum, mit schrägem Blick (B. Waldenfels) gleichschwebend-aufmerksam durch die Stadt zu streichen und Eindrücke von den Chancen und Gefahren unserer Bauarbeiten aufzulesen.
Nach M. Eliade liegt die wahre Welt immer im Zentrum,

Jahwe[3]

„denn nur dort gibt es eine Durchbrechung der Ebenen und damit eine Verbindung zwischen den drei kosmischen Zonen. Es handelt sich immer um einen vollständigen Kosmos, wie groß oder klein er auch sein mag. Ein ganzes Land (Palästina), eine Stadt (Jerusalem) - sie alle sind in gleicher Weise eine *imago mundi* ... (der Mensch) will so nahe wie möglich am Zentrum der Welt leben ... aber er will darüber hinaus, daß sein eigenes Haus im Zentrum liege und eine *imago mundi* sei ... der Mensch der traditionsgebundenen Gesellschaften konnte nur leben in einem Raum, der nach oben òffen`war, in dem die Durchbrechung der Ebenen durch Symbole gesichert und der Kontakt mit der *anderen*, der transzendentalen Welt möglich war."[4]

Es erweist sich dabei als praktisch, daß die im Laufe der Zeit durch den menschlich-technologischen Fortschritt bedingten Änderungen im Blick auf Baumaterial und Baustil ziemlich vernachlässigt werden können. Unterscheidungen von real und virtuell z.b. sind nämlich beide gleich *dem* Gottesaspekt untergeordnet, ob genug Spielplatz fürs Andere, fürs Fremde, für akkomodative Herausforderungen geblieben ist, unabhängig davon, ob plugged oder unplugged.

Wir werden sehen!

Die Städte? Die Städte aber wollen nur das Ihre und reißen alles mit in ihren Lauf? Wie hohles Holz zerbrechen sie die Tiere und brauchen viele Völker brennend auf?
Und ihre Menschen dienen in Kulturen und fallen tief aus Gleichgewicht und Maß, und nennen Fortschritt ihre Schneckenspuren und fahren rascher, wo sie langsam fuhren, und fühlen sich und funkeln wie die Huren und lärmen lauter mit Metall und Glas?
Ist es, als ob ein Trug sie täglich äffte, können sie gar nicht mehr sie selber sein? Das Geld wächst an, hat alle ihre Kräfte und ist wie Ostwind groß, und sie sind klein und ausgehölt und warten, daß der Wein und alles Gift der Tier- und Menschensäfte sie reize zu vergänglichem Geschäfte?[5]

Unrichtige Empfindung[6]

Nein, lieber Rilke, das stimmt ja so gar nicht. Das ist nur ein schlechtes Klischee. Was du da beschrieben hast ist nicht „Stadt", sondern Dummheit. Und bei Nietzsche war es einfach Arroganz:

„Wenn ich mir in volkreichen Städten die Tausende ansehe, wie sie mit dem Ausdrucke der Dumpfheit oder der Hast vorübergehen, so sage ich mir immer wieder, es muß ihnen schlecht zumute sein ... So sind sie ganz und gar verwandelt und zu willenlosen Sklaven der *unrichtigen Empfindung*[6] herabgesetzt."[7]

Wehe Nietzsche, die „Dumpfheit" wäre Ausgeglichenheit und die „Hast" „Urbanitätslust"[8]! Wehe den Oberflächenmisanthropen, die Städter wären guten Mutes, Sklaven mit einem starken Willen und weisen Empfindungen! Hört Paul Auster:

„Wer in der Stadt lebt lernt, nichts für selbstverständlich zu halten ... So verändert einen die Stadt. Sie bringt einen völlig durcheinander. Sie macht einen lebenshungrig, und zugleich versucht sie einen umzubringen. Dem ist nicht zu entrinnen ... Nach und nach nimmt dir die Stadt jegliche Sicherheit. Du kannst dich nie auf einen Weg festlegen ...“[9]

Nicht daß Jesus ein Fan von Massenkundgebungen gewesen wäre, auch ihm wurde es ja manchmal zu viel. Aber er erachtete die heikle Bewegung der Massen als liebens-würdig, als Großdemonstration des unstillbaren Begehrens. Er solidarisierte sich mit der Verwundbarkeit und Verführbarkeit aus Hunger und Durst nach Leben, sei es nun in Form von Kinderscharen oder in Form von Kindern der Masse, die wir Pauschalindividualisten und Masseneinzelgänger ja doch sind. Bei den meisten Stars dagegen schlägt die Sympathie für die Fans (= „Ja, ja, bewundert mich, weil ich so toll bin!") gerade immer dann in Verachtung um, wenn sie merken, wie manipulierbar die Begeisterung ist.

Hunger und Durst nach Leben war angeklungen. Stadtwelt ist Lebensversprechen, das im Paradies gebrochen wurde. Stadtwelt ist Lebens-Mittel-

Polizei[10]

Markt und Lebensabenteuerspielplatz. Die Marktordnung und die Spielregeln sind in die Strukturen des Welt-Raumes eingewoben, auf die Oberflächen aufgedampft: Man muß also vorsichtig handeln und spielen, um Stadtwelt kennenzulernen, um stadtweltkompetent zu werden. Für die Ungeduldigen („Brecheisen", „Kopf-durch-die-Wand") muß es auch *Polizei*[10] geben.

Wer heute noch Stadt gegen Land ausspielt, hat keine Ahnung vom Fluß. Schon gar nicht geht es um eine naive Konkurrenz sogenannter „Weltstädte", um Klein- oder Großstadt, Vorstadt, Innenstadt, Stadtrand(erholung). Dieser Streit ist selbst provinziell. Da kann Karstadt noch so viele Angebote horten, es bleibt globaldörflich. „Land" ist seit Babel Stadtweltkategorie, - so ist die Disposition der Macht. Dieses Machtgefälle ist Frucht einer demokratisch-emanzipatorischen Solidaritätsbewegung, die nach den Überlieferungen (vgl. Gen 11) und gegen die Klischees auch Gott durchaus billigte. Ging es ihm doch gerade um die grundsätzliche Erhaltung radikaler Pluralität, also dafür zu sorgen, daß das Gefälle zur Zentralisierung, Gettoisierung und Monokultur, nämlich sich als mächtiger Nabel der Welt unter dem Label „Globales Dorf" durch

Mauern und Gräben von der „Außen-Welt" abzuschließen, gebremst und gebrochen wird, auf daß die Ökologie bewahrt bleibe.

Thomas Ruster favorisierte in seiner Antrittsvorlesung zur „Gotteskrise" gegen ein herrschaftliches Gottesbild den guten Hirten. Zwar will man heute weder Schaf noch Herde mehr sein, aber dem guten Hirten war (im Gegensatz zu den Mietlingen) ihre Herde keineswegs eine graue Masse ununterscheidbarer Wesen, sondern eine komplexe Gesellschaft höchst differenzierter Individuen (so unterschied Jakob immerhin gestreifte, gefleckte, gesprenkelte, dunkelfarbige sowie kräftige und schwächliche Tiere; vgl. Gen 30).

Und Peter Sloterdijk verwies in einem Vortrag darauf, daß nur der stellvertretende Blick der Wächter auf der Stadtmauer nach außen in die Wildnis die Konzentration und Introvertiertheit der Städte(r) als Bedingung für mögliche kulturelle Entwicklungen gewährleistete.

„Wenn ‚unsere Welt' ein Kosmos ist, droht jeder Angriff von außen, sie in ein ‚Chaos' zu verwandeln. Und da ‚unsere Welt' dem exemplarischen Werk der Götter, der Kosmogonie, nachgebildet ist, werden die Feinde, die sie angreifen, den Widersachern der Götter, den Dämonen, gleichgesetzt ... Ebenso wiederholt sich der Sieg der Götter über die Mächte der Finsternis, des Todes und des Chaos mit jedem Sieg einer Stadt über ihre Angreifer. Sehr wahrscheinlich erfüllten die Verteidigungsanlagen der Wohnsitze und Städte ursprünglich magische Zwecke, denn diese Anlagen - Gräben, Labyrinthe, Wälle usw. - scheinen eher zur Abwehr von Dämonen und Seelen Verstorbener angelegt als gegen menschliche Angreifer."[11]

Wälle, Gräben und Mauern fungieren also eigentlich als ideologische Barrikaden, was dann ja auch das Phänomen durch Mauern geteilter Städte erklärt. Wäre zu ergänzen, daß das Stadtleben aber ebenso auf die Öffnung der Stadttore nach Norden, Osten, Süden und Westen angewiesen war, auf Fremdenverkehr. (An dieser Stelle wird übrigens schon deutlich, wie sehr jede Dorfkirche und Kirche schlechthin immer schon Stadt-Kirche sein mußte, also ständig auf der Kippe zwischen weltumspannender (katholischer) ecclesia und freikirchlicher „exklusivia" („Die Freiheit nehm ich mir") steht. Der Unterschied liegt darin, ob ich aus einer eingebildeten versicherten Identität heraus Berührungsängste nur zwecks missionarischer Exkursionen überwinde, oder ob ich mir - gerade als Christ - immer wieder gelassen als Fremder begegnen kann. Beides schließt sich gegenseitig aus.)

Die von Gott unterhaltene, radikale Pluralität ist eben nicht zu verwechseln mit der unverbindlichen, bunten Vielfalt nebeneinander, sondern sie ist gerade eine Vielfalt von Sprachen, Modellen, Verfahrensweisen im Blick auf bzw. innerhalb eines Werkes, Ansatzes, Projektes.[12] „Stadt" ist eben *nicht* „Meltingpot"; „Stadt" sollte auch nicht bedeuten „Jedem sein Reservat" bzw. „Unser Dorf soll schöner werden". Stadt heißt Mensch als Mann und Frau (vgl. FN 3), Draußen als Drinnen, Heimat als Fremde, Licht als Dunkel, Geschwindigkeit als Stillstand und Aufeinander-angewiesen-Leben und das alles wechselseitig und auch umgekehrt. Die Weiblichkeit der Städte erlaubt vor allem auch den Männern eine gesunde Zumutung im Blick auf die Ausgewogenheit von oknophiler Anklammerung und philobatischen Ausfluchten (vgl. N. Chodorow, E. Fox Keller, M. Balint). Es gilt, *„die Erschaffung der Welt zu übernehmen, in der man leben will,* d.h. das Werk der Götter, die Kosmogonie, nachzuahmen. Das ist nicht immer leicht ... ."[13] Das Kreuzen und In-die-Quere-Kommen weicht zunehmend zentrierenden Versammlungen:

„So wie das Universum sich von einem Zentrum aus entwickelt und nach den vier Himmelsrichtungen ausdehnt, so entsteht auch das Dorf um eine Kreuzung herum. Auf Bali wie in anderen Gegenden Asiens sucht man vor der Erbauung eines neuen Dorfes einen natürlichen Knotenpunkt, wo zwei Wege sich senkrecht kreuzen. Das um einen Mittelpunkt konstruierte Quadrat ist eine *imago mundi.*"[14]

„Hauptstadtgründung heute heißt einfach, daß an den Autobahnkreuzen und Bahnhöfen, in Fahrplänen und Computernetzen eine neue ‚Zielspinne' entsteht, die den Fluß von Energien und Informationen zentriert."[15]

Videowachsamkeit[16]

Also nichts gegen die hohe Kunst, Ziegel zu brennen und Mörtel zu mischen, virtuelle oder reale Versammlungsräume zu bauen und virtuelle oder reale Versammlungsplätze (etymologische Wurzel von „Ding"=mhd. „Ting"=Versammlungsplatz) zu umbauen. Nichts gegen einträchtige Einkehr („Hier wohnt Familie Beuscher"), - so lange und insoweit auch das Fremde willkommen ist bzw. in die Fremde ausgezogen wird (was nichts mit dem Jahresurlaub zu tun hat), insoweit auch das Fremde in mir nicht tabuisiert werden muß oder das Fremdgehen mit meiner langjährigen Ehe-Partnerin.

Man kann das in jedem James Bond-Film lernen: Es gibt ein Gefälle zur Stadt als Monopolis, der Traum vom (gewählten!) Stadt-Welt-Führer (Heil Hitler!), zu geordneten Park-and-Ride Verhältnissen,zu öffentlichen Verkehrsmitteln, Fußgänger-Zonen, *lückenloser Videowachsamkeit*[16], „Erlebnisplanern"[17] samt Vergnügungszentren, Einkaufszentren, Fitnesszentren und Zentralfriedhöfen, – ein Gefälle, das es auszutricksen gilt. Der Citoyen[18] meint, es müsse doch die richtige Mischung von Ausländeranteil (exotisches Gewürz, lecker, lecker!) und eingeborenen Früchten geben. Also werden Bordelle mit Gütesiegel („Eroticeur") eingeführt, Gefängnisse mit Sterne-Essen gefordert, Krankenhäuser bekommen Erlebniswert und Cafés Internet-Anschlüsse; *5-Minuten Andacht*[19], 5-Minuten Terrine, Sekten- und Sektstände leben in braver Eintracht: das ist der Traum, daß alle *sich* verstehen!

5-Minuten-Andacht[19]

„Das ist erst der Anfang ihres Tuns" (Gen 11, 6). Inzwischen hat sich viel geändert, aus Tonziegeln und Erdpech sind Chips und Glasfaserkabel geworden. Stadtwelt, ist eine interaktive Oberfläche, ein inter-net, ein World-Wide-Web (und eben kein „globales Dorf"), bei dem es auf die Lücken ankommt, mit vielfältigen Fuß-, Kopf- und Bauchnoten, sog. Links (*„Klick here!"*).

Zwingend - zufällig ähneln sich Chip-Baupläne und Stadtpläne, Stadtmodelle und Platinen sehr, dienen sie doch auch analogen Strukturen: Stadtwelt ist ein komplexer real-idealer Welt-Raum mit vielen Ebenen, vielfach verschlungenen Pfaden, Schaufenstern (Windows), Aufzügen und *Treppenhäusern*[20]. Es gibt Einbahnstraßen (ROM), Boulevards und Autobahnen mit Verkehrsampeln und -regeln, Pendelverkehr, - alles im 150 MHz-Takt und mit einem hohen Maß an Arbeitsteilung, vielfachen Anschlußmöglichkeiten, aber auch Fallen, Labyrinthen, Endlosschleifen und Sackgassen sowie Absturzmöglichkeiten. Es gibt Millionen einfacher Adressen, aber auch Penthäusern mit Tiefgarage, Geschäften und Klimaanlage (CPU-Lüfter). Wassertanks wie Kondensatoren auf den Dächern. Stadt ist Dichte und Geschwindigkeit. Stadt ist immer noch weiter ausbaufähig. Längst ist eine gigantische Peripherie über die Stadtmauer des ursprünglichen Altstadtkerns hinausgewachsen. Bereits L. Mumford bemerkte,

Treppenhäuser[20]

daß Städte mit Computern vergleichbar oder kompatibel, also Medien sind."[21]

Eine Stadt schaut in der Luftaufnahme wie ein Mikrochip aus, und ein Mikrochip leistet in der Tat viele Operationen einer Stadtbevölkerung. Der Mikrochip ersetzt die Stadt und ist die Stadt. The city as chip, the chip as city."[22]

Es haben sich also die Baumaterialien geändert. Aber all die Topoi von Stadtkultur, sei es makro- oder mikroarchitektonisch, bauen wie eingangs im Blick auf den „Gottesaspekt" bereits angedeutet weiterhin nur an der einen großen Utopia: Es geht um den totalitären, narzißtisch-regressiven Traum von der Rückkehr zum herme(neu)tischen Totalversorgtsein, von intrauteriner Kompatibilität, von Angeschlossensein und Nestwärme[23]. Dieser Traum ist geblieben und stärker geworden als je zuvor. Das ist die Faszination der Multimedia-Stadt-Welt[24] (ob als EDV-Version oder als Betonausgabe): Sie ist als postmoderne und multikulturelle Welt eine komplexe, zunächst immer auch verwirrende Welt, aber sie wird (oft gegen besseres Wissen) virtuell halluziniert bzw. verkauft und ausgegeben als eine Außen-Welt, in der klare, eindeutige und allgemeingültige, für jeden verbindliche, jederzeit abrufbare Gesetze und Ordnungen herrschen. Und wenn etwas nicht funktioniert, dann hat das einen behebbaren Grund. Und davon träumen alle. (Daß davon tatsächlich selbst bei der EDV-Version meist nicht die Rede sein kann, wird dabei um der Erhaltung des Traumes willen unterbelichtet. Aber es ist nicht nur für Systemanalytiker immer wieder erstaunlich, welche komplex unlösbaren Verstrickungen mittels digital formallogischer Codes produzierbar sind. Entsprechend häufig stößt man auf bon mots wie „Fehler sind menschlich - aber wer richtigen Mist bauen will, braucht einen Computer." Im Blick auf Urbanes gilt das geflügelte Wort Le Corbusiers von New York als „wunderbarer Katastrophe".) „Kurz ... der Mensch der traditionsgebundenen Gesellschaft hat das Bedürfnis, ständig in einer ganz geordneten Welt, in einem Kosmos zu leben."[25]
Ein Phänomen dabei ist, daß dem obengenannten Traum einer lebensversichernden Berechenbarkeit und Kalkulierbarkeit orientierender Lebensentwürfe als einer Technologisierung des Inneren dadurch illusionär Vorschub geleistet wird, daß die Realität tatsächlich heute ebenso überwiegend virtuell erscheint wie virtuelle Welten real sind, also die Unterscheidung *hier* „Anthropologie", *dort* „Technologie", *hier* „Stadt", *dort* „Land", verschwindet. EDV-Technologie avanciert zum real-idealen Komplexnetz, das die postmoderne Stadt-Welt aufs äußerste zusammenhält.

Man kann diesen Planeten drehen und wenden wie man will, aber Gott sorgt nach den jüdisch-christlichen Überlieferungen für die nötige Zerstreuung und Umordnung (Gen 30, 8), fürs Fragmentarische, dafür, daß wir außer uns geraten, für die nötigen Schnitt-Stellen, für Systemabstürze (Cola im Keyboard), fürs Nichtverstehen[26], fürs Befremden, für Stromausfall, für Wackelkontakte, für querläufige „Broadways", - gerade eben nicht als Spielverderber, eher als

„Entertainer", als der, der Menschsein erhält und für diese Unterhaltung Mitspieler sucht.

„Die Lust fürs Differenzierte drückt in der Bibel aber vielmehr als ästhetischen Geschmack aus, mehr als Freude am Spiel der ‚Natur'. Wir wissen heute, daß die biblische Schöpfungs- und Vätererzählungen eine Zurückprojektion aus den Erfahrungen der Geschichte des jüdischen Volkes ist und daß sie die Grundform, das ‚Gesetz' der Berufung und Führung Israels durch seinen Gott wiederspiegelt. Diese Grunderfahrung ist aber die der Differenz ... Gott führt Israel so, daß es *sich unterscheiden* lernt von anderen und seine Eigenheit bejaht - was Israel immer wieder schwer genug fällt; es steht ständig im Sog des ‚allgemein Menschlichen' und neigt gerne dazu, zu werden wie die anderen, sich mit den anderen zu ‚vermischen': zu essen wie sie, - Götter zu haben wie sie, - zu heiraten und sich heiraten zu lassen wie sie, - zu denken und zu politisieren wie sie, - Könige zu kreieren, - Kriege zu führen: wie sie. Den Talmud kann man verstehen als die Sisyphus-Arbeit der Lehrer Israels, dem Vermischungssog des allgemein Menschlichen im Namen des Gottes Israels zu begegnen und die Triebstruktur der Menschen dieses Volkes darin zu unterrichten, wie sie ihre gottgewollte Eigenheit bewahren.
Allerdings ist damit anderes gemeint als irgendeine Form von Apartheit."[27]

Statt Kirche „Stadt-Kirche", das wäre Kirche als Dystopia, als Lebensstruktur, als ein Lebensmuster, dem radikale Pluralität (im Gegensatz zu bequemer Toleranz) als stadt-haft gilt, - mitnichten ein Utopia.

1 Entwurf eines städtischen Illustrierten-Essays, welche literarische Form sich vielleicht als analoge Alternative zur interaktiven CD-Rom entwickeln könnte; ein Versuch „schöpferisch, assoziierend, deskriptiv und analytisch zugleich das neuzeitliche Phänomen der Urbanität wahrzunehmen" (G. Fuchs, B. Moltmann, Mythen der Stadt, in: G. Fuchs, B. Moltmann, W. Prigge (Hg.), Mythos Metropole, Frankfurt 1995, 13.)

2 Jean Paul, Rede des toten Christus vom Weltgebäude herab, daß kein Gott sei.

3 *Jahwe*:

citi cosmetic: „Kosmetik" kommt von „Kosmos". Links und rechts flankiert den Kosmos jeweils ein symmetrisch-gespiegeltes cit/tic. Also ein Kreuz (t), dem zur Linken und Rechten ein phallisches i-Männeken samt einem nicht ganz geschlossenen Kreis beigeordnet ist. Dies vielleicht als Index der schöpfungsmäßigen Mehrfachcodierung des Menschen als Mann und Frau, welcher Pluralität das Kreuz in die Quere kommt. „Der Schöpfungssatz: ‚Es ist nicht gut, daß der Mensch allein sei' (Gen 2, 18), ist auch so zu verstehen: Es ist nicht gut, daß der Mensch immer nur sich selbst ähnlich sieht, immer nur mit sich selbst identisch ist, immer nur er selbst ist. Und so ist die Unterscheidung der Menschen in Frauen und Männer Grundstein einer reicheren, vielfältigeren, spannungsreicheren Humanität, als es der Gedanke der einen und gleichen Menschennatur zugelassen hat" (F.-W. Marquardt, Das christliche Bekenntnis zu Jesus, dem Juden. Eine Christologie, Band 1, München 1990, 183).
Am klinischen Glanz der Aluumrahmung bliebe kein *Mene, Mene, Tekel und Parsin*28 - Graffiti haften.
Unter der Überschrift, im Zentrum des Dreiecks, befindet sich ein alter Mann mit weißem Bart. Er verbeugt sich vor bunten Schmetterlingen, die aus Käfigen entflohen sind und streckt dem gläsernen Tor (begrenzter ÖffnungsZeitraum mit Kreditkartenkollage) den Hintern entgegen.
Hab und Gut in Tüten.
Der Begriff des „Penners" muß neu überdacht werden. Einerseits: Stadt ist, wenn man trotzdem schläft. Andererseits: Penner haben einen wachsamen Blick, was die Stadt angeht.
Es gibt da ein Problem: Zirka achtmillionen New Yorker minus einem New Yorker sind immer noch zirka achtmillonen New Yorker minus einem New Yorker sind immer noch zirka achtmillionen New Yorker.

4 M. Eliade, Das Heilige und das Profane, Frankfurt 1990, 41.

5 Nach R. M. Rilke, Das Buch von der Armut und vom Tode, in: ders., Sämtliche Werke, Bd. 1, Frankfurt 1955, 363.

6 *Unrichtige Empfindung:*

„Die Klapperschlange" (1981 von John Carpenter)

1997 ist N.Y.C. ein einziges Gefängnis.
Wie der Feuerschwertengel vor dem Paradies den Eingang bewacht, so steht hier die Statue der Freiheit vor dem

Ausgang, den es nicht gibt.
Immerhin hat man „die Möglichkeit, sich töten und
einäschern zu lassen".
Sagt ein Teufel zum Höllenheld:
„Ich hab' gehört du bist tot."
Sagt der: „Bin ich auch."

7 F. Nietzsche, Richard Wagner in Bayreuth.

8 G. Zohlen, Metropole als Metapher, in: Mythos Metropole, a.a.O., 24.

9 P. Auster, Im Land der letzten Dinge, Hamburg 1989, 9, 10, 14, vgl. FN 16.

10 *Polizei*:

Der Polizist
sorgt auch dafür,
daß das Leid
kein vorzeitiges
Ende nimmt.
11 M. Eliade, a.a.O., 45/46.

12 Vgl. dazu B. Beuscher, TRE-Artikel Postmoderne, Praktisch-Theologisch.

13 M. Eliade, a.a.O., 48.

14 M. Eliade, a.a.O., 43.
15 F.A. Kittler, Die Stadt ist ein Medium, in: Mythos Metropole, a.a.O., 239.

16 *Videowachsamkeit*:

Eschatologie invers: Die Leere von den letzten Dingen

Eilig verläßt sie die kameraüberwachte Tiefgarage des Appartementhauses und läßt ihren Wagen nach dem Überqueren dreier kameraüberwachter Kreuzungen auf einem Park-and-Ride-
Parkplatz stehen. (Eine Frauengruppe fordert hier schon seit langem Kameraüberwachung von
17.00 bis 8.00 Uhr.) Sie eilt durch die kameraüberwachte Fußgänger-Zone zur Sparkasse.
Dann noch schnell nebenan in den kameraüberwachten Supermarkt! Sie geht durch die kameraüberwachten Zugänge zum kameraüberwachten Bahnsteig der U-Bahn. 15 Minuten später
betritt sie das kameraüberwachte Gelände ihrer Firma, durchschreitet die kameraüberwachte
Eingangstür und gelangt in das kameraüberwachte Foyer.
Im kameraüberwachten Aufzug dreht sie sich zur verspiegelten Wand, um den Sitz ihres in
der Hektik verrutschten Bodys zu korrigieren.
Noch hat sie im kameraüberwachten Großraumbüro keinen toten Winkel entdeckt.

Manchmal würde sie sich am liebsten in ihrem Computer verkriechen.

Während draußen unzählige Kameraaugen aus dem All wachen, entschlummert sie abends bei der Unterhaltungsserie „Späße mit versteckter Kamera".

PS.
Seit vielen Jahren wandert sie jedes Jahr auf eine Berghütte im Rofangebirge. Dort kann man vom Bettlager aus über den Achensee auf die Gipfel des Karwendelgebirges schauen, - ein unvergleichlicher Anblick!
Neulich nun - sie lag noch wohlig im heimischen Bett und zappte durch die Kanäle - stockte ihr der Atem: im Fernseher lief „ihr" Alpenblick!
Sie hatte die Sendung „Alpenpanorama" angewählt. Auf vielen Berghütten, u. a. auf „ihrer", waren inzwischen ferngesteuerte Videokameras installiert worden, deren 180°-Schwenks morgens via Satellit gesendet werden.

17 So das Label von „Prinz", einem Ruhrgebietsmagazin.

18 „A french word for someone who is conscious of his responsibility to the world he lives in" übersetzt Philippe Starck in der Dezember-Ausgabe von „max". Dies im Zusammenhang seines Designer-Glaubensbekenntnisses, wo es u.a. hieß: „GOD IS DANGEROUS NOW" sowie „YOU ARE GOD".
Übrigens: in jeder „max" befindet sich eine New York-Kolummne sowie ein Städte-Tip.

19 *5-Minuten-Andacht*

Wie das Säuseln der Sirenen
wisperten Ahnungen von Beethoven-Musik
durch die Wüste der Hinterhöfe
und wollten aufsteigen
vorbei an den Zellenfenstern
zum Himmel.
Aber die tonnenschwere Last
weißen Rauschens
legionenhafter Klimaanlagen
drückte ihre Zartheit nieder
und preßte sie als totes Echo
auf die Straße zurück,
wo sie der
Autolärm
überfuhr.

20 *Treppenhäuser:*

Fluchtstufen

Die verlassensten Orte der Welt
sind die Treppenhäuser

der Wolkenkratzer.

Mutprobe, sie zu begehen.

Ahnung, wie es sein wird,
wenn Gott sich
ganz zurückzieht.

Bei Feuer lieber noch
aus dem Fenster springen.

21 L. Mumford, Megalopolis. Gesicht und Seele der Groß-Stadt, Wiesbaden 1951.

22 P. Weibel, Die virtuelle Stadt im telematischen Raum, in: Mythos Metropole, a.a.O., 224; vgl. Ebd. 204.

23 „Wörtlich heißt Metropole ‚Mutterstadt'; das kann noch wichtig werden. Bisher faßte man sie meist als ‚Hauptstadt' auf; darüber wird zu berichten sein." (G. Zohlen, a.a.O., 27; vgl. ebd. S. 35ff.: „Zur Weiblichkeit imaginärer Städte").

24 Vgl. dazu B. Beuscher, Kids und Bits - Zum Einsatz von Computern im Vorschulbereich, in: K. Schüttler-Janikulla (Hg.), Handbuch für ErzieherInnen in Krippe, Vorschule und Hort, München 1995.

25 M. Eliade, a.a.O., 42.

26 „Beim nichtverstehenden Lesen passiert etwas, beim verstehenden Lesen passiert nichts." (P. Tepe)

27 F.-W. Marquardt, Das christliche Bekenntnis zu Jesus, dem Juden. Eine Christologie, Band 1, München 1990, 183/184.

28 *Mene, Mene, Tekel und Parsin:*

Viele beichten hier
ihre Sünden
der Subway.

Allen Mist einfach
an die Wände
sprühen.

Die Altlasten
mit dem Zug der Zeit
im Dunkel
verschwinden lasen.

Stellvertretend
den Wurm aus Stahl
durch die Unterwelt jagen.

Doch irgendwo kommt alles
wieder an den Tag,
taucht auf an der Oberfläche.

1 2 1: der Schalter ist geschlossen.
Stummer Sprechschlitz, blinder Sehschlitz.

Die vergitterte Lampe ist aus.
Die ungeschützte trägt stolz
dreieinig leuchtende Früchte.
Die Sonne stört nicht weiter.

Angaben zu den AutorInnen und Herausgebern

Karin Andert, Soziologin, Studienleiterin an der Evangelischen Akademie Tutzing, Ausstellung und Katalog „Alltag in der Stadt - aus der Sicht von Frauen" (1991). Veröffentlichungen: „Schönheit im Alter", „Späte Partnerschaft".

Walter Bechinger, geb. 1950 in Konstanz. Studium der Evangelischen Theologie und der Politischen Wirtschaften. Gemeinde- und Schultätigkeit, Studienleiter am Evangelischen Stift in Tübingen. Assistent und Lehrbeauftragter am Institut für christliche Gesellschaftslehre der Universität Tübingen, Promotion zum Dr. theol. Studienleiter und stellvertretender Akademiedirektor an der Evangelischen Akademie Arnoldshain. Oberkirchenrat für diakonisch-soziale Dienste sowie Erwachsenenbildung der Evangelischen Kirche in Hessen und Nassau. Seit Oktober 1996 Leiter der Personalabteilung der EKHN. Ausgewählte Publikationen: (Hg.) „Zukunftsaufgabe Umweltbildung" 1993; (Hg.) „Die vergessene Seite der Adoption", 1993; (Hg.) „Adoption im Schwangerschaftskonflikt", 1994; (Mitw.) „Bioscience and Society", 1991.

Jörg Beckmann (1966) ist Dipl.-Ing. für Raumplanung und arbeitet am Institut für Landes- und Stadtentwicklungsforschung im Themenfeld Telematik und Raumentwicklung.

Bernd Beuscher, Jahrgang 1958, Dr. päd., Studium von Philosophie, Germanistik, Psychologie, Pädagogik und Religionspädagogik in Düsseldorf, Essen und Köln. Wiss. Assistent am Seminar für Theologie und ihre Didaktik der Erziehungswissenschaftlichen Fakultät der Universität zu Köln. Veröffentlichungen: „Keine Zukunft für Illusionen. Heilsame Enttäuschungen in Theologie und Psychoanalyse", Marburg 1987. „Positives Paradox. Entwurf einer neostrukturalistischen Religionspädagogik", Wien 1993. (Hg.) „Schnittstelle Mensch. Mensch und Maschine - Erfahrungen zwischen Anthropologie und Technologie", Heidelberg 1994. „Kids und Bits - Zum Einsatz von Computern im Vorschulbereich", in: K. Schüttler-Janikulla (Hg.): Handbuch für Erzieherinnen in Krippe, Kindergarten, Vorschule und Hort, München 1996. „'King of the road' oder 'viator mundi'? Ein Straßenzustandsbericht", in: H.-J. Hohm (Hg.): Straße und Straßenkultur in der fortgeschrittenen Moderne, Konstanz 1996. „Postmoderne - Praktisch-Theologisch", TRE-Artikel 1996.

Wolf-Eckart Failing, Dr. theol., Dr. phil., Professor für Evangelische Theologie/Praktische Theologie am Fachbereich Evangelische Theologie der Johann-

Wolfgang-Goethe-Universität Frankfurt. Forschungsschwerpunkt: (Sozial-) Phänomenologie und Praktische Theologie; Mitarbeit am Schwerpunkt „Urbane Theologie" des Fachbereichs.

Karl-Georg Geiger, geboren 1945 in Bad Soden a. Taunus. Nach Abitur von 1964 bis 1973 Studium der Architektur an der TH Darmstadt. Diplom bei Max Bächer. Während des Studiums ausgedehnte Reisen und Praxis in Architekturbüros. Nach Büro- und Lehrertätigkeit an der FH Darmstadt seit 1978 als freier Architekt in Frankfurt a.M. tätig. Schwerpunkte sind Bauten im kommunalen Bereich - Schulen, Theater, Verwaltung - und Bauten im historischen Kontext. Ehrenamtliche Tätigkeit als z.Zt. stellvertretender Vorsitzender des Landeswettbewerbsausschusses der Architektenkammer Hessen und Mitglied des Denkmalbeirats der Stadt Frankfurt a.M. Mitglied im BDA (Bund Deutscher Architekten) und DWB (Deutscher Werkbund). Verheiratet, zwei erwachsene Söhne.

Uwe Gerber, geboren 1939, Studium der Evangelischen Theologie und Philosophie von 1959 bis 1963, Vikariat und Pfarramt in der Württembergischen Landeskirche, Repetent am Evangelischen Stift zu Tübingen, Studienleiter an der Evangelischen Akademie Loccum, Akademischer Oberrat an der Technischen Hochschule Darmstadt und außerordentlicher Professor an der Universität Basel.

Christine Hannemann, Studium der Rechtswissenschaften und der marx.-len. Soziologie an der Karl-Marx-Universität Leipzig und der Humboldt-Universität Berlin. 1986 Diplom in Soziologie, 1986-1990 wissenschaftliche Mitarbeiterin an der Bauakademie der DDR, 1990-1994 wissenschaftliche Mitarbeiterin am Institut für Soziologie der TU Berlin, 1994 dort Promotion zum Dr. phil. Seit 1994 wissenschaftliche Mitarbeiterin am Fakultätsinstitut für Sozialwissenschaften der Humboldt-Universität zu Berlin, Lehrgebiet Stadt- und Regionalsoziologie. Wichtige Veröffentlichungen: Harald Bodenschatz, Christine Hannemann, Max Welch Guerra (Hg.): „Stadterneuerung in Moskau", Technische Universität Berlin 1992. „Die Platte. Industrialisierter Wohnungsbau in der DDR", Wiesbaden: Vieweg 1996. Diverse Aufsätze zu den Themen Wohnungsbau und Wohnen, Großsiedlungen, Frauen und Stadt, Architektur und Planungssoziologie.

Peter Höhmann, Referent für Sozialforschung und Statistik bei der Kirchenverwaltung der EKHN Diplom-Volkswirt 1968 in Köln. Dr. phil 1974 in Regensburg. Frühere Tätigkeiten als Assistent und wiss. Mitarbeiter an den Universitäten Köln, Regensburg, Bielefeld, Freiburg.

Publikationen besonders aus dem Bereich der Stadtsoziologie, der Soziologie abweichenden Verhaltens und sozialer Kontrolle, der Religionssoziologie und der Forschungsmethoden. Ausgewählte Publikationen: „Wie Obdachlosigkeit gemacht wird. Die Entstehung und Entwicklung eines sozialen Problems" Neuwied und Darmstadt 1976. „Änderungen in der Beziehung von Kirche und Gesellschaft", in: Ev.Dekanat Offenbach(Hrsg.): „450 Jahre Reformation in Offenbach am Main. Beiträge zur Kirchengeschichte", Offenbach 1993. „Wer liest eigentlich ECHT? Und vor allem warum? Nutzung und Bewertung von ECHT ermittelt aus den Ergebnissen der IFAK-Studie", in: Joachim Schmidt(Hrsg.), „ECHT. Dokumentation und Bilanz eines kirchlichen Mitgliedermagazins", Frankfurt 1996 (als Mitglied der Arbeitsgruppe Altstadtsanierung): „Altstadterneuerung Regensburg", Regensburg 1975. (Mit H.Schneider): „Jugenddelinquenz im ökologischen Kontext", in: S. Müller u.a. (Hrsg.): „Sozialarbeit als soziale Kommunalpolitik", Sonderheft (1982) der Neuen Praxis. „Die struktur-funktionalistische Theorie sozialer Probleme - Eine Korrektur liebgewordener Fehldeutungen des Beitrags von Robert K. Merton", in: Soziale Probleme, 4/1993.(Mit J. van Koolwijk): „Deskriptive Methoden der quantitativen Sozialforschung", in: J. van Koolwijk und M.Wieken-Mayser(Hrsg.), „Techniken der empirischen Sozialforschung", Band 7, München 1977.

Heinz Klewe (1952), Dipl.-Ing. für Raumplanung, arbeitet als Verkehrswissenschaftler im Forschungsbereich Verkehr des Instituts für Landes- und Stadtentwicklungsforschung des Landes Nordrhein-Westfalen in Dortmund. Mitglied u.a. im Kundenforum der Deutschen Bahn AG und stellv. Bundesvorsitzender des Verkehrsclubs Deutschland (VCD).
Zahlreiche Fachveröffentlichungen u.a. zu den Themen Planungsbeschleunigung, öffentlicher Personennahverkehr, Mobilitätsmanagement, und Citylogistik.

Jochen Schulz zur Wiesch, geb. 1945 in Erfurt, Soziologiestudium in Göttingen und Berlin (Diplom-Soziologe, FU 1970) nach Assistenz bei Prof. Dr. Renate Mayntz Tätigkeit als wissenschaftlicher Mitarbeiter und Koordinator im Deutschen Institut für Urbanistik Berlin (1971-1987), Promotion an der Fachhochschule für Verwaltung und Rechtspflege Berlin.
Ausgewählte Veröffentlichungen: (mit H. Becker) „Sanierungsfolgen. Eine Wirkungsanalyse von Sanierungsmaßnahmen in Berlin". Schriften des Deutschen Instituts für Urbanistik Bd. 70, Stuttgart u.a. 1982. (mit U. Hennig und K.D. Keim) „Spuren der Mißachtung. Zum Verhältnis von Jugendproblemen und Stadtstruktur". Campus Forschung Bd. 404, Frankfurt/New York 1984. (mit Christoph Reichard) „Der öffentliche Sektor als Schlüsselbereich in Agglomerationen", in: Zukunft Stadt

2000 (Wüstenrot Stiftung und DVA), Stuttgart 1993, S.211-316. „Das Doppelgesicht der Metropolen. Tendenzen der amerikanischen Stadtentwicklung", in: Archiv für Kommunalwissenschaften AfK, I/93, S. 24-46. „Bürger und Verwaltung in Berlin. Ergebnisse einer Befragung (Fachhochschule für Verwaltung und Rechtspflege Berlin, Beiträge aus dem FB 1, H. 37), Berlin 1994. „Gewalt durch Städtebau?" in: Der Städtetag 8/1994, S. 532-536.

Darmstädter Theologische Beiträge
zu Gegenwartsfragen

Herausgegeben von Uwe Gerber und Walter Bechinger

Band 1   Walter Bechinger / Uwe Gerber / Peter Höhmann (Hrsg.): Stadtkultur leben. 1997.

Band 2   Elisabeth Hartlieb: Natur als Schöpfung. Studien zum Verhältnis von Naturbegriff und Schöpfungsverständis bei Günter Altner, Sigurd M. Daecke, Hermann Dembowski und Christian Link. 1996.

Peter Lang · Europäischer Verlag der Wissenschaften

Dirk Röller (Hrsg.)

Mensch und Stadt zwischen Chaos und Ordnung

Referate des Internationalen Semiotischen Symposions zur Stadtanthropologie 1994

Frankfurt/M., Berlin, Bern, New York, Paris, Wien, 1996. 382 S.
ISBN 3-631-49095-X   br. DM 95.–*

Die Erfahrung der Komplexität von Urbanität bestimmt unsere Wirklichkeit in so hohem Maße, daß Kulturwissenschaftler und Urbanisten fordern, diese systematisch zu reflektieren. Durch die Entwicklung der verschiedenen Medien hat sich unsere Stadtwahrnehmung radikal verändert. Aufgrund der umwälzenden politischen und sozialen Strukturveränderungen entsteht ein „stadtapokalyptisches Bewußtsein" mit Irritation und Ängsten. Anthropologen machen demgegenüber die Frage nach der Identität von Menschen in der Stadt geltend. „Sustainable cities" lassen sich als eine zu Lösungen hinführende Vorstellung entwickeln.
Aus dem Inhalt: Städtische Strukturen in Zeichenstrukturen · Mentalitätsbedingte Stadtwahrnehmung · Körper- und Raumerfahrung: Rhythmen und soziale Raumregulierung und Planung · Anthropologische und naturwissenschaftliche Stadterfahrung

Frankfurt/M · Berlin · Bern · New York · Paris · Wien
Auslieferung: Verlag Peter Lang AG
Jupiterstr. 15, CH-3000 Bern 15
Telefon (004131) 9402131
*inklusive Mehrwertsteuer
Preisänderungen vorbehalten